全国审判业务专家司法理论与实践丛书

司法技艺
法律解释与空缺填补

余文唐　著

人民法院出版社　People's Court Press

图书在版编目（CIP）数据

司法技艺：法律解释与空缺填补/余文唐著 . --
北京：人民法院出版社，2020.10
（全国审判业务专家司法理论与实践丛书）
ISBN 978 - 7 - 5109 - 2957 - 1

Ⅰ.①司… Ⅱ.①余… Ⅲ.①法律解释－研究－中国
Ⅳ.①D920.5

中国版本图书馆 CIP 数据核字（2020）第 189456 号

司法技艺　　法律解释与空缺填补

余文唐　著

责任编辑　路建华
出版发行　人民法院出版社
地　　址　北京市东城区东交民巷 27 号（100745）
电　　话　（010）67550660（责任编辑）　　67550558（发行部查询）
　　　　　　　65223677（读者服务部）
客 服 QQ　2092078039
网　　址　http://www.courtbook.com.cn
E — mail　courtpress@sohu.com
印　　刷　河北鑫兆源印刷有限公司
经　　销　新华书店
开　　本　787 毫米×1092 毫米　1/16
字　　数　250 千字
印　　张　14.5
版　　次　2020 年 10 月第 1 版　2020 年 10 月第 1 次印刷
书　　号　ISBN 978 - 7 - 5109 - 2957 - 1
定　　价　59.00 元

让每一个司法案件都体现公平正义

（代自序）

中共中央总书记习近平指出，要努力让人民群众在每一个司法案件中都感受到公平正义，所有司法机关都要紧紧围绕这个目标来改进工作，重点解决影响司法公正和制约司法能力的深层次问题。这一目标从政治和良心或者说职责要求上说是必需的，但从司法角度来看究竟能否实现？如果可能实现，那么司法机关尤其是法官究竟应当如何实现这一目标？还有，如何才能使人民群众感受到司法裁判中的公平正义？除了体制上的原因，法官就其力所能及的职责而言，需要解决哪些影响司法公正和制约司法能力的深层次问题？这些都是学习习总书记前述指示必须深入思考的关键之所在。下面谈谈本人对这些问题的几点思考心得。

其一，要从观念上解决每一个司法案件均须实现公平正义之认识问题。事情欲做成，观念要先行。转变旧的观念，是办好一切事情的第一步。有一种基于所谓严格执法的很流行的观点是：法律只关注具有普遍意义的案件，法律的普适性要求适用法律必须平等，对待同类案件必须一视同仁；当个案正义与普遍正义相冲突时，只能牺牲个案正义以维护法律的权威。这一观点貌似正确，其实具有很大的危害性，其要害在于忽视个案正义，如此也就不可能让人民群众在每一个司法案件中体会到公平正义。法律的功用在于给人们提供行为模式，这是法律的引导性功能；还在于对违法行为提供惩罚的标准，这是法律的制裁性功能；更多的是在于给司法机关提供民事纠纷解决的裁判规范。也就是说，法律具有行为规范和裁判规范的双重性质。而不论是哪一重性质，法律的意义均面向实践、在于适用。因此，法律适用必须注重法律效果与社会效果的高度统一，必须兼顾法律正义和个案正义。否则，不仅不能实现习近平总书记提出的前述目标，而且有悖法官的职责和良心。

就法官而言，每年都要裁判几百乃至上千个案件，一年中偶尔出现个把不公正判决，只是百分之一甚至千分之一错判而已，似乎没什么大不了的事。而就被错判的案件当事人来说，一次错判可不是百分之一、千分之一的不公正问题。许多当事人可能一生只到法院诉讼一次，那么一次的错判对于该当事人就是百分之百的不公正了。人民群众感受司法的公平正义，往往是从一个个具体的司法裁判开始的，而且主要是从涉及自身的权益是否得到公正保护、自己遇到的问题是否得到公正解决来感受。因此，法官只有在当事人的角度上来看待和体会不公正裁判的后果，才不会掉以轻心，才不会自我感觉良好；只有树立每一个司法案件均须实现公平正义的理念，持有为每一个当事人负责之心，才能尽心尽力地办好每一个司法案件，才有可能让人民群众在每一个司法案件中都感受到公平正义，才是不负法官的神圣职责。法官要像德国伟大的法哲学家拉德布鲁赫所说的正义女神，"手持衡器，当其闭上双眼时，一视同仁，普遍适用；当其张开双眼时，则关照个案，目的均在实现正义。"

其二，要从方法上化解法律的普遍适用性与个案的特殊性之实践冲突。法律是抽象的，具有普遍的适用性；而案件是具体的，每个案件都有其特殊性。如何让抽象的法律适用于具体的案件，这涉及法律方法论的问题，需要借助各种法律方法。曾经乃至现在的中国很流行一种观点，就是司法就像一台加工机器，只要向这台机器放进法律规定和案件事实，就自然会加工出来结合法律与事实的正确裁判。被这种形象比喻的就是简单的审判三段论。其实，法律适用绝非那么机械纯粹。除了少数与法律规定相互吻合的典型案件外，绝大多数案件是不以立法者的意志为转移，不会严格按照立法者提供的模式而发生的，这就是所谓的案件不典型性。除了案件的不典型外，法律也不像人们想象中的那么简单明了和包罗万象。绝大部分的法律规范需要通过解释后才能够适用，法律还存在着漏洞与冲突，甚至不合时宜、不够正义。因此，法律适用大多需要根据法律和案件的不同情形，借助法律解释、冲突选择、漏洞补充乃至司法衡平等法律方法，才能做到公平正义地处理案件。

从案件事实与法律规范的关系来看，可以将案件大体划分为这样五类：一是案件事实与法律规定绝对吻合的明了案件，这可以用简单的审判三段论来解决。但此类案件在现实中应在极少数，起码进入诉讼的是极少数。二是案件事实被法律规范所涵盖，即存在形式逻辑学上的种属关系，这需要通过对法律规范进行解释或推导后才可运用审判三段论，甚至需要眼光在事实与规范之间进行"来回穿梭"式的等置方法才能得以解决。此类案件应为多数，差不多等同于通常所说的普通案件。三是案件事实同时符合几个法律效果相异的法律规范，即存在法律冲突或所谓法律竞合的情形，这需要运用法律适用规则对法律进行选择，甚至需要结合案件事实进行辩证选择。四是案件事实超出法律规范，即存在法律空缺的情形，这需要对法律漏洞进行填充。五是案件事实虽与法律规范相吻合或者存在种属关系，但严格适用该法律规范可能产生极不正义的后果，这还需要对这种过于严苛的法律进行司法衡平，以限制或排除该"恶法"对本案的适用。质言之，唯有允许穷尽运用法律方法，才可能使每个司法案件都体现公平正义。

其三，要从品行上提升公正中立廉洁和亲民便民利民高效之法官形象。人民群众感受司法裁判的公平正义，不仅仅从实体上来看案件处理得怎么样，法官的品行对其感受司法裁判的公平正义有着举足轻重的影响。所谓司法公正，不仅指案件处理上的实体公正，还包括审判程序公正和法官形象公正。而形象公不公正，就在于法官的言行举止上，且与法官品德的关系极为密切。所以，法官在品行上必须十分注意严于律己，必须怀着公正之心，不偏不倚地依法就案裁判；对待双方当事人不可以有亲疏之别；更不可以心存贪念，在审案中从一方当事人或者双方当事人那里得到好处。

要使人民群众对司法裁判有好的感受，还必须坚持司法为民。具体地说，就是要切实做到亲民、便民、利民和高效。亲民是从对民众包括当事人的态度上来说的，要做到热情诚恳、谦逊礼貌，切不可粗暴傲慢。便民是就程序和工作上的简易便捷化而言的，除了法定的硬性程序外，非硬性法定程序则应能简则简，更不得自设诉讼门槛；能一次办完的事绝不让当事人来两次，以尽量方便当事人的诉讼、减少当事人的诉累。利民就是在裁判结果和当事人经济负担上将其损失尽可能降到最低。裁判结果需要考虑比例原则，尽量减少当事人物质上的损失；诉讼过程中的费用，能节省的尽量节省，不可随意增加当事人的诉讼费用支出。而高效是就审案效率而言的，要在尽可能短的时间里办好案件。西方有句法律谚语："迟来的正义即非正义。"公正与效率是法院的工作主题，而这两者又是相辅相成的。有效率没有公正不行，有公正没有效率也不行。当事人诉诸法律，就是希望案件能够得到及时公正的裁判。如果一个案件办得时间很长，即使最后的裁判再合法、再公正，对于当事人也可能失去了意义。

　　除了以上三个方面，还有两个方面的问题对于人民群众感受司法裁判公平正义也极有意义。一是要从写作上强化裁判文书理由部分的针对性、具体化之裁判说理。裁判要说理，这是现代司法的一个重要的要求。而说理应有针对性、应当具体化，以让当事人赢得放心、输得明白。许多缠诉、上访，不一定是因裁判不公正，而往往是说理不到位引起的。二是要从执行上攻克生效裁判确定的权义内容难以兑现之司法痼疾。当事人到法院诉讼，不仅需要得到一份公正的裁判书，更重要的是要实现其合法权益。如果公正的判决书得不到及时有效的执行，成为一张无用的法律白条，这自然也难以让人民群众感受到司法裁判的公平正义了。总而言之，只有从观念上、方法上、品行上以及说理上、执行上等诸方面入手，才能真正让人民群众在每一个司法案件中感受到公平正义。

2020年7月

前　言

　　司法既是一种技术也是一门艺术，是融合技术与艺术的专业技艺。从技术上来说，司法必须严格遵循法律程序认定事实、适用法律；而从艺术角度而言，法官在司法过程中需要运用富有创造性的方式、方法。有论者指出："司法艺术就是指司法过程中法官依据法律的规则和原则处理纠纷时所运用的具有创造性的司法方法。广义的司法艺术，不仅指创造性的司法方法，还包括法官独具匠心地运用司法方法使案件的处理显现出的独特而美观的状态或效益。"①也有论者给司法技艺下定义："法官在司法过程中为解决纠纷和维护法律而使用的各种技艺、策略、方法，甚至还包括立场和态度。"② 还有论者通过对《棠阴比事》中的司法技艺的研究，从外延上指出古代良吏的司法技艺有三种，即"求供之技艺、求证之技艺、裁判之技艺"。③ 这应该是关于司法技艺外延上的最为完整的概括。

　　本书最为突出的特点在于详述法律方法运用的具体操作规则，这对审判一线尤其是中层与基层法官而言具有较强的实用性；另一个重要特点是，由于相近乃至相异的法律方法存在诸多相互交叉、界限模糊之处，所以本书也在揭示相关界限方面下了诸多苦功，这样做的目的同样是为提升法律方法运用的操作性。本书对具体法律方法的基本原理和为何是如此操作等与法律方法运用相关的法理依据悉心阐释，以便读者不仅知其然更知其所以然，进而更加自觉地运用司法技艺。需要特别提及的是，对于语法解释、和谐解释、限扩解释、配合限缩、类推适用、司法衡平等具体法律

---

　　① 孙斌荣：《论司法的艺术——法官司法能力建设的最高境界追求》，载万鄂湘主编：《司法能力建设与司法体制改革问题研究——司法能力建设与诉讼制度改革》（上），人民法院出版社 2006 年版，第 80 页。
　　② 李红海：《普通法的司法技艺及其在我国的尝试性运用》，载《法商研究》2007 年第 5 期。
　　③ 丁鑫：《〈棠阴比事〉中司法技艺研究》，安徽大学 2015 年硕士学位论文。

方法的概念界定、适用规则、法理依据等方面，本书作了较为深刻的检讨并提出独特主张乃至进行模式重构。这是本书的理论创新尝试。

撰写本书的着眼点和立足点在于审判实践，内容属于司法实务层面的法律方法运用论，因此，笔者期望本书得到广大法官同仁的青睐，同时希望本书对司法案件裁判的公正与效率以及提升司法公信力有所助益。当然，对于需要"像法官那样思考"或者"预测法官审案思路"的律师以及其他法律实务界的朋友，还有有志从事审判等法律工作的莘莘学子，本书的内容同样是有参考价值的。

由于本人水平所限，本书错误与疏漏在所难免，恳请广大读者批评指正。

2020年7月

目 录

上 篇 法律模糊：如何明晰

下　篇　法律皱褶：如何熨平

上　篇　法律模糊：如何明晰

导　言

　　作为本书的首篇，本篇所要谈的是法律解释的规则问题。在进入对具体解释规则或称方法的阐述之前，有必要先来简单介绍法律解释的一些基础知识和本篇内容的概要，具体包括何为法律解释、法律为何需要解释、法律解释的目标是什么、法律解释有哪些类型、各类解释方法存在什么样的适用关系以及本书对于此等问题的观点几个部分。以此作为本篇的导言，对理解和把握各具体解释规则具有提纲挈领、纲举目张的作用。

一、概念厘定

　　什么是法律的解释？首先需要明确所谓法律解释，是对法律的解释而非用法律来解释。在这里法律是被解释的对象，而不是解释的工具或依据。至于法律解释的定义，各法学名家都有自己的表述方式，但大体意思不会相差太大，只是在法律解释的指涉范围和表述详简上有所差异。为节省笔墨，这里只讲本书对法律解释的定义。本书对法律解释的定义表述是：法律解释是指对法律文本中抽象、含糊或歧义的规定予以具体化、清晰化、确定化，即通过对法律文本进行解读、追源、评价，在法律文本的文义射程之内揭示法律用语的确切含义、确定法律规定的适用范围。

　　法律解释具有四个方面的特征。一是思维上的特征。法律解释的思维方向是由一般到个别、抽象到具体，用形式逻辑的讲法就是对法律概念从属概念向种概念的限制过程而非从种概念向属概念的概括。二是作用上的特征。法律解释的作用是揭示法律用语的确切含义、确定法律规范的适用范围，使法律的抽象具体化、含糊清晰化、歧义确定化。三是顺位上的特征。法律解释原则上由文本含义、立法原意、法律评价逐级推进，而推进一般以前者歧义为前提。四是限度上的特征。法律解释只能在法律文本的文义射程之内确定法律用语的含义，超出文义射程的解读不是法律解释而是属于法律漏洞的填补。

二、解释缘由

法律为什么需要解释？这可以从法律本身的缺憾与法律适用的需要两大方面来讲。

一方面，法律本身存在固有的缺憾。一是法律是由人来制定的，而人不仅对事物的认知能力有限而且文字表达也难以精准无误，因此由人所制定的法律也就可能存在词不达意之处。二是法律须用文字来表述，而由文字组成的法律概念和规范具有抽象性，其所表达的意思往往存在模糊性、歧义性。三是立法均有目的，而立法目的在许多情形下是不明确或多重的。四是法律需要相对稳定性绝不能朝令夕改，而社会是不断发展变化着的，因此法律必然存在落后于社会的滞后性。

另一方面，法律适用需要对法律进行解释。其一，法律需要通过裁判规范来适用于具体案件，而对法律规定加以解释是裁判规范建构最为重要的途径。其二，词不达意的法律规定，需要通过解释来限制或扩大其文本含义，这是法律适用必须符合法律真意的必然要求。其三，法律语言的抽象性、含糊性、歧义性，需要通过解释予以具体化、清晰化、确定化。其四，法律适用必须实现法律目的，而立法目的的不明确性和多重性，需要通过解释来揭示而使其明朗化且具有针对性。何况所有解释结果均不得背离法律目的，须以法律目的来检验解释的结果，因而通过解释揭示立法目的就显得特别重要。其五，法律具有滞后性，但法律又必须适应社会发展变化、解决现实问题，使法律的适用达到法律效果与社会效果的有机统一，由此社会学的解释也就成为必要。

三、解释目标

法律解释的目标是什么？对于这个问题的回答，存在三种理论主张。第一种是主观解释论。主观解释论认为法律解释的目的在于揭示立法原意，因此法律解释的目标是必须符合立法原意。该主张的问题是原意往往难以探寻得到，即使探寻到了也可能落后时代、不合时宜。第二种是客观解释论。客观解释论主张法律解释应当与时俱进，以今日的需要去解释昨日的法律，使其符合时代的要求。这种主张的问题是一味强调法随时变，将难以保证法律的安定性与司法的一致性，可能为司法随意性大开方便之门。第三种主张为折中解释论。折中解释论认为主观说过于僵化，客观说灵活过度，应当兼顾法的安定性与法的共时性，将两种解释观有机统一起来。这是一种理想的解释观，若能实现这种统一固然好，问题是说来容易做起难。不过总的说来此论毕竟比前两论更为可取，关键在于法律适用者的灵活把握。本书认为，法律解释的目标原则上应该是：对于较早立法的法律在解释时多点"客观"论，让法律能够与时俱进，适应社会的发展变化；而对于比较新近的法律在解释时则须多点"主观"论，让法律尽量保持其稳定性与权威性。

四、解释方法

法律解释有哪些方法或规则？法学名家对此的分类不太一致。本书将法律解释划分为四类。第一类是根据文本的解释即文本性解释，是指根据法律文本所用的语词、语法、法条所处文本中的位置以及文本体系和谐的要求，来阐述法条的含义或适用范围。其特点是：法条的含义或适用范围，以法律文本本身而不借助文本以外的因素来确定，主要包括词语解释、结构解释、和谐解释三种。第二类是借助源流的解释即源流性解释，是指对现行法律规定的沿革即出处及其变化的考证所进行的探求法律意蕴的解释活动或方法，包括借助立法资料、先前版本以及外国立法等来解释法律文本的确切含义和适用范围。第三类是加以评价的解释即评价性解释，是指通过法律目的考量、社会效果预测以及利益衡量或价值评断来确定法律文本含义的一类法律解释，包括基于法律目的的目的论解释与注重社会效果的社会学解释以及对不确定概念和概括条款的价值补充这三种。第四类是限扩性解释，包括扩大解释和限制解释。限制解释与扩大解释是一些立法用语若以通常含义理解将与其立法原意相去甚远，需要根据立法原意或其他的解释方法对立法用语的通常含义进行限缩或扩张，将该立法用语的含义限于其核心含义或者采用其边缘含义（比通常含义广但不超出该用语的文义射程）。质言之，限缩解释是采用比通常含义窄的含义，扩张解释则是采用比通常含义宽的含义。

五、解释位阶

法律解释应当按什么顺序进行？对此目前存在两大类观点。一是法律解释综合说。该说否认解释存在一定的顺序，主张法律解释应该综合多种解释方法来获得最为恰当的解释结果。二是法律解释位阶说。该说认为法律解释须按照一定的顺序进行，只有前一顺序的解释结果存在歧义或不正义时，才可以进入下一个顺序。综合说是较早出现的传统解释论的主张，位阶说则是一种新兴的解释论主张。不过直至目前，位阶说在解释的具体顺位上仍未形成共识。根据《关于争端解决规则与程序的谅解》（DSU）第 3 条和《维也纳条约法公约》第 31 条规定，WTO 法律的解释顺序依次为：文面解释、和谐（系统）解释、目的解释、比较解释、源流（历史）解释。①

本书比较倾向于位阶说，但又认为解释顺序不应当过于僵化，解释顺位还需结合具体案情留有一定的微调余地。对于需要解释的文本，首先应当进行文本性解释，正所谓解释基于文本且始于文本。在文本性解释出现多个结果或结果明显不正义时，才进入源流性解释以探明其原意，即确定法律文本的最初含义。若不能通过源流性解释或者虽经源流性解释但所确定的含义仍明显不合理或不合时宜，以其建构裁判规范将推出令社会主流观念不可接受的裁判结果，则需进一步作评判性解释，以使得裁判结果达致法律效果与社会效果的统一。限扩性解释则是在酌量其他诸如立法原意解释、目的解释等多种解释而得的综合结果性的解释，这里面似乎带有以综合解释论微调位阶解释论的意味。

---

① 《关于争端解决规则与程序的谅解》（DSU）第 3 条规定："澄清 WTO 法律的规定，应当依照解释国际公法的习惯规则。据专家小组和上诉机构的理解，解释国际公法的习惯规则即《维也纳条约法公约》所规定的解释规则。"《维也纳条约法公约》第 31 条规定："条约的解释首先应当从条约的用语开始。用语则按照其上下文解释，并参照条约的目的和宗旨，还应考虑嗣后协定和惯例。只有在第 32 条规定的条件下，才可使用解释的补充资料，包括条约的准备工作及缔约的情况。"

第一章　根据文面的解释

第一节　字面规则①

　　字面解释是指法律条文的含义以法律规定的文字（语词）为根据而作理解和说明。谢晖教授认为："在实质上，字面解释是关于法律词汇的内涵作出解释。……字面解释，并不针对法律词汇的外延。对外延的解释，那是其他法律解释方法的任务。"②　文字是人们交往的重要工具，也是法律（制定法）意思表达的最为直接最为直观的形式。所以，解释法律的含义首先须从其所用的文字开始。我国台湾地区学者王泽鉴指出："尊重文字，为解释法律正当性的基础，旨在维持法律尊严及其适用之安定性。"③　字面解释是使用机会最多和使用范围最为广泛的一种解释，其要求也特别严格，需要遵守诸多规则。现任中南大学教授、博士生导师的魏治勋先生从哈特对法律概念的语义分析的理论阐述中，引申出字面解释的六个操作性规则：一是"通常含义"规则；二是"次要含义"规则；三是"专门含义"规则；四是"技术含义"规则；五是"三步舞"程序规则；六是避免"自然主义谬误"。④本节参考多方面的材料，着重谈谈字面解释的以下五个规则。

---

　　①　参见余文唐：《法律解释之字面规则》，载《法律博客》（微信号：falvboke）2015 年 5 月 12 日推送。

　　②　谢晖：《法律哲学：司法方法的体系》，法律出版社 2017 年版，第 39～40 页。

　　③　王泽鉴：《民法思维：请求权基础理论体系》，北京大学出版社 2009 年版，第 173 页。

　　④　详见魏治勋：《法律解释的原理与方法体系》，北京大学出版社 2017 年版，第 164～170 页。

一、一字不漏规则

一字不漏说的是在对法律文本进行字面解释时，不放过其中的每一个字词，而应当按照文本所用的字词理解和揭示法律规定的含义或适用范围。法律规定是由文字、语词所组成，而每一个文字、语词又都包含着一定的含义，对法条含义的揭示都有其各自的作用。所以，不漏过其中的任何一个字，对于精确地理解法律规定的意思有着重要的意义。贝卡利亚在其著名的《论犯罪与刑罚》一书中写道："当一部法典业已厘定，就应逐字遵守。"[①] 1940 年，美国最高法院首席法官罗杰·泰勒在谈到宪法解释时也说："在解释中必须赋予美国宪法每一个字以应有效力和恰当含义……每一个细心斟酌的字都颇有分量，其效力和要旨都经周详考虑。因此，宪法文字无一多余或无用……"[②]美国学者安修也指出："宪法要尽可能全面解释，每一个字、词、短句和句子均为有效，不应被忽略、遗漏、舍弃或闲置。"[③]

有这么一个例子：被告甲因生意而欠乙 30 多万元货款，案件经法院判决进入执行阶段。被告称因其生意亏损严重，无力履行生效判决。但法院查获被告隐瞒案件判决之前在银行存款 4 万元的事实，于是法院提请检察机关以涉嫌"拒不执行判决、裁定罪"提起公诉，其法律依据是全国人大常委会对刑法第 313 条的解释第 2 款第 1 项。该项规定"被执行人隐藏、转移、故意毁损财产、以明显不合理的低价转让财产，致使判决、裁定无法执行的"，属于刑法第 313 条规定的"有能力执行而拒不执行，情节严重"的情形之一。本案中的"隐瞒"是被告"瞒"着存款的事实不告知法院，是一种消极的行为（不作为）；而规定中的"隐藏"，为以积极的行为（作为）将可供执行的财产"藏"起来。"隐瞒"与"隐藏"尽管从其本质上说或具同质性，但是后者的主观恶性和危害程度比前者大。即使两者的危害性相当，也只是在适用类推的旧刑法时代，可以对"隐瞒"类推适用"隐藏"的规定。而在现行刑法实行罪刑法定原则的时代，刑法应当作严格解释且适用"有利被告"或刑

---

① ［意］贝卡利亚：《论犯罪与刑罚》，黄风译，中国大百科全书出版社 2005 年版，第 13 页。

② 转引自［美］詹姆斯·安修：《美国宪法解释与判例》，黎建飞译，中国政法大学出版社 1999 年版，第 18 页。

③ ［美］詹姆斯·安修：《美国宪法解释与判例》，黎建飞译，中国政法大学出版社 1999 年版，第 18 页。

法谦抑原则。① 在此，我们可以体会到"一字不漏"的重要性，体会到"失之毫厘，谬以千里"的蕴意。

不过，凡事都须有个度，都要适可而止。一字不漏规则的运用同样不应过于刻板。物极必反，真理再向前迈出一步将成谬误。"不漏"应是要求在解释文本时须将各个文字结合而思考，即注意"全文"的意义联系地进行解释，而不是拆骈为单字或字字界定。有的词语如将其拆开会改变其意思，甚至弄出笑话来。早年在一次强奸案的庭审辩论时，笔者亲眼见过一位律师一字一顿、有板有眼地辩道："起诉书中'被告人在被害人的指责之下，仍然对其进行强奸'的指控没有事实根据。'指'，是用手指着；'责'，是用口骂着。我的当事人虽然犯了强奸罪行，但当时被害妇女只有骂我的当事人，并没有用手指着骂。"这一"拆词释字"的辩法，弄得年轻的公诉人无言以对，也使法官们忍俊不禁。

中国香港的论辩高手李天命把凡是论辩必须"对其中每一个字词都有界定"称为"字字界定主义"，喻其为"仿佛狗打架时用警犬去维持秩序，但警犬又加入打架，于是再用其他警犬去维持秩序，但其他警犬又加入战圈中……"李氏指出："哲学家詹姆斯说'智慧的艺术，就是知道什么东西可以省略的艺术'。恰如其分是最考功夫的。略言之，在思考或讨论时，若有概念或用语暧昧不明或带误导而令思考或讨论无法有效地进行下去，那就必须厘清那概念或用语；反之就无需如此。否则便是节外生枝，无事生非。总括一句：有病要医治，无事不开刀。"② 这种精辟的见解，确实是我们在对法律规定进行字面解释时，所应切切记住的。

---

① 刑法第 313 条第 1 款规定："对人民法院的判决、裁定有能力执行而拒不执行，情节严重的，处三年以下有期徒刑、拘役或者罚金；情节特别严重的，处三年以上七年以下有期徒刑，并处罚金。"本案被告人隐瞒 4 万元存款应当属于"有能力执行"之列，但是否可以认定为"拒不执行"和"情节严重"则不无疑问。即这里的"拒不执行"究竟是"拒绝执行"还是"抗拒执行"？若采用行为程度较为缓和的"拒绝执行"的含义，本案貌似可以认定为构成拒不执行判决、裁定罪。此即所谓的消极型拒不执行。但问题是：是否已达到拒不执行判决、裁定罪"情节严重"的要件？全国人大常委会通过的关于刑法第 313 条的解释第 2 款第 5 项虽有"其他有能力执行而拒不执行，情节严重的情形"的兜底条款，然而可否按照同类解释（相当解释）将"隐瞒"纳入该兜底条款，仍然是存疑的。

② 戎子由、梁沛霖编：《李天命的思考艺术》，生活·读书·新知三联书店 1996 年版，第 175～176 页。

二、普通含义规则

普通含义即所谓平义。字面解释的核心规则是普通含义（平义）规则。其基本内容为：除法律文本已作特别解释（立法解释）或所用语词为专门用语，或者有其他充分理由须作特别的解释外，对文本语词的解释应当以其通常的含义即普通说话者的理解为标准。[①] 如果供选择的普通含义不止一个，那么在解释中应当优先考虑和采用相对比较明显的普通含义。例如，刑法第263条第7项规定，持枪抢劫的，处十年以上有期徒刑、无期徒刑或者死刑，并处罚金或者没收财产。现在有这么一个案例：某日夜11时许，在某市一偏僻之处，王某见李某（女）独自行走，遂生歹意。其用一硬物抵住李某的头部，索取李某的手机等物（价值约一万元）并威胁李某，不许喊叫，否则开枪打死。案发后，查明王某的作案工具为一玩具枪，并非真枪。那么，本案可否以持枪抢劫罪定罪量刑？这就涉及该法条中的"枪"应当如何解释的问题，即这里的"枪"应作真枪解释还是包括假枪。对此刑法理论界和实践界存在两种意见。一为应包括假枪。其理由是持假枪抢劫与真枪一样能够达到对被害人的精神强制作用，起到真枪抢劫的效果。二是只应作真枪解释。[②] 应该说，后者的观点是合适的，这可以从主客观相一致原则等多角度予以论证。就字面解释方面看，也应如此。法律语词是以生活中的普通用语为基础抽象而来，除非立法已作特别解释，对于非专门术语的法律语词一般应按其普通含义解释。因此，本案只能以一般抢劫定罪量刑而不应适用持枪抢劫的规定。

[①] 魏治勋教授的字面解释的第二个操作性规则是"次要语义"规则："在按照通常含义理解出现不合理结果的特殊情况下，可以采用其'次要含义'，但次要含义也应当符合普通人的语言使用习惯，而不能凭借法官的价值观念主观地语义决定。"参见魏治勋：《法律解释的原理与方法体系》，北京大学出版社2017年版，第164页。

[②] 关于"枪支"的争议，较为典型的案件是"天津老太"赵春华在街头摆气球射击摊，因6支枪形物被鉴定为枪支，于2016年12月27日被天津市河北区法院以非法持有枪支罪判处有期徒刑3年6个月。与赵春华一同被带走的，还有其他12位摊主。该案引起刑法界对枪支标准的检讨。2018年3月8日，"两高"作出《关于涉以压缩气体为动力的枪支、气枪铅弹刑事案件定罪量刑问题的批复》（法释〔2018〕8号）。该批复是北京奥运前夕公安部将枪支认定标准修改为枪口比动能1.8焦耳/平方厘米实施10年来最高司法机关的首次回应与检讨。该批复只强调"对于非法制造、买卖、运输、邮寄、储存、持有、私藏、走私气枪铅弹的行为，在决定是否追究刑事责任以及如何裁量刑罚时，应当综合考虑气枪铅弹的数量、用途以及行为人的动机目的、一贯表现、违法所得、是否规避调查等情节，综合评估社会危害性，确保罪责刑相适应"，而对于什么是刑法枪支这个最为核心的问题仍然没有回答。

　　需要进一步探讨的是，我们应当如何确定普通含义呢？是以大众的共识为普通还是以法律人的认识为普通呢？这有法律语言大众化与法律解释的精英垄断（霸权）之观念冲突。[①] 本书倾向于前者，即普通含义原则上应为公众所普遍接受认可而不仅仅是法律人所理解的语词含义。这是因为，法律首先是人们的行为规范，而这种行为规范是为社会全体成员设立的，以民众公认的普通含义解释法律，才与法律对人民的指引和规范等功能相一致。但是这种公众共识并非通过法官对民众的实证调查而获得，通常的做法就是运用字典（词典）。合时的字典对语词含义的注释先于个案，因而也就超脱于个案当事人利益和法官主观，是同一语系的人所共同使用的最为通常的含义。同时，词典注释比民间的理解更具一致性和科学性。当然，这只是就一般而言，在特殊情形下，"法官必须依自己对特定的法律环境及立法目的等进行综合分析判断"，[②] 也可能取习惯含义而不按词典注释。比如在美国的多数词典中，通常将番茄归类于水果，而按人们的习惯，番茄更多地被认为是一种蔬菜。依一般原则当取前者而不是后者之义，但在 Nix V. Hedden，149 U.S. 304（1893）案中，法院的回答是番茄进口适用进口蔬菜要征税的规定而不以植物果实（进口不需征税）对待。[③] 这样判决大概是基于国家税收利益保护立场而作出的。

　　亨利·哈特和阿尔伯特·塞克思在他们具有创意性的研究成果《20世纪50年代的法制程序》中，把词（字）典解释法律称为"很好"的、确定人们可以接受含义的方法。安托尼·斯卡利亚法官将"词典解释法"称为"朴实含义"的解释方法，认为词典是对法律朴实理解的最有用工具。[④] 事实上，在美国，各级法院很早就使用了词（字）典作为一种辅助工具对法律进行字面解释。当然，词典中的语词含义常常存在多义性，并且按语言自身的规律，越是常用的词汇本身也就越具有较多的含义。因此，在存在可供选择的词典含义不止一个时，经常需要运用"上下文和谐"的解释论点（体系解释的一种），以指明和确定比较明显或最为适当的普通含义。

---

　　① 刘星的《法律解释中的大众话语与精英话语》一文对两种话语的冲突有深入的论述，认为"出路也许就在于有限制地释放大众话语，在其与精英话语之间建构一个可以相互理解相互对话的有益渠道"。载刘星：《语境中的法学与法律·民主的一个叙事立场》，法律出版社2001年版，第61～93页。
　　② 陈金钊：《法律解释的哲理》，山东人民出版社1999年版，第281页。
　　③ 参见［美］理查德·波斯纳：《法理学问题》，苏力译，中国政法大学出版社2002年版，第332页。
　　④ 参见陈金钊：《法律解释的哲理》，山东人民出版社1999年版，第278页。

三、专门含义规则

专门含义论点的基本含义是：如果法律规定所用的是专门语词或词组，或者具有专门含义的普通语词或词组，那么就应该从专门含义的角度进行解释。例如，"'善意取得'中的'善意'，其意义不是善的或者良好的意图，而是'不了解实情或不知情'的意思。"[①] 人们在从事日常生活领域之外的专门活动中，往往使用各种专门语言，或者在所用语言的专门意义上进行交流。在这种情形下，就不能按照普通含义来解释专门语言。例如，"流氓"一词，在日常生活中的含义有这样两种：一是对人而言，原指无业游民，后指不务正业、为非作歹的人；二是对事时，则指施展下流手段放刁、撒赖等恶劣行为。我国旧刑法（1987 年）流氓罪法条规定流氓是指聚众斗殴、侮辱妇女以及其他破坏公共秩序的行为。"流氓"一词作为法律术语，在解释时，只能按法律确定的含义而不能适用其日常生活中的全部含义。正如谢晖教授所指出的那样："毕竟法律词汇、法言法语有其特指，所以，倘若按照日常生活中相关词汇的字面意义去理解，可能会离题十万八千里，甚至会南辕北辙，越解释越远离法律词汇之本意。"[②]

魏治勋教授将"专门含义"限定在专门的法律术语之内，而将非法律的专门术语称为"技术含义"。相应地，也就有专业含义规则和技术含义规则之分。[③] 本书将两者合二为一，即赞同这样的观点："专门语词或词组即通常所说的专门术语，它既可能是专门的法律术语，如无罪推定、法定代理、遗嘱继承、诉讼当事人等，也可能是非法律的专门术语。语词或词组是不是具有专门性，是不是在专门含义上被使用，通常可以根据它所在的上下文，它在法律中使用的历史来确定。专门法律术语的标准含义，通常可以由经过法律训练者来识别，但是这种术语的相关历史也可以是决定性的。非法律的专门术语的标准含义，可能是明显的，也可能是不明显的，如果是后者，就需要诉诸某种事实证明。"[④] 民事诉讼法第 79 条规定："当事人可以申请人民法院通知有专门知识的人出庭，就鉴定人作出的鉴定意见或者专业问题提出意

---

① 魏治勋：《法律解释的原理与方法体系》，北京大学出版社 2017 年版，第 166 页。
② 谢晖：《法律哲学：司法方法的体系》，法律出版社 2017 年版，第 41 页。
③ 魏治勋：《法律解释的原理与方法体系》，北京大学出版社 2017 年版，第 164～165 页。
④ 参见张志铭：《法律解释学》，中国人民大学出版社 2015 年版，第 71 页。

见。"《最高人民法院关于适用〈中华人民共和国民事诉讼法〉的解释》（以下简称《民事诉讼法司法解释》）第 122 条第 1 款规定："当事人可以依照民事诉讼法第七十九条的规定，在举证期限届满前申请一至二名具有专门知识的人出庭，代表当事人对鉴定意见进行质证，或者对案件事实所涉及的专业问题提出意见。"这一关于专家辅助人的规定，为准确解释非法律的专门术语提供了法律依据和法律保障。

四、含义择定规则

在解释语词含义时，出现专门含义与普通含义两种理解的，就是所谓"普通含义论点与专门含义论点的冲突"。与此情形之下，专门含义与普通含义哪个处于优先地位？这是一个很有争议的问题。美国学者安修指出：对既有专业又有常用含义的法律文字，法院一般按通常含义解释，除非所规定的事项的性质或上下文表明它用于专业含义。[①] 这意味着普通含义优先于专门含义。波兰学者齐姆宾斯基也主张："待解释的表达式，若无充分理由就不能被视为有法律上的特定含义；但是，如果已经确认它们具有这种意义，那么它就应该如此使用，而不论日常用语中相同形式的表达式的意义是什么。"[②]

法律语词一方面当然具有法律性质，另一方面则是要让民众知晓并遵行的。用谢晖教授的说法就是："法律本身自来不仅是制定给内行运用的，同时更是指定给外行运用的。"[③] 因此取舍其含义首先要看法律文本能否提供其所用语词作专门含义使用的根据：或明文规定，或上下文表明，或规定事项可供判断，等等。否则，应以普通含义解释，专门含义不得无条件地消解或取代普通含义。在对一个法律语词究竟应当采其普通含义、专门含义还是其他含义的具体判断上，对三个规则应当予以足够的注意。

（一）判断标准

英国法官伊谢尔勋爵以法律所调整的事物为其标准："如果法规调整的是普遍影响到每一个人的事物，那么，它所使用的文字具有其在语言的普通的和通常的用法中的含义；如果法规调整的是有关特定的行业、交易或事物，

---

① 转引自刘国：《宪法文义解释的困境与出路探析》，载《政治与法律》2014 年第 5 期。
② ［波］齐姆宾斯基：《法律应用逻辑》，刘圣恩等译，群众出版社 1988 年版，第 311 页。
③ 谢晖：《法律哲学：司法方法的体系》，法律出版社 2017 年版，第 42 页。

而其文字的使用采用了每个熟悉该行业、交易或事务者所知道并理解的这些文字的特定含义，那么，这些文字必须解释成这种特定含义，尽管它可能还用于文字的普遍的通常含义。"①

（二）黄金规则

黄金规则是指，如果运用字义解释规则出现荒谬的结果时，法官应当寻求字词的其他含义以避免荒谬结论的出现。布莱克本勋爵在 1878 年的一份判决中指出，黄金规则就是将整个成文法看作一体，赋予那些字词通常的含义，除非仅仅考虑文字本身会产生很大的矛盾、荒谬或者麻烦并足以使法官意识到不能在通常含义下使用该字词。这时，法官应赋予该字词其他含义。这一含义可能不是对该字义严格解释的结果，但法官相信该字词应当包含这样的含义。②

（三）程序规则

魏治勋教授阐述了语义解释的"三步舞"程序规则："任何审慎的语义解释都应当依次遵循三个解释的步骤：（1）解释者必须仔细系统地阅读相关法律文本；（2）解释者必须按照解释对象的通常含义决定其意义选项；（3）解释者应当牢固确立反思性的解释思维，对其解释结论采取反思批判的立场，按照'反思平衡'或者'理性商谈'的路径对其解释结论作出合理性评估。"③

第二节　语法解释

语法解释或称结构解释，是指通过法条语法结构等方面对法条含义所作的解释，包括对语句结构、文字排列、标点符号乃至段落（款、项、目、段）的结构解析及功能阐析。它是一种只对微观的具体条文内部结构进行分析，

---

① ［英］鲁珀特·克罗斯：《法律解释》，孔小红等译，西南政法学院法学理论教研室 1986 年印行，第 72 页。
② 魏玮：《英国法律解释三大规则之应用》，载《法律适用（国家法官学院学报）》2002 年第 2 期。
③ 魏治勋：《法律解释的原理与方法体系》，北京大学出版社 2017 年版，第 168 页。

挖掘字词之间、语句之间蕴涵的指涉。魏治勋教授将文义解释的语法规则划分为三种类型：文义解释的语法规则、文义解释的句法规则和文义分析的语句逻辑。[①] 王政勋博士对刑法条文的语法分析，包括代词的语义所指、否定副词的意义、语法结构层次分析和标点符号分析。[②] 本书在这里所要谈的语法解释规则，包括标点规则、但书规则、列举规则和结构词规则。

一、标点规则[③]

法律解释的标点规则，是指根据法律规定中所使用的标点符号种类及其所处的位置等，来阐明法律规定的含义。标点符号是书面语的组成部分，包括标号和点号两大类。标号有引号、括号、破折号、省略号、专名号、书名号、着重号和音界号，用来表示书面语里词语的性质或者作用；点号有句号、问号、感叹号、冒号、分号、逗号和顿号，用来表示书面语的感情色彩或先后表述之间的关系。而法律条文中使用的标点符号不外乎逗号、句号、分号、顿号、引号、冒号、括号、书名号等八种，而没有诸如叹号、问号、破折号、着重号等具有强烈感情色彩的标点符号。正确使用标点符号，是书面语尤其是法律规定的基本要求。误用误置标点符号，不仅不能正确表达作者所要表达的意思，甚至可能导致文句意思的完全相反。而在断文释句尤其是对法律规定进行标点解释时，解释者首先应当重视将标点符号作为解释词语文句或法律规定含义的重要参考因素，同时也要防止将错就错地以本被误用误置的标点符号作为解释词语文句或法律规定含义的依据。

（一）应当重视标点符号

在法律的解释过程中，应当重视法律规定中的标点符号，运用其精准地阐明法律规定的含义。先来看看民法通则第 137 条规定："诉讼时效期间从知道或者应当知道权利被侵害时起计算。但是，从权利被侵害之日起超过二十年的，人民法院不予保护。有特殊情况的，人民法院可以延长诉讼时效期间。"民法通则自 1986 年 4 月颁布后的相当一段时间内，法学理论界和司法实践中对于时效延长究竟应当适用于哪些种类的时效期间，存在困惑和争议。

---

① 详见魏治勋：《法律解释的原理与方法体系》，北京大学出版社 2017 年版，第 156～162 页。

② 详见王政勋：《刑法解释的语言论研究》，商务印书馆 2016 年版，第 258～285 页。

③ 余文唐：《法律文本的标点、但书及同类规则》，载《法律适用》2017 年 17 期。

最高人民法院 1990 年 12 月出台的《最高人民法院关于贯彻执行〈中华人民共和国民法通则〉若干问题的意见（试行）》（以下简称《民法通则贯彻意见》），规定时效延长既适用于最长时效也适用于普通时效和一年时效。其第 175 条的原文为："民法通则第一百三十五条、第一百三十六条规定的诉讼时效期间，可以适用民法通则有关中止、中断和延长的规定。民法通则第一百三十七条规定的'二十年'诉讼时效期间，可以适用民法通则有关延长的规定，不适用中止、中断的规定。"该规定在当时也起到了"定分止争"的作用，将法学理论界和司法实践中的不同观点都统一到最高司法机关的这一规定上来。

那么最高人民法院根据什么作出这样解释的？答案是根据民法通则第 137 条规定中所使用的标点符号。该规定中间标点符号的使用情况为：中间使用两个句号，分别置于普通时效起算与最长时效起算之间、最长时效起算与时效延长之间。这就将民法通则的该规定划分为三段：第一段规定普通时效起算，第二段规定最长时效起算，第三段规定时效延长。如此，规定时效延长的第三段就既管着规定最长时效的第二段也管着规定普通时效的第一段。因此得出时效延长既适用于最长时效也适用于普通时效。显然，这是按照民法通则第 137 条使用的标点对其进行解释的。该解释将民法通则第 136 条规定的一年时效也纳入延长，并不是对民法通则第 137 条关于时效延长规定解释的结果，而是一年时效除了期间与普通时效不一样外，其他的诸如时效起算、中止、中断以及延长都随普通时效。这是因为所谓"普通"，就是除了有特别的明示外，没有特别明示的均应以普通的标准为标准。可以扩展地说，不仅一年时效而且长期时效以及比一年时效更短的超短期时效，只要其时效起算与普通时效的起算标准一样，时效中止、中断以及延长等就要适用普通时效的规定。

再来看看民法总则第 188 条第 2 款规定："诉讼时效期间自权利人知道或者应当知道权利受到损害以及义务人之日起计算。法律另有规定的，依照其规定。但是自权利受到损害之日起超过二十年的，人民法院不予保护；有特殊情况的，人民法院可以根据权利人的申请决定延长。"在这一规定的中间只使用一个句号，置于普通时效起算与最长时效起算之间，而最长时效起算与时效延长之间使用的是分号。这就将民法总则的该规定划分为两段，第一段规定普通时效起算，第二段规定最长时效起算与时效延长。可见，民法总则第 188 条第 2 款与民法通则第 137 条的最大的区别在于：最长时效起算与时效延长之间，前者用分号，后者用句号。而分号是句内标点符号，其前后两个分句属于同一个复句之内；句号是句末标点符号，表示一句话的结束。形象地说，民法总则第 188 条第 2 款中的时效延长规定与最长时效规定可喻为属于"同一家庭的成员"，而该法条前段关于普通时效的规定则不是该家庭成员。可见，民法总则第 188 条第 2 款中时效延长规定，只能及于最长时效而不能及于普通时效。而且《民法通则贯彻意见》第 175 条的规定，在民法总则施行之后不可以再予以适用。

（二）切不可"因点害意"

标点符号对于解释法律规定固然重要，但在运用标点解释时不可以将其绝对化。这并不是说在准确使用标点符号的情形下也要将其相对化，而是因为法律规定中错用误置标点符号的现象绝非鲜见。依本书之见，前面所举的民法通则第 137 条在时效延长的规定上，实际上有误用标点（句号）之虞。因为时效延长本应该只是对实在没有条件知道权利被侵害的权利人之"额外开恩"，也就是在此情形下对被侵害权利超过最长时效期间的特别法律救济，这实际上是以公平正义衡量当事人双方利益的结果。而将时效延长适用于已经知道或应当知道权利被侵害的权利人，适用于超过普通时效、长期时效乃至短期、超短期时效的权利救济，则与促使权利人及时行使权利的时效制度立法目的是相背离的。[①] 因此，在运用标点解释时应当特别留心，必须分析是否存在误用误置标点的可能，切不可以"因点害意"。正如论者指出的那样："如果法条的真正含义是清楚的，但与该条的标点符号不符，那么符号应服从于真实含义；如果条款的含义是清楚的，标点符号不能主导条款的含义。误置的逗号不允许破坏从整条规定的语言中推导出来的结论。"[②]

再举个例子来说。最高人民法院印发的《关于适用〈中华人民共和国民事诉讼法〉若干问题的意见》（以下简称《民事诉讼法适用意见》）第 8 条的表述是："双方当事人都被监禁或被劳动教养的，由被告原住所地人民法院管辖。被告被监禁或被劳动教养一年以上的，由被告被监禁地或被劳动教养地

[①] 本书认为，《民法通则贯彻意见》第 175 条关于时效延长既适用于最长时效也适用于普通时效和一年时效的司法解释，是很值得商榷的：一是与促使权利人及时行使权利的时效制度立法目的相背离；二是违反"但书条款仅作用于紧接的先行条文"的但书解释规则。

[②] 管金伦：《法官的法解释》；载陈金钊、谢晖主编：《法律方法》（第二卷），山东人民出版社 2003 年版，第 253 页。

人民法院管辖。"本规定的后段是否应当以"双方当事人都被监禁或被劳动教养"来限定？对此，审判实践中存在不同的看法，原因就在于该规定的前后段以句号"。"相隔。如果仅就此句号来看，确实可以认为该后段是对当时施行的民事诉讼法第 23 条第 2、4 项规定的监禁和劳动教养的时间限定，[①] 即被告被监禁或被劳教的时间在一年之内的，适用民事诉讼法该条关于"被告就原告"的规定；而被告一方被监禁或被劳教的时间在一年以上的，就要"原告就被告"。然而该第 23 条第 3、4 项并未对被告被监禁或被劳教的时间进行限定，依此被告一方被监禁或被劳教的时间不论是在一年以内还是一年以上，都要适用"被告就原告"原则。如果认为《民事诉讼法适用意见》第 8 条后段不受其前段"双方当事人都被监禁或被劳动教养"的限制，被告一方被监禁或被劳教的时间在一年以上的，就要"原告就被告"，那么该司法解释显然是与民事诉讼法的规定相抵触的。

　　法律解释的基本要求是解释结果不得与法律真意相背离，理解司法解释中的规定也因如此。因此，应当从最高人民法院的该规定的前后段整体而不应仅从其中的句号来理解，也就是该规定的后段也应受"双方当事人都监禁或被劳动教养"之限定。只有这样理解，才不至于让该规定陷于有悖于法律规定的越权乃至无效境地。这其实也是标点解释不可"因点害意"的规则要求。由此反过来看，最高人民法院的该规定前后段之间严格地说正确的用法应当是分号而不是句号。最高人民法院 2010 年 12 月 9 日对山东高院请示的答复明确指出："对被监禁或被劳动教养的人提起的诉讼，原告没有被监禁或被劳动教养的，由原告住所地人民法院管辖。原告也被监禁或被劳动教养的，由被告原住所地人民法院管辖；被告被监禁或被劳动教养一年以上的，由被告被监禁地或被劳动教养地人民法院管辖。"[②] 然而，2015 年 1 月 30 日公布的《民事诉讼法司法解释》并未像 2010 年 12 月 9 日对山东高院请示的答复那样加以明确，却是重复《民事诉讼法适用意见》第 8 条标点符号用法。其第 8 条规定："双方当事人都被监禁或者被采取强制性教育措施的，由被告原住所

---

　　① 民事诉讼法（1991）第 23 条规定："下列民事诉讼，由原告住所地人民法院管辖；原告住所地与经常居住地不一致的，由原告经常居住地人民法院管辖：（一）对不在中华人民共和国领域内居住的人提起的有关身份关系的诉讼；（二）对下落不明或者宣告失踪的人提起的有关身份关系的诉讼；（三）对被劳动教养的人提起的诉讼；（四）对被监禁的人提起的诉讼。"

　　② 《最高人民法院关于对被监禁或被劳动教养的人提起的民事诉讼如何确定案件管辖问题的批复》（法释〔2010〕16 号）。

地人民法院管辖。被告被监禁或者被采取强制性教育措施一年以上的，由被告被监禁地或者被采取强制性教育措施地人民法院管辖。"

由上述的例子和分析可以得出适用法律解释标点规则的基本步骤。首先，根据文面初步解释。即严格按照法律文本中标点符号的种类、位置等使用情况，初步揭示法律规定的文面含义。这是标点规则的第一要求：重视标点符号，也是司法尊重立法的重要体现。在奉行立法中心主义、要求必须严格司法的我国，这一步尤其重要，不可省略。其次，分析初步解释结果。严格按照法律文本标点符号解释的结论若是唯一无争议的，采纳该解释结果。而如果初步解释结果为复数即有多个或存在争议，就需进入下一步的解释作业。再次，误用误置标点检讨。严格按照法律文本标点符号的使用情况进行解释竟然得出复数有争议的结果，说明法律规定中标点符号的使用存在问题。这就需要从要不要使用标点符号、应当使用何种标点符号以及标点符号应当置于何处等方面，检讨法律规定中误用误置标点符号的具体类型。最后，转道寻找法律真意。在法律规定中误用误置标点符号的情形下，不得将错就错地以误用误置标点符号为依据，而应当另辟蹊径以其他解释方法寻找法律真意。这是标点解释不可"因点害意"规则的本质要求。

二、但书规则

所谓但书，顾名思义就是转折的文句。法律但书是在一个法律条文作出一般规定之后，加上一个限制该一般规定适用的特别规定。其中的一般规定是法条主文（简称主文），特别规定就是但书条款（简称但书）。法条中的但书就是在法条的主体性的一般规定之后所作的例外性的特别规定，其表达方式通常是："……（主体性规定），但是……（例外性规定）"，在例外性规定中还常见"除外""不在此列"之类的语词。著名立法学专家周旺生教授对但书下了这样的定义："现代中国法律但书，是对法律条文中主文的一般规定作出特别规定，用以规定例外、限制、附加等内容，与主文相反相成，以'但'或'但是'所引导的一种特殊法律规范。"① 姚小林博士认为但书大致表现为六种基本类型：排除型但书、授权型但书、要求型但书、命令型但书、禁止

---

① 周旺生：《论法律但书》，载《中国法学》1991 年第 4 期。

型但书和否定型但书。① 但书的主要作用在于将本被涵括于一般规定中的情形，通过但书的特别规定排除出一般规定的适用范围。在法律规定中正确使用但书，是对立法者的要求；正确理解和适用但书，则是司法者的任务。下面先讲但书的表达方式和功能作用，再来谈但书的解释规则。

（一）但书的功能作用

法律条文中但书的功能作用，是指但书对其前段的主体性规定所起的排除、限制或补充等作用。关于但书的功能作用，不同的学者有不同的说法。我国台湾地区法学家郑玉波认为："但书之内容主要有二：1. 指出例外，法条规定之效果，需要有例外时，则用但书；2. 附加限制，法条规定之要件，须加以限制（例如附加条件）时，应以但书表明之。此外但书之用途尚有其他种种，然以指出例外或附加限制两者最为主要。"② 学者纪永胜、朱洪鹏则以但书与其前段的四种关系来表述但书功能作用：①与前段表示相反的关系；②与前段表示例外的关系；③对前段表示限制关系；④对前段表示补充关系。③ 本书以后者为主线结合（参考）前者的相关内容，对但书的功能作用作如下阐述。

其一，与前段主文表示相反的关系。这是但书的救偏求全功能，是通过作出近似与主文相反的规定来保证立法的全面。立法中常有这种情况：就某一事项作出一般规定还不够，还必须从相反的角度再作出一定的规定，使有关这一事项的一般规定不致陷入片面而导致偏激、引出误解。刑法第 13 条规定："一切危害国家主权、领土完整和安全……的，都是犯罪，但是情节显著轻微危害不大的，不认为是犯罪。"该条文中但书之后的部分所规定的与前部分相反。又如宪法第 41 条在规定公民对任何国家机关和国家工作人员的违法失职行为有向国家机关提出申诉、控告或检举的权利后，接着规定："但是不得捏造或者歪曲事实进行诬告陷害。"这一但书即为救偏求全的但书，通过它的规定，该条的整个规范就显得全面。

其二，与前段主文表示例外的关系。这是但书的立异存同功能，通过但书把主文无法规定的特殊情形或别有规定的问题排除在外而使主文中的一般

---

① 详见姚小林：《法律的逻辑与方法研究》，中国政法大学出版社 2015 年版，第 36 页。

② 郑玉波：《法条十二型（以民法法条及法谚为例）》，原载郑玉波：《法谚（一）》，法律出版社 2007 年版。

③ 参见纪永胜、朱洪鹏：《刑法中"但书"如何理解》，载《江苏法制报》2012 年 12 月 20 日。

规定获得效能。由于法律调整的事项所涉及的问题往往有一般与特殊、通常与少见的区别，立法者在对这些事项进行规范时，往往需要分别作出一般规定与特别规定。在这里，一般规定是主要的，但不作出特别规定，一般规定就难以解决与所调整的事项有关的特别的、少见的问题。民事诉讼法第 45 条第 2 款（但书）即具有立异存同功能："被申请回避的人员在人民法院作出是否回避的决定前，应当暂停参与本案的工作，但案件需要采取紧急措施除外。""但是法律（或本法）另有规定者除外"之类的但书也具有这种功能。

其三，对前段主文表示限制关系。这是但书的限制求度功能。法律在规定许多事项时，都有一个如何才能适应的问题。解决这一问题除了需要就这些事项作出一般规定外，还要以但书限制一个适当的度。限制的形式和内容可以有多种，以刑法中的但书为例：①有限制本法或主文的适用范围的，如刑法第 8 条："……按本法规定的最低刑为三年以上有期徒刑的，也适用本法；但是按照犯罪地的法律不受处罚的除外。"②有限制轻重程度的，如刑法第 20 条第 2 款："……，但是应当减轻或者免除处罚。"③有限制时间和时效的，如刑法第 73 条第 2 款："……但是不能少于一年"，刑法第 73 条第 1 款："拘役的缓刑考验期限为原判刑期以上一年以下，但是不能少于二个月……"其中的但书即是对前段规定的限制。

其四，对前段主文表示补充关系。这是但书的附加求周全、适当功能。与但书的救偏求全不同的是，但书这一功能的特征不在于作出近似与主文相反的规定来保证立法的全面，而在于作出附加规定来补充主文，使主文的内容更周全、适当。附加的内容有两种：一是附加一定的义务来补充主文；二是附加一定的权利来补充主文。如刑事诉讼法第 120 条第 1 款的但书是附加权利方面的一个例证："被告人对侦查人员的提问，应当如实回答。但是对与本案无关的问题，有拒绝回答的权利。"刑法第 37 条规定："对于犯罪情节轻微不需要判处刑罚的，可以免予刑事处罚，但是可以根据案件的不同情况，予以训诫或者责令具结悔过……"该条"但书"是对前段规定的补充。

（二）但书的解释规则①

对于如何解释或理解但书，美国宪法学专家詹姆斯·安修提出三个规则，即"但书条款仅作用于紧接的先行条文；但书必须从严解释；但书不得与其

① 参见余文唐：《法律但书：以"意思转折"为判断规则》，载《检察日报》2017 年 6 月 1 日。

所限制的先行条文分离。"① 本书添加一个规则即"但书须以意思转折的特征来判断",作为詹姆斯·安修但书规则的垫料性规则。

1. 但书须以意思转折的特征来判断

通常认为,但书有两个基本特征:一是形式上的特征,即主文与但书之间以连接词(转折连词)"但""但是"作为外在标识;二是内容上的特征,即但书内容与主文内容存在意思上的转折,或者说主文与但书之间存在一般规定与特别规定的关系(普特关系)。在这两个特征中,后者是但书的本质特征,是判断某一规定是否属于但书的标准;前者则只是一般而言,具有一定的相对性。紧接主文之后的规定有意思上的转折或系特别规定的,即使没有"但是"之类的转折连词,仍然属于是但书;没有意思上的转折或非特别规定的,即使有"但是"连接词也不属于但书。民法通则第 137 条规定:"诉讼时效期间从知道或者应当知道权利被侵害时起计算。但是,从权利被侵害之日起超过二十年的,人民法院不予保护。有特殊情况的,人民法院可以延长诉讼时效期间。"其中"从权利被侵害之日起超过二十年的,人民法院不予保护"虽有转折连词"但是",然而依本书看来却不是但书。而"有特殊情况的,人民法院可以延长诉讼时效期间"虽无"但是"的转折连词,却是一个地地道道的但书。对此应无异议,而对于前者则需要加以论证。

本书之所以否定上述规定中"但是"之句的但书性质,是因为"诉讼时效期间从知道或者应当知道权利被侵害时起计算"与"从权利被侵害之日起超过二十年的,人民法院不予保护"之间,不存在意思上的转折或普特关系。普特两个规定的调整事项存在从属关系,而该"但是"前后的两个规定的调整事项并非从属关系而是矛盾关系。即前者的调整事项是"知道或者应当知道权利被侵害"的时效计算始日,后者的调整事项则是"不知道或者不应当知道权利被侵害"的法律保护期限。从但书对主文的依存性来看,后者可以独立于前者而存在,其解释也无须借助前者即可进行。周旺生教授指出:"在理解现代汉语中法律但书所具有的文字表现形式上的特征时,也不能走向另一极端,认为中国现行法律、法规中所有以但字引导的文字都是但书。判定以但字引导的文字是否但书,还要看它是否具有但书的其他特征。"周教授还主张:"凡需要对某个一般规定再作出特别规定的,即可以使用但书,反之则

---

① 〔美〕詹姆斯·安修:《美国宪法解释与判例》,黎建飞译,中国政法大学出版社 1999 年版,第 39 页。

不必使用但书；凡离开别的规定可以独立或与别的规定无关联的，便不能或不应写成但书。"① 基于此等理由，可以认为上述规定中的"但是"一词仅仅起强调作用而不属但书之列。

2. 但书不得与其所限制的主文分离

但书作为一种限制其前段主文适用范围的特殊法律规范具有自身结构的完整性，也即具备法律规范的所有构成要素。然而但书自身结构的完整性与其他法律规范相比较，其特殊性体现在这种完整性并不是直接地、层次分明地表现出来，而是直接和间接交叉地、复杂地表现出来，往往需要从与主文的结合上才能看出其结构的完整性。周旺生教授指出，但书与主文的关系体现在这样两方面："第一，它是对主文的一般规定所作的特别规定，与主文的关系是特殊与一般的关系。第二，它与主文结合，构成相反相成的统一整体。相反是指它针对主文的规定作出例外、限制、附加及其他的不同规定，具有独立性。相成是指，一方面它作为对主文一般规定所作的特别规定，离开了主文，便失去存在的意义，其独立性是有条件的。"② 也可以这样说，但书的最大特点在于其与主文之间的普特关系，通常认为其内容是对其前段主文的限制、排除、补充或附加等。只有结合其前段主文，才能清楚但书究竟对其主文限制什么、补充什么、排除什么或附加什么。所以，对但书的解释不能就其自身孤立进行，而必须与其前段主文结合起来进行解释。

举个例子来说明。《民事诉讼法适用意见》第 8 条规定："双方当事人都被监禁或被劳动教养的，由被告原住所地人民法院管辖。被告被监禁或被劳动教养一年以上的，由被告被监禁地或被劳动教养地人民法院管辖。"对这一规定的理解，曾经有着后段规定应否受到"双方当事人都被监禁或被劳动教养"限制的分歧。一种观点认为，该规定的前后段之间以句号相隔，因而对该规定的理解应该是：被告被监禁或被劳教的时间在一年之内的，适用当时施行的民事诉讼法第 23 条第 3、4 项关于"被告就原告"的规定；而被告一方被监禁或被劳教的时间在一年以上的，就要"原告就被告"。但是这样理解该司法解释，显然将该司法解释陷于与民事诉讼法规定相抵触的境地。因为该第 23 条第 3、4 项并未对被告被监禁或被劳教的时间进行限定，依此被告一方被监禁或被劳教的时间不论是在一年以内还是一年以上，都要适用"被

① 周旺生：《论法律但书》，载《中国法学》1991 年第 4 期。
② 周旺生：《论法律但书》，载《中国法学》1991 年第 4 期。

告就原告"原则。实际上，应该将该司法解释的后段看作一个但书。这样，必须将该规定的前后段结合起来理解，其后段的意思便是：双方当事人都被监禁或被劳动教养，而被告被监禁或被劳动教养一年以上的，由被告被监禁地或被劳动教养地人民法院管辖。

3. 但书仅作用于其紧接的前段主文

该规则的意思就是：如果但书之前的主文有多个并列的完整性规定，那么但书只适用于与其最邻近的那个主文。所谓完整性规定，是指内容具备法律规范所有构成要素的法律规定。用语言学的表述就是主谓齐全能够表达完整意思的句子。而从标点上看，就是主文的几个规定在结尾处都用句号。比如，民法通则第 137 条规定中的但书"有特殊情况的，人民法院可以延长诉讼时效期间"之前，有两个完整性规定：一是"诉讼时效期间从知道或者应当知道权利被侵害时起计算"；二是"从权利被侵害之日起超过二十年的，人民法院不予保护"。这两个规定属于两个相互独立的完整性规定，其结尾处都用句号。如此，但书中时效延长规定的作用对象，按照本条规则只应作用于与该但书最邻近的规定最长时效的主文，而不应对规定时效起算的主文"隔山打牛"。然而，《民法通则贯彻意见》第 175 条却将民法通则第 137 条规定时效延长的但书，既适用于最长时效期间也适用于其他时效期间。对此，可以通过民法总则第 188 条第 2 款规定来逆证："诉讼时效期间自权利人知道或者应当知道权利受到损害以及义务人之日起计算。法律另有规定的，依照其规定。但是自权利受到损害之日起超过二十年的，人民法院不予保护；有特殊情况的，人民法院可以根据权利人的申请决定延长。"显而易见，其中的"法律另有规定的，依照其规定"，是普通时效主文的但书，而时效延长规定则仅仅是最长时效主文的但书。因此，按照本条但书规则，民法通则第 137 条中时效延长的但书本来就应该仅将其适用于最长时效期间。

4. 但书须作严格解释不得予以扩张

为正确理解本条但书规则，需要先来明确严格解释与扩张解释的概念。所谓严格解释，是指严格按照法律条文字面的通常含义来解释法律，既不缩小，也不扩大。"严格解释原则要求，法律文本的原意和立法意图应当从法律正文所使用的词句文字中客观地加以寻找，解释的基本方法应当是以文义解释为主，系统解释为辅。"[①] 而扩张解释，则是指当法律文本的语词按其通常

---

① 参见曲新久：《刑法严格解释的路径》，载《人民法院报》2005 年 3 月 25 日。

含义解释的结果，与以理智立法者立场所作评价的结果相比显得过于狭窄时，以该语词的文义射程为限而在其边缘地带选取文义。那么为何但书只应作严格解释而不可扩张？因为但书作为对其前段主文作出例外、限制、附加条件等的法律规范，须用明确的、肯定的形式规定一定事项。或者说它是其前段一般规定的特别规定，所规定的事项是特别指明的。"明确法律但书是具有明确性、肯定性特征的法律规范，立法者需要作出有关例外、限制、附加条件的规定时，即能据此标准作出是否使用但书的决定：凡能作出明确的、肯定的规定的，用但书，反之则不用但书。"① 既然但书的立法要求必须作出明确的、肯定的规定，当然就不能超过其字面的通常含义来解释。②

　　在相当一段时间里，诽谤地方领导的诽谤犯罪在一些地区被作为公诉案件由公安机关直接介入。这种做法是违反本条但书规则的典型例子，引起刑法理论界的严重关注和热烈讨论。曲新久教授发表《惩治网络诽谤的三个刑法问题》对相关问题进行探讨。③ 刑法第 246 条第 2 款规定："前款罪，告诉的才处理，但是严重危害社会秩序和国家利益的除外。"据此，作为公诉案件的诽谤犯罪，只能是"严重危害社会秩序和国家利益"。将诽谤地方领导的诽谤犯罪作为公诉案件是对"严重危害社会秩序和国家利益除外"的但书作扩大解释或类推适用。《最高人民法院、最高人民检察院关于办理利用信息网络

---

　　① 周旺生：《论法律但书》，载《中国法学》1991 年第 4 期。荷兰的法律逻辑学家雅普·哈赫对于"例外情形"作了精彩的阐述："例外情形应该都是特殊的情形。在我看来，这也意味着，如果我们没有特别的理由来将某种情形确定为例外，就不应该存在例外情形。只有当存在某些规则能够使我们在一条规则的例外和一些特定的事实之间建立起关联时，这种理由才存在。……一般意义上，我建议采用下面这种关于'例外'的理论：对于一条规则而言，只有当存在着与此条规则不同的另外一条规则，其条件都得到了满足，同时其本身不存在例外，此时，我们才能确定此条规则存在一个例外。对于那些不满足这一限制的例外，我将称它们为'随意的例外'。在我看来，一个好的关于'规则例外'的理论，应当使得此类随意的例外不可能出现。"在论述"例外的最小化"时，雅普·哈赫再次强调："在规则的条件得到满足时，除非有非常特殊的理由，否则不应当认为规则存在任何例外。……规则的例外都是基于理由的，即，在没有理由支持的情况下不可能存在例外。"参见 [荷兰] 雅普·哈赫：《法律逻辑研究》，谢耘译，中国政法大学出版社 2015 年版，第 167 页、第 178 页。

　　② "不得扩张解释特别规定（例外规定）"规则的另一理由是：如果扩张或类推适用，事实上会有架空法律想要的一般规定和例外规定之间关系的危险。克莱默对此提出质疑，认为这种形式主义的考量从根本上就没有说服力。其主要理由为：1. 法律确定（另外，经常很难证明）一般规定和除外法律规定的关系，绝不意味着一般规定在法律实践中具有核心地位，单独规定是（以及应当是）例外情况；2. 除外规定的文义（如同一般规定的文义）支撑该规定的意旨，进而必然以致使用想到扩张或（超出可能文义的）类推适用的方法。参见 [奥] 恩斯特·A. 克莱默：《法律方法论》，周万里译，法律出版社 2019 年版，第 182～184 页。

　　③ 曲新久：《惩治网络诽谤的三个刑法问题》，载《人民检察》2013 年第 5 期。

实施诽谤等刑事案件适用法律若干问题的解释》（法释〔2013〕21号）第3条对该但书作了解释，规定七种情形属于"严重危害社会秩序和国家利益"，[①]应该说是遵循本条但书规则的。即使是其中第7项规定的"其他严重危害社会秩序和国家利益的情形"，按照同类解释也必须是与前六项"性质相同、手段相似、后果相当"的行为。

三、列举规则

按照百度百科的词条解释，列举是指一个一个地举出来，或称逐项举出。至于列举是否仅指逐项穷尽地举出，在不同的语境中却不尽一致。譬如，在将列举区分为完全列举与不完全列举的场合，列举并不限于穷尽列举，还包括部分列举。而在将"列举式""概括式""列举加概括式"摆在一起时，显然列举限于穷尽举出，或严格地说是只限这些别无其他的了。《语言文字报》原主编杜永道认为，"使用'例举'时，所举出的例子，可以是多个，也可以是一个。使用'列举'时，举出的例子一定是多个。"[②] 在这里虽然没有指出列举一定是穷尽举出，但是可以这样理解。因为不这样理解，则会与例举的概念相交叉，即举出多个例子的既是列举也是例举。如此模棱两可，则是违反形式逻辑的排中律的。本书所称的"列举规则"中的"列举"仅限于完全列举（列举式规定），而将不完全列举即列举加概括（例示性规定）的解释规则留待下一节的"相当解释"予以阐述。[③]

（一）完全列举的形式

完全列举在立法中的具体形式有两种：一种是在法律规定的同款中列举，另一种是在法律规定的款下分项列举。前者有如刑法第17条第2款的规定："已满十四周岁不满十六周岁的人，犯故意杀人、故意伤害致人重伤或者死

---

① 该七种情形具体为：1. 引发群体性事件的；2. 引发公共秩序混乱的；3. 引发民族、宗教冲突的；4. 诽谤多人，造成恶劣社会影响的；5. 损害国家形象，严重危害国家利益的；6. 造成恶劣国际影响的；7. 其他严重危害社会秩序和国家利益的情形。

② 杜永道：《"列举"跟"例举"的不同》，载《人民日报》（海外版）2013年7月27日。

③ 我国台湾地区法学家郑玉波将列举式规定称为"列举排斥型法条"，而将例示性规定称为"例示概括型法条"或"列举概括型法条"，并将前者定义为："列举排斥型就是把具体的事物，一一列举出来，用以说明某一上位概念的意义或该列举事物之总效果的法条。"见郑玉波：《法条十二型（以民法法条及法谚为例）》，载郑玉波：《法谚（一）》，法律出版社2007年版。

亡、强奸、抢劫、贩卖毒品、放火、爆炸、投毒罪的，应当负刑事责任。"后者有如行政诉讼法第 13 条规定："人民法院不受理公民、法人或者其他组织对下列事项提起的诉讼：（一）国防、外交等国家行为；（二）行政法规、规章或者行政机关制定、发布的具有普遍约束力的决定、命令；（三）行政机关对行政机关工作人员的奖惩、任免等决定；（四）法律规定由行政机关最终裁决的行政行为。"

同款列举与分项列举两种形式有的还存在于在同一条法律规定中。例如国家赔偿法第 17 条规定："行使侦查、检察、审判职权的机关以及看守所、监狱管理机关及其工作人员在行使职权时有下列侵犯人身权情形之一的，受害人有取得赔偿的权利：（一）违反刑事诉讼法的规定对公民采取拘留措施的，或者依照刑事诉讼法规定的条件和程序对公民采取拘留措施，但是拘留时间超过刑事诉讼法规定的时限，其后决定撤销案件、不起诉或者判决宣告无罪终止追究刑事责任的；……（五）违法使用武器、警械造成公民身体伤害或者死亡的。"这一规定款中列举刑事职务侵权的主体范围属于同款列举，而之下的五项则属于分项列举。

（二）列举规则的内涵

列举式法律规定的解释规则是"明示其一即排除其他"。这是用以解释法律的一句格言，是一项古老的法律解释规则。该规则的另一种说法是"法律无兜底性（总括性）规定的不得延伸"，其具体含义为：如果法律或者其他法律文书中具体指定某一或某些特定的人或物，且无"等""其他"之类的兜底性（总括性）规定，那么就意味着该法律排除了其他未被指定的人或物。或者说法律所列举的特指事项便意味着立法者有意排除了未列举的其他事项。例如，刑法第 17 条第 2 款列举已满十四周岁不满十六周岁的人的八种犯罪，而且没有"等"字进行兜底，按照"明示其一即排除其他"的列举规则，若已满十四周岁不满十六周岁的人犯有该八种之外的罪行，则不能追究其负刑事责任。

理解列举规则的内涵，需要把握三个要点。其一，"明示其一"中的"一"，不应理解为只限于列举一项。因为所谓列举，就是逐项而且全部（穷尽）地举出法条所要指涉或调整的对象或其类型。质言之，既然是列举，就不能只是一项。正如前揭《语言文字报》原主编杜永道所言：使用"列举"时，举出的例子一定是多个。其二，须无兜底规定。有兜底规定的属于例举性规定，适用的是"同类解释"（相当解释）规则，而不能适用"明示其一即排除其他"规则。其三，"排除其他"的前提是立法者有意沉默，若属于因立法者疏忽或不能预见而规定不全的则构成法律漏洞，除刑法外应当予以司法填补。这里的有意沉默，有必要进一步区分永久沉默与暂时沉默。只有法外空间立法者才会永久沉默，而暂时沉默则是由于立法者在立法时由于认为立法时机尚不够成熟或把握不准而有意保持沉默。对于后者，也应视情予以司法填补。

我国台湾地区法学家郑玉波认为列举规则涉及两个法谚：一为"列举为排斥（明示其一，排除其他）"，二为"省略规定之事项，应认为有意省略"。他还指出："以上两个法谚说法不同，结果一样。法谚一说明在法条中若是列举一些事物，那未被列举出来，就要被排斥掉，不包括在内。法谚二说明省略规定的事项（就是未被列举出来的），并不是忘掉了，也就是说不是漏掉了，而是有意省略（就是故意不规定），因而该被省略的事项当不在适用本条之列。"同时指出："列举排斥型之列举方法，不以于一项内排列为限，亦可采取分款方法为之"；"列举排斥型，不限于列举事项之并存，其具有选择之方式者亦可"；"惟在刑法上因采罪刑法定主义之结果，对于此种列举排斥型之法条，更应为严格解释。凡不在法条中列举者，绝对不可罗织在内。"[①]

（三）法律漏洞的填补

如上所述，"明示其一即排除其他"只是原则上而言的，在立法者疏忽沉默或暂时沉默的情形下，司法者在处理个案时即在法律适用过程中应当或视情予以漏洞填补。这就要求司法者在适用"明示其一即排除其他"这一列举规则时，注意分析与已被列举相类似的"未被列举"的事项，在立法时是否已经普遍存在或者是否被立法者认识或预见。如果"是"，则可认为是"立法者有意排除"，就应当运用反面推导（反面解释），不能将未被列举的事项纳入调整；否则应当予以漏洞填补，例如予以类推适用、目的性扩张乃至司法衡平等。例如，美国宪法有这样一个规定："国会有权建立陆军和海军。"那么空军呢？应当认为是立法者在立法时尚未预见到空军这种武装力量，须通过目的性扩张将"陆军和海军"理解为"武装力量"，而不应以"明示其一即

---

① 郑玉波：《法条十二型（以民法法条及法谚为例）》，载郑玉波：《法谚（一）》，法律出版社2007年版。

"排除其他"的规则排除国会组建空军的权力。

《最高人民法院关于适用〈中华人民共和国婚姻法〉若干问题的解释（二）》〔以下简称《婚姻法解释（二）》〕原第 24 条也属于存在法律漏洞的列举式规定。该规定原文为："债权人就婚姻关系存续期间夫妻一方以个人名义所负债务主张权利的，应当按夫妻共同债务处理。但夫妻一方能够证明债权人与债务人明确约定为个人债务，或者能够证明属于婚姻法第十九条第三款规定情形的除外。"这里在但书只列举两种不按夫妻共同债务处理的情形，若按"明示其一即排除其他"规则，则夫妻一方恶意举债的也应当按夫妻共同债务处理。据最高人民法院审委会专职委员杜万华介绍，《婚姻法解释（二）》原第 24 条制定时夫妻恶意串通逃避债务的现象较多，未能预见到夫妻一方恶意举债而配偶无辜负债现象会越来越多。① 可见，这里存在法律漏洞，司法者应当根据夫妻一方恶意举债的新情况出现而予以漏洞填补。

为了填补《婚姻法解释（二）》原第 24 条规定的漏洞，最高人民法院于 2017 年 2 月 28 日对该规定作出补充规定，即在该规定的基础上新增两款，分别规定："夫妻一方与第三人串通，虚构债务，第三人主张权利的，人民法院不予支持。""夫妻一方在从事赌博、吸毒等违法犯罪活动中所负债务，第三人主张权利的，人民法院不予支持。"还于 2018 年 1 月出台夫妻共债的司法解释（法释〔2018〕2 号），对夫妻共债作了进一步的规范："夫妻双方共同签字或者夫妻一方事后追认等共同意思表示所负的债务，应当认定为夫妻共同债务。""夫妻一方在婚姻关系存续期间以个人名义为家庭日常生活需要所负的债务，债权人以属于夫妻共同债务为由主张权利的，人民法院应予支持。""夫妻一方在婚姻关系存续期间以个人名义超出家庭日常生活需要所负的债务，债权人以属于夫妻共同债务为由主张权利的，人民法院不予支持，但债权人能够证明该债务用于夫妻共同生活、共同生产经营或者基于夫妻双方共同意思表示的除外。"

四、结构词规则

在法律规定的结构解释方法中，还有一种通过分析法条结构词（规范词）

① 参见王梦遥：《最高法审委会专职委员谈〈婚姻法解释（二）〉第 24 条》，载 http://www.bjnews.com.cnnews2017/02/28/434703.html，2017 年 4 月 14 日访问。

的解释方式，即通过法律规定中"可以""应当""只应""仅对"等结构词来揭示法律规定的含义。该方式有点像字面解释，但它不仅仅是对这种结构词本身的分析，更重要的是通过分析结构词而达致对整个法条的理解，因而将其纳入结构解释更为合适。下面通过举例对法条结构词解释加以说明。

（一）关于抵押上的地随房走

先来看看担保法第36条。该法条第1款规定："以依法取得的国有土地上的房屋抵押的，该房屋占用范围内的国有土地使用权同时抵押。"第2款规定："以出让方式取得的国有土地使用权抵押的，应当将抵押时该国有土地上的房屋同时抵押。"第3款规定："乡（镇）、村企业的土地使用权不得单独抵押。以乡（镇）、村企业的厂房等建筑物抵押的，其占有范围内的土地使用权同时抵押。"这就是所谓"地随房走""房随地走"的三个"同时抵押"。其中第1、3款规定"地随房走"，第2款规定"房随地走"。对于前者，一般说来争议不大，即除了房地同时办理抵押登记，还有就是仅办理"房"的抵押而未办理"地"的抵押，也应作为房地同时抵押来对待。而第2款规定的"房随地走"应否也作如前一样的理解，则是很值得斟酌的一个问题。

与第1、3款相比较，第2款中多了"应当将"这个结构词。就因为在"应当将"这个结构词，歧义也就出现了：是与第1、3款一样理解即使只办理"地"的抵押，也要作为房地同时抵押对待；还是房地必须同时办理抵押，若只办理"地"的抵押则抵押效力不及于"房"，乃至因违反法律的强制性规定导致"地"的抵押无效？要是属于前者，那么为何第2款的表述不与第1、3款一样而要加上"应当将"的结构词？这是否意味着第2款规定要求必须在办理"地"的抵押时也要办理"房"的抵押？本书认为，既然第2款的表述与第1、3款不一样，即特地加上"应当将"这个结构词，必然不能与第1、3款作同样的理解。而不相同的理解应该是：只抵押"房"（第1、3款），抵押效力及于"地"，即抵押效果上的"地随房走"；但只抵押"地"（第2款），则未必是"房随地走"：若将第2款中的"应当"作"命令"（必须）来理解则抵押存在无效的可能，如作"倡导"理解则是抵押效力只及于"地"，而不能是及于"房"。

不过，物权法第183条已将担保法第36条第1、2两款统一起来，即去掉担保法第36条第2款中"应当将"的结构词："以建筑物抵押的，该建筑物占用范围内的建设用地使用权一并抵押。以建设用地使用权抵押的，该土地上的建筑物一并抵押。"并且明确规定："抵押人未依照前款规定一并抵押的，未抵押的财产视为一并抵押。"如此，前述的歧义也就不复存在。但是，这不等于上述歧义的第一种观点正确而第二种认识错误。因为第二种认识是于法有据的，是通过担保法第36条第2款中的结构词"应当将"的解释来揭示该款规定的含义的。那么，物权法第183条之所以要去掉担保法第36条第2款中"应当将"的结构词，合理的理解应当是立法者的认识和态度发生了转变，即立法者在"地"的抵押要不要要求必须同时办理"房"的抵押方面，从"应当同时办理抵押"转变为"未抵押的财产视为一并抵押"。

（二）关于民事二审审查范围

民事诉讼法第168条规定："第二审人民法院应当对上诉请求的有关事实和适用法律进行审查。"该规定最初由1991年民事诉讼法第151条对民事诉讼法（试行）关于民事二审全面审查的规定修改而来。当时，学界一般认为该规定为"限制审查原则"，即二审法院对上诉案件的审查应当受上诉范围的限制，不能对非上诉部分进行审查。实际上，该法条确立的是一种"重点审查说"，它只是强调二审审查的重点，并非对二审审查非上诉部分的禁止。因而民事二审对非上诉部分的错误有权审查和处理，尤其是当有未上诉部分的内容侵犯他人权益的情形时。我们可以从该法条的结构词"应当对"与国外相关法律规定中"仅就""只对"的结构词的比较分析，来理解民事诉讼法第168条关于二审审查范围的含义。

二审受上诉范围限制的法条有"仅就""只能"之类的结构词。例如，日本民事诉讼法第402条规定："上告法院仅只在基于上告理由已经声明不服的限度内进行调查。"再如，法国民事诉讼法第562条规定："上告只能使上诉法庭审理上诉所明确指责或含蓄地批评的判决要点与此有关的要点。"这里使用了"仅只""只能"等词语，对上诉审的范围作了限制性的表述，明确把上诉审的内容限制在上诉请求的范围之内。而我国民事诉讼法中只是规定二审法院"应当对"上诉请求的内容进行审查，并没用"仅就"或"只对"等词来对二审法院审查的范围进行限制，所以，它只是一种命令性规范，而非禁止性规范，即规定二审对上诉内容必须审查的职责，强调二审审查的重点；对于非上诉内容的二审审查并无规定予以禁止。

以上所运用的方法就是通过对该法条中的结构词进行分析的结构解释法，同时结合比较法的方法，得出民事诉讼法关于二审审理范围所规定的是"重点审查原则"而非"限制审查原则"之结论。笔者当时提出并且论证的这一结论,① 得到之后的相关司法解释印证。《民事诉讼法适用意见》第 180 条规定:"第二审人民法院依照民事诉讼法第一百五十一条的规定,对上诉人上诉请求的有关事实和适用法律进行审查时,如果发现在上诉请求以外原判确有错误的,也应予以纠正。"《民事诉讼法司法解释》第 323 条第 2 款作了类似的规定:"当事人没有提出请求的,不予审理,但一审判决违反法律禁止性规定,或者损害国家利益、社会公共利益、他人合法权益的除外。"

(三) 关于公证赋予的执行力

A 公司与 B 银行签订一份借款协议,约定 A 公司向 B 银行借款 1000 万元,期限一年;C 公司为该笔借款的连带责任保证人,保证期限两年。该笔借款到期前,三方就延期还款达成协议,将最后还款期限延长一年,并且在当地公证机关就借款协议、延期还款协议及相应的保证合同办理公证,公证书中规定了该债权文书申请强制执行的最后日期。借款到期后,A 公司没有如约还款,C 公司未承担保证责任,B 银行亦未在该债权文书规定的申请执行之最后期限内向法院申请执行。B 银行在债权文书申请强制执行的最后日期超过之后向法院提起诉讼,要求 A 公司还款并承担违约责任,C 公司对该借款承担连带保证责任。

对于这样的案件究竟应当如何判决,就可能会有意见分歧。譬如,站在B 银行立场可能会认为,具有强制执行效力的债权文书公证书所赋予债权人申请强制执行的权利,与债权人的诉权并不相悖。B 银行虽放弃申请强制执行的权利但未放弃诉权,因此 A、C 公司仍须承担返还借款本息责任及相应的违约责任。而站在 A、C 两公司立场则会是另一种看法:从具有强制执行效力的债权文书公证书的根本属性看,它不仅是公证证明文书,还属于非诉讼生效的法律文书,其具有执行性排斥诉讼性。因此主张 B 银行未在申请执行的最后期限内申请执行,产生放弃债权的法律后果,A、C 两公司因此而免责。那么,究竟孰是孰非?应该说前一种意见是正确的。具有强制执行效力的债权文书是公证证明文书,法律赋予当事人享有凭生效债权文书向法院申请强制执行的权利,并不排斥当事人以同一诉讼标的直接向法院提起诉讼,因而当事人对此具有选择权。当事人未选择依公证书向法院申请强制执行的,

---

并不丧失胜诉权或程序上的诉权。

裁判理由的法律论证，一个重要方面就是从立法表述角度考察。公证法第 37 条第 1 款规定："对经公证的以给付为内容并载明债务人愿意接受强制执行承诺的债权文书，债务人不履行或者履行不适当的，债权人可以依法向有管辖权的人民法院申请执行。"民事诉讼法第 238 条第 1 款规定："对公证机关依法赋予强制执行效力的债权文书，一方当事人不履行的，对方当事人可以向有管辖权的人民法院申请执行，受申请的人民法院应当执行。"前述规定均使用授权性"可以"而非命令性"必须"或"应当"的结构词，说明立法之意只在于赋予当事人的强制执行申请权，并未因此否定其依据基础法律关系而享有的诉权。因此，当事人未在公证书中规定的债权文书申请强制执行的最后日期之前申请强制执行的，在此之后仍然可以对该债权提起诉讼。

第三节　和谐解释

和谐解释（体系解释）是指对法条内部相关概念间或者不同法律规定的相同用语的解释，应保持同一或不相冲突。在解释学中，有一个叫"解释循环"的理论：整体只有通过它的部分才能得到理解，而对部分的理解又只能通过对整体的理解。我国台湾地区学者黄茂荣指出："在法律规范中，它的每一个用语、条文或规定都必须考虑到整个法体系；而整个法体系也必须考虑到它所包含的个别用语、条文或（及）规定被了解，这便是通常解释学上所称之'解释循环'。"[①] 这实际上是法律体系的内在价值或秩序的统一性的客观要求在法条或文面解释上的体现，即"其一，一个理性的立法者会在立法中意图做到整个法律体系的连贯统一；其二，一个语词或词组在同一制定法的不同部分中具有相同含义；其三，具有权威的不同场境因素相互间具有和谐性。"[②] 通常和谐解释仅指上下文的和谐，本书还包括法条内的和谐等多元和谐，具体包括相当解释、相对解释、相同解释、相符解释。

---

① 黄茂荣：《法学方法与现代民法》，中国政法大学出版社 2001 年版，第 260 页。
② 张志铭：《法律解释研究》，载张志铭：《法律解释学》，中国人民大学出版社 2015 年版，第 183 页。

一、相当解释[①]

本书所称之相当解释（通常称为同类解释）是适用于例举式法律规定的解释方法。弗里德里克·肖尔指出："'明示其一'的格言只是成文法解释的规准之一，还有大量的其他规准。'相同种类'规准要求，成文法列举式规定中的开放式术语（或其他同物）要被解释为只包含与列举出来的那些对象相类似的对象。"[②] 其中"明示其一"规准即上一节所讲的列举规则，"列举式规定中的开放式术语"即例举式法律规定，"相同种类"规准即相当解释规则。下面主要谈刑法上的相当解释，部分涉及其他法律。

（一）例举规定的概念概述

法律规定常常在具体列举若干事项之后以"等""其他"等概括语作为兜底，以防止调整对象上的挂一漏万。以这种方式出现的法律规定叫作例示式规定或例举式规定，也称"列举＋概括"的立法模式。例举式规定不同于与其只有一字之别的列举式规定，虽然两者都有具体事项的列举，但前者是不完全列举，后者则是完全列举；而在存在形式方面，两者虽然都有同款列举和分项列举两种，但在表述方式上前者有"等""其他"之类的兜底语或兜底条款以达调整事项的周延，后者则无此类用语或条款以示调整事项已经穷尽。郑玉波指出："例示概括型与列举排斥型亦相类似，但仍不相同。在列举排斥型于列举之后，不再有概括文句，在例示概括型于举例之后，尚加以概括文句；在前者除列举者之外，别不包括；在后者除例示之外，尚包括甚多，此乃两者区别之所在。"[③] 因此，两者在解释上适用的规则也就大相径庭：前者适用"相当解释"规则，后者则适用"明示其一即排除其他"规则。

举两个例子说明例举式规定的立法形式。①刑法第 238 条第 1 款规定："非法拘禁他人或者以其他方法非法剥夺他人人身自由的，处三年以下有期徒

---

① 参见余文唐：《刑法兜底规定的同类解释规则》，载魏东主编：《刑法解释》（2018 总第 4 卷），法律出版社 2018 年版，第 77～86 页。

② ［美］弗里德里克·肖尔：《像法律人那样思考：法律推理新论》，雷磊译，中国法制出版社 2016 年版，第 185 页。

③ 郑玉波：《法条十二型（以民法法条及法谚为例）》，载郑玉波：《法谚（一）》，法律出版社 2007 年版。

刑、拘役、管制或者剥夺政治权利。具有殴打、侮辱情节的，从重处罚。"这是本款例举的形式，即在本款之内例举一个以上的事项后以"等"或"其他"概括语予以兜底。②行政诉讼法第 12 条第 1 款规定："人民法院受理公民、法人或者其他组织提起的下列诉讼：（一）对行政拘留、暂扣或者吊销许可证和执照、责令停产停业、没收违法所得、没收非法财物、罚款、警告等行政处罚不服的；（二）对限制人身自由或者对财产的查封、扣押、冻结等行政强制措施和行政强制执行不服的；（三）申请行政许可，行政机关拒绝或者在法定期限内不予答复，或者对行政机关作出的有关行政许可的其他决定不服的；……（十二）认为行政机关侵犯其他人身权、财产权等合法权益的。"这是分项例举的形式，即在法条的款之下例举若干事项，最后一项为兜底条款。

（二）相当解释的规则内涵

相当规则是发端于古罗马而适用于例示式法律规定的古老解释规则。古罗马时期已出现在证书、制定法中写上特定事项，并对有关同类内容予以省略的例示主义立法，① 基于此相当解释规则应运而生。在英美法系，则有"只含同类"的法律解释格言。英国德累杰尔大法官将相当规则概括为："在列举的，但未被穷尽的可以被认为是某一种类的人或物之后发现有概括性用词时，对这些概括性用词的解释只能限于该种类的事物，除非该项法律的全文与总范围合理表明，议会意在赋予它们以更为广泛的含义。"美国联邦最高法院在判决中指出，在列举特定类别、特定人或事之后尚附有总括性语词者，则其只应与所列举之人、事有相同的性质或类型。② 我国台湾地区法学家指出："概括文句所表示之事项，不得概括其全体，必须将与例示事项性质不同之事

---

① 周枏：《罗马法原论》，商务印书馆 1994 年版，第 90~100 页。
② 参见王安异：《对刑法兜底条款的解释》，载《环球法律评论》2016 年第 5 期。美国联邦法院大法官斯卡利亚对同类规则的表述是："如果一个文本中罗列有一系列条目，所罗列的一般性术语应理解为限定于同类的条目。"参见 ［美］安东宁·斯卡利亚：《联邦法院如何解释法律》，蒋惠岭、黄斌译，中国法制出版社 2017 年版，第 35~36 页。

项除外始可。"①

　　在我国，较早介绍相当解释规则的是储槐植教授。他指出："如果一项刑事法律在列举了几个情况之后跟随着一个总括词语，如'以及诸如此类'，那就意味着只限于包括未列举的同类情况，而不包括不同类情况。"② 之后，该规则被国内许多法学专家运用于涉及法律兜底条款的理解和适用讨论之中，在刑法上尤其被运用于对以危险方法危害公共安全罪、非法经营罪兜底条款的理解和适用的论辩。③ 新近也有一些专家对该规则提出质疑，认为"只含同类规则虽然不否认补充功能，但难以兼顾各种情况，其判断标准也欠缺必要的确定性，因而并非解释该条款的统一法则。"④ 不过该质疑毕竟只属少数之声，而对相当解释规则持肯定立场的仍是主流。最高人民法院于 2016 年 12 月 16 日指令巴彦淖尔市中级人民法院再审王力军收购玉米案，实际上也运用了该规则。⑤

　　对于刑法解释的相当规则，不同的论者虽有各异的表述，但所表达的意思却大体一致。上述德累杰尔大法官、美国联邦最高法院判例和储教授的表述，已经比较完整地表述了该规则的内涵。这里再摘录两种较为详细的国内学者的说法："只含同类规则，即当刑法语词含义不清时，对附随于确定性语

----

① 郑玉波对例示概括型条文的完整表述包括："例示概括型也是广义的定义方法之一。先将所欲说的事项，举一二例子，然后再加以抽象的、概括的文句。此之抽象文句等于狭义定义中之'纲'，而所举之例子等于狭义定义中之'差'。"而其解释规则涉及的法谚为："列举（例示）事项之末，所加之概括文句，不包括与列举事项中明示事物性质相异之事项。"同时指出："此法谚在说明例示（列举）事项与概括文句之关系。例示事项与概括文句乃是互相限制，换句话说例示事项属于概括文句所表示之事项之一，而概括文句却不包括与例示事项性质不相同之事项，亦即概括文句所表示之事项，不得概括其全体，必须将与例示事项性质不同之事项除外始可，也就是概括文句之范围，受例示事项性质之限制。"郑玉波：《法条十二型（以民法法条及法谚为例）》，载郑玉波：《法谚（一）》，法律出版社 2007 年版。

② 储槐植：《刑事一体化与关系刑法论》，北京大学出版社 1997 年版，第 167 页。

③ 比如，张明楷教授运用同类解释规则，分析司法中对以危险方法危害公共安全罪认定所存在的九大问题，指出之所以出现司法上的误判，原因就在于没有遵循统一解释规则。详见张明楷：《论以危险方法危害公共安全罪——扩大适用的成因与限制适用的规则》，载《国家检察官学院学报》2012 年第 4 期。

④ 王安异：《对刑法兜底条款的解释》，载《环球法律评论》2016 年第 5 期。

⑤ 最高人民法院指出："刑法第 225 条第 4 项是在前 3 项规定明确列举的三类非法经营行为具体情形的基础上，规定的一个兜底性条款，在司法实践中适用该项规定应当特别慎重，相关行为需有法律、司法解释的明确规定，且要具备与前三项规定行为相当的社会危害性和刑事处罚必要性，严格避免将一般的行政违法行为当作刑事犯罪来处理。"参见罗书臻：《最高法就收购玉米被判刑表态：非法经营罪的兜底性条款需有明确规定且与前三项具有相当性和刑事处罚必要性》，载《人民法院报》2016 年 12 月 31 日。

词之后的总括性语词的含义，应当根据确定性语词所涉及的同类或者同级事项予以确定。"① "同类解释规则是指当刑法列举了相关事项的同时又设置了概括性规定时，对于附随于确定性词语之后的概括性词语，应当根据确定性词语所涉及的同类事项确定其含义及范围。即运用列举和概括两种方法来共同表述概念的，概括的方法所表述的概念的外延应与列举方法所表述的概念的外延处在同一个层级上。"②

理解刑法上相当解释规则的基本内涵，需要把握四个要点：其一，适用场合。相当解释是对例举式罪刑条款中的兜底项的解释规则，其适用场合限于例举式罪刑条款而不能扩及列举式罪行规定。其二，宽严取向。例举式罪刑条款是堵截构成要件，其功能主要在于限制其适用范围，因而应该坚持严格解释而不能认为可以任意解释。其三，解释标准。应当以例举式罪刑条款中的列举项规定的法定案型作为相当解释的基础和参照，只有与其基本相当的系争案型才能够被解释到兜底项中去。其四，操作要求。解释者必须客观地寻求系争案型与法定案型的一致性或同类性。正如论者所言："不仅要从各种实实在在的具体案件中抽象出作为案件处理标准的正义观，更重要的是要深入理解具体兜底条款的内在含义，从而使得其符合正义的要求，并最终体现法律的正义性。"③

（三）相当解释的适用场合

刑法解释的相当规则适用于例举式罪刑条款，这在学界并无异议。然而，对于何谓例举式罪刑条款则有不同观点。通常认为例举式罪刑条款是在列举至少一个事项之后，以诸如"等""其他"之类的省略标志，对被省略的事项加以概括或兜底。例如，"在制定法中，例示规定包括以'其他'与'等'为标识的两类法条形式"；"在形式上，例示规定的标识词语是'其他'与'等'"。④ 然而有一种观点则认为，有省略标志的是典型模式（经常类型），而没有省略标志的是不典型模式（形态类型），两者都属于例举式规定。"本质上而言省略无需标志，标志只是一种常见现象而已，明示省略需要标志，而

① 梁根林：《刑法适用解释规则论》，载《法学》2003 年第 12 期。
② 2014 年司法考试刑法学历年真题解析："3. 关于刑法用语的解释，下列哪一选项是正确的?"之答案 B，载 http://www.examw.com/sf/yijuan/zhenti/301309，2017 年 7 月 10 日访问。
③ 刘沐阳：《论兜底条款的同类解释规则》，载《新财经（理论版）》2013 年第 12 期。
④ 刘风景：《例示规定的法理与创制》，载《中国社会科学》2009 年第 4 期。

默示省略不需要标志。"① 对此本书不能苟同。暂且不论此种观点在非刑事法律规定上能否适用，不适用于刑法的例举式规定则应是确定无疑的。

刑法实行的是罪刑法定原则。刑法第 3 条规定："法律明文规定为犯罪行为的，依照法律定罪处刑；法律没有明文规定为犯罪行为的，不得定罪处刑。"例举式罪刑条款的功能，在于将与已列举事项同类的"等""其他"事项纳入刑法调整，关乎"等""其他"行为是否应当入罪的大问题。按照罪刑法定原则，只有刑法规定中以"等""其他"为省略标志的，才需判断罪刑条款列举之外的行为是否入罪。而刑法规定虽列举多个事项但无"等""其他"省略标志的，是列举式罪刑条款。立法上采用列举式罪刑条款，表明立法者只将列举的事项纳入刑法调整，所涉行为才予以入罪，而不允许法无明文而入罪。我国刑法早已废止了类推制度，不应当认为未以"等""其他"省略标志所概括的行为，与刑法规定已列举的事项"同类"而将其入罪。②

相当解释属于狭义解释，而不能是刑法罪刑条款所不允许的漏洞补充，③其首要方法是文面解释。而文面解释的第一要义，就是一字不漏规则。在这方面，许多法律巨匠都做了阐述。例如，贝卡利亚在其著名的《论犯罪与刑法》一书中写道："当一部法典业已厘定，就应逐字遵守。"④ 1940 年，美国最高法院首席法官罗杰·泰勒在谈到宪法解释时也说："在解释中必须赋予美国宪法每一个字以应有效力和恰当含义……每一个细心斟酌的字都颇有分量，其效力和要旨都经周详考虑。因此，宪法文字无一多余或无用……"⑤ 美国学者安修也指出："宪法要尽可能全面解释，每一个字、词、短句和句子均为

---

① 王建林、伍玉联：《"同类规则"在刑法解释中的理解与适用——一个基于类型理论的思考》，载万鄂湘主编：《建设公平正义社会与刑事法律适用问题研究——全国法院第 24 届学术讨论会获奖论文集》（下册），人民法院出版社 2012 年版，第 995 页。

② 若某种危害行为与列举式罪刑条款所列举的犯罪不仅"行为同类"而且"危害更甚"，适用该列举式罪刑条款追究其刑事责任，则是属于当然推导中举轻明重规则的适用，而不是适用同类解释规则。

③ 有些论者将例举式规定的功能定位于漏洞填充方面，因而认为同类解释规则存在妨碍例举式罪刑条款的功能发挥。这也是认为没有省略标志的刑法规定即所谓"形态类型""不典型模式"，也可以适用同类规则进行解释的认识误区之所在。本书认为，刑事立法上采用例举式规定，其目的或功能在于"防漏"而非"补漏"。"补漏"之说有悖于罪刑法定原则，罪刑条款只能"防漏"而不能进行"补漏"。

④ ［意］贝卡利亚：《论犯罪与刑法》，黄风译，中国大百科全书出版社 1993 年版，第 13 页。

⑤ 转引自［美］詹姆斯·安修：《美国宪法解释与判例》，黎建飞译，中国政法大学出版社 1999 年版，第 18 页。

有效，不应被忽略、遗漏、舍弃或闲置。"①

前述"不典型模式"之说，实则混同例举式规定与列举式规定。两者虽只有一字之差，却是有着本质区别的两种立法模式。前者是不完全列举，以"等""其他"之类省略标志作为兜底，表明该规定的调整对象不限于已列举的事项；后者则是完全列举，没有"等"（等外）、"其他"之类省略标志，表明该规定的调整对象仅限于已列举的事项。质言之，两种立法模式体现着相反的立法意图。因此，两者在解释上适用的规则也就大相径庭：前者适用"相当解释"规则，后者则适用"明示其一即排除其他"规则。可见，将列举且无省略标志的刑法规定视为例举式规定的不典型模式或形态类型，进而适用相当解释规则扩大其调整范围的观点，起码在刑法解释上是不能接受的。

（四）相当解释的法理根据

本部分从为何需要相当解释与何以能够相当解释两个角度，来阐释刑法兜底规定相当解释规则的法理依据。作出任何行为，均需考虑需要与可能。需要即必要性，无必要性也就失去作出有意义行为的前提，因而即使作出也是毫无价值的。可能也即讲可行性，无可行性即使需要也不能实现行为的目的。对刑法兜底规定的相当解释规则适用而言，同样是这样的道理。如果没有必要以相当解释规则来解释刑法兜底规定，或者有其他更好或更简易的解释方法能够得出更确切的解释结果，那么相当解释规则对于刑法兜底规定也就没有适用的价值。而如果相当解释规则对于刑法兜底规定的解释没有可行性，即无法进行或者不能得出恰当的解释结果，那么即使需要以相当解释规则来解释刑法兜底规定也必须另辟蹊径，寻找其他解释方法。

对于为何需要相当解释，理由主要有三个方面。其一，基于公平原则的要求：相同案件相同处理。反过来说，刑事上予以相同处罚的行为应当具有同等的危害程度。例举式罪刑条款中列举项规定的行为与未列举的兜底项行为适用同一个法定刑，因而只有对兜底项行为与列举项行为予以相当解释才符合公平原则。否则，将未达到同等危害程度的行为予以相同处罚，则属罚不当罪。其二，基于犯罪构成的要求：犯罪构成是认定犯罪的唯一法律标准。兜底项行为只有与列举项行为的犯罪构成相同，才能构成该罪刑规定的犯罪。

---

① ［美］詹姆斯·安修：《美国宪法解释与判例》，黎建飞译，中国政法大学出版社 1999 年版，第 18 页。

否则，将未满足列举项行为的犯罪构成拔高适用该规定，则属非罪入刑。其三，基于法律解释的要求：使法律之间相协调是最好的解释方法。① 只有将兜底项的和列举项的行为作相当解释，才能使法律之间相协调。这也是刑事一体化的题中之义："'刑事一体化'就是要求对兜底条款的解释与这些法律规定的确定的犯罪行为要一致、统一，以便整个法条内涵的'一体化。'"②

至于何以能够相当解释，原因在于例举式罪刑条款本身。例举式罪刑条款的完整结构为："列举项＋兜底项＋情节项＋定性项＝法定刑"。其中：①列举项至少为一个，通常是两个以上；②兜底项以"等""其他"之类的省略词加以概括，是需要解释的对象；③情节项、定性项和法定刑及于列举项和兜底项，系列举项和兜底项所共有。需要指出的是，情节项和定性项未必都存在于同一罪刑条款中，但一个罪刑条款必有其中的一项。③ 就相当解释规则的适用而言，具有直接意义的是列举项与兜底项。因为所谓同类，所指的就是兜底项与列举项应当同类。这种同类首先是兜底项与列举项的内涵、外延的同类，之后才是性质、情节（后果）上的同类。且对于没有情节项或定性项的罪刑法条，兜底项的情节或性质也须从列举项中去探寻。

列举项之所以能够为兜底项的解释提供参照，这主要是因为兜底项本身没有实在的内涵，自然也就不可能从其本身来确定外延。而相对于兜底项，列举项有着比较明确的内涵与外延。这种较为明确的列举项的内涵与外延，基于"同类"的要求也就限定了兜底项的内涵与外延。质疑相当解释规则的论者认为列举项本身的内涵与外延也须通过解释才能明确，依此否定相当解释规则的价值或可行性。④ 其实，列举项本身能够通过解释而使其内涵与外延明确，是因为列举项本身已经蕴含着其内涵和外延，解释只是将其揭示而已。但兜底项则不同，其本身并无蕴含着内涵和外延，因而需要以列举项为其解

---

① 张明楷：《注重体系解释 实现刑法正义》，载《法律适用》2005 年第 2 期。

② 余志征：《从兜底条款看刑法解释》，载 http://news.jcrb.com/Biglaw/courys /201312/t20131，2017 年 7 月 10 日访问。

③ 例如：刑法第 115 条：放火、决水、爆炸……（列举项）或者以其他危险方法（兜底项）致人重伤、死亡或者使公私财产遭受重大损失（情节项）的，处……（法定刑）；第 236 条第 1 款则为：以暴力、胁迫（列举项）或者其他手段（兜底项）强奸妇女（定性项）的，处……（法定刑）。而第 225 条非法经营罪规定的前三项是列举项，第 4 项"其他严重扰乱市场秩序的非法经营行为"这一兜底条款，除了兜底项还包括情节项和定性项。但实际上该情节项和定性项在第 1 项之前就已有规定，第 4 项只是重复该两项规定，所起的是强调的作用。因此，进行同类解释时不能将该两项混同于兜底项，而认为列举项的解释需要以兜底项为参照，或者说两者在同类解释中互为参照。

④ 参见王安异：《对刑法兜底条款的解释》，载《环球法律评论》2016 年第 5 期。

释的参照。用语用学的话来说，这是言内语境尤其是其中的句内语境所决定的。① 因此，不能因为列举项本身需要解释而否认相当解释规则对兜底项解释的价值。

（五）相当解释的同类标准

同类标准是相当解释规则最为核心的内容，也是最难解决的问题。对此，论者们相继提出了类似情形说、相当说、同一类型说、实质相同说、语词类同说、等价性说等观点。② 类似情形说主张兜底项应与列举项的情形类似；③相当说则认为兜底项须与列举项的行为相当；④ 同一类型说提出应进行类型性判断，即兜底项应与列举项属于同一类型；⑤ 实质相同说提出，兜底项应与列举项具有"同质性信息"；⑥ 持语词类同说者主张，兜底项与列举项之间体现属性方面的类同；⑦ 等价性说则主张兜底项应与列举项具有"等价性""相当性"。⑧ 应该说，这些观点基本上可以认为是大同小异，都在一定程度上揭示了相当解释之同类标准。而从方便司法实践的角度来看，判断罪刑条款中兜底项与列举项是否属于同类，可以从"手段相似、性质相同、后果相当"这三个方面来把握同类标准。

首先是手段相似。所谓兜底项的解释，实质上是对某个系争案型（现实案型或想象案型）是否可以纳入兜底项予以罪刑调整的判断。因此所谓相当解释，也就是对拟纳入兜底项调整的系争案型与列举项中的法定案型是否属于同一类型的比较。根据"由表及里"的认识规律，两种事物的异同需要从其表象开始比较。而犯罪手段是犯罪人实施具体犯罪的客观行为方式，是认

---

① 语境可以分为三类，即言内语境、言伴语境、言外语境。"'言内语境'分为句内语境、句际语境和语篇语境三类。"详见彭志平：《"言内语境"在汉语课堂教学中的设置与利用》，载《世界汉语教学》2012年第1期。

② 详见王安异：《对刑法兜底条款的解释》，载《环球法律评论》2016年第5期。

③ 详见储槐植、宗建文：《刑法机制》，法律出版社2004年版，第122页。

④ 详见张明楷：《注重体系解释，实现刑法正义》，载《法律适用》2005年第2期。

⑤ 详见陈兴良：《口袋罪的法教义学分析：以以危险方法危害公共安全罪为例》，载《政治与法律》2013年第3期。

⑥ 详见刘宪权：《操纵证券、期货市场罪"兜底条款"解释规则的建构与应用》，载《中外法学》2013年第6期。

⑦ 详见梁根林：《刑法适用解释规则论》，载《法学》2003年12期。

⑧ 详见付立庆：《论刑法用语的明确性与概括性——从刑事立法技术的角度切入》，载《法律科学》2013年第2期。

识某种犯罪的第一表象。犯罪手段还是犯罪构成客观方面的重要因素，在很大程度上影响犯罪行为的性质。因此，拟纳入兜底项调整的系争案型与列举项的法定案型是否同类，首先要从比较两者的行为手段入手。这种比较的关键，在于抓住并比较系争案型与法定案型的行为手段的基本特征，之后运用类比的逻辑推理，判断两种案型的行为手段是否具有相似性以及相似度的高低。具有相似性且相似度较高的，可以初步认为两者属于同类。

其次是性质相同。认识事物必须"透过现象看本质"，只有把握事物的本质才是真正认识了该事物。把握系争案型与法定案型行为手段上的相似性，只是初步判断两者为同类。而且刑法实行罪刑法定原则，类推适用已被禁止。前述行为手段相似的类比只是解释方法上的，而要将系争案型纳入兜底项调整已经跨入刑法适用范畴。所以相当解释规则中的同类，还须是性质上的相同。刑法原理告诉我们，犯罪客体（侵犯法益）决定犯罪性质。因此，系争案型与法定案型是否同类，主要是指两者的犯罪客体或称侵犯的法益是否相同。也就是说，只有系争案型与法定案型在手段上相似、性质上相同，才能确定两者属于同类，才有将系争案型纳入兜底项调整的可能。但是，如果系争案型已被其他罪刑条款规定为独立的犯罪，原则上不能纳入兜底项调整。这是"禁止向一般条款逃逸"法律适用原则的题中之义，除非例举式罪刑条款的法定型更高需要适用法条竞合从一重处断。

最后是后果相当。我国刑法的罪刑规定，采用的是"定性＋定量"模式。基于此，即使拟纳入兜底项调整的系争案型与列举项规定的法定案型在性质上相同，仍不能据此而将其纳入兜底项予以定罪量刑。只有系争案型与法定案型既为同质又在量上达到相当的程度也即后果相当，才可以最终将系争案型纳入兜底项予以罪刑调整。例如，王力军收购玉米贩卖给粮库或公司却未办粮食经营许可证及工商执照，依当时的相关规定确实属于非法经营。然而，刑法第225条规定的非法经营罪在客观方面，必须是"扰乱市场秩序，情节严重"或"严重扰乱市场秩序"。王力军的非法经营行为并未达到"严重"的程度，因而原判根据刑法第225条第4项规定以非法经营罪对王力军定罪判刑，自然也就是适用法律错误应该予以再审改判的了。从这里可以看出，后果相当应该是相当解释中判断同类的最终标准。

（六）相当解释的操作步骤

在刑法相当解释的司法操作方面，储槐植教授有段权威的阐述："根据只含相当规则，司法者在适用解释刑法时，应当通过与法条在罪状中明确列举的构成要件要素的类比推断，明确界定总括性构成要件要素的内涵，从而满足刑法明确和确定的要求。为了避免解释的随意性，解释时应根据类比的对象而定，即'或者其他'之前的情形是参照物，以其他基本相当的情形才可被解释到'其他'这一用语的内涵之中。按照只含相当规则，这种总括性语词的含义只限于未被明确列举的性质、情状与具体列举的情形或事项类同或基本相当的其他情形或事项，而不包括不类同或不相当的其他情形或事项。"[1]储教授的这一阐述，为刑法相当解释的司法操作指明了基本方向、揭示了其主要原则。本书试从以下三个阶段，阐述刑法相当解释的具体步骤。

一是确定判断基准。即确定判断拟纳入兜底项调整的系争案型与列举项规定的法定案型是否属于同类（或相当）的标准，包括犯罪行为特征、行为性质和行为后果等三个方面的内容。根据例举式罪刑条款的规定要素，应当把握三个确定原则：其一，不论例举式罪刑条款是否规定情节项和定性项，行为特征均须从列举项规定的法定案型中提取或探寻；其二，例举式罪刑条款已经规定情节项或定性项的，行为性质或行为后果根据情节项或定性项确定；其三，例举式罪刑条款规定的情节项或定性项抽象模糊的，应以列举项为参照确定行为性质或行为后果。质言之，除非例举式罪刑条款规定了具体明确的情节项和定性项，相当解释的同类判断基准需从列举项的法定案型中提取或探寻。需要指出的是，兜底条款不等于兜底项，它还可能包含情节项和定性项，[2]因而不能认为兜底项解释的参照物可以是兜底项本身。

二是分析系争案型。上文已指出所谓解释兜底项，实质上是系争案型是否可以纳入兜底项予以罪刑调整。而按照相当解释规则，拟纳入兜底项的系争案型须与列举项规定的法定案型同类。这就需要对系争案型的行为特征、行为性质和行为后果进行分析概括，以便与法定案型或上述同类的判断基准加以比对。这里涉及相当解释规则的目的需要澄清。有论者认为，相当规则的目的是还原被省略的内容："'相当规则'就是将例示主义立法模式下省略的内容予以还原的一种解释规则"；"从根本上说相当规则不是用来解释概括

① 储槐植：《美国刑法》，北京大学出版社 1996 年版，第 45～46 页。
② 比如刑法第 225 条第 4 项兜底条款"其他严重扰乱市场秩序的非法经营行为"，其中的兜底项只是"其他行为"，而"严重扰乱市场秩序""非法经营"则分别属于情节项和定性项。

词而是还原被省略内容"。^① 这种说法对于抽象式司法解释或有些许道理，但绝不适用于司法过程中裁判解释。即使是抽象式的司法解释，"还原被省略内容"即想象案型也应与列举项规定的法定案型同类才能还原，因而同样需要对系争案型进行分析。

三是比对两个案型。即将系争案型的分析结果与同类的判断基准，从行为特征、行为性质和行为后果等三个方面进行比对，确定系争案型是否与法定案型同类或相当。同类或相当者，纳入兜底项予以罪刑调整，否则不得纳入。系争案型与法定案型的行为特征比对，需要运用类比方法确定两者的手段是否相似。系争案型与法定案型的行为性质比对，须以例举式罪刑条款规定或从法定案型中探寻的行为性质为基准，而且两者须达到性质相同的程度而不仅仅是相似，这是罪刑法定和禁止类推原则的必然要求。而系争案型与法定案型的行为后果比对，则要求达到两者后果相当的程度。所谓相当也就是基本相同，这须用类型思维加以判断。两者的行为后果未达相当者，实际上就是系争案型不符合例举式罪刑条款规定的犯罪构成，因而不能将其纳入兜底项予以罪刑调整。而系争案型的行为后果比法定案型更甚者，则属适用当然推导的举轻而明重规则而非相同解释规则。

（七）相当解释的案例评点

［某公司中标无效案］某建筑公司于 2016 年 12 月中标一宗市政施工工程。该施工工程投招标采用旧版招标文件，要求投标人推荐的项目经理投标时须无在建项目（投标时的上级新规定删去此项要求），中标公司对此做了承诺。但其派遣的项目经理原负责项目虽在投标之前经建设单位批准转由他人接替，却未对网上公布的施工许可证相应变更。因此，某区住建局引用招标投标法第 54 条规定，以某中标公司"弄虚作假，骗取中标"为由，作出某中标公司中标无效的处理决定。本书认为，该处理决定将不构成招标投标法第 54 条规定的"弄虚作假"行为按照该规定认定中标无效，起码是错用弄虚作假的判断依据、错解弄虚作假的构成标准和错认弄虚作假的其他方式，最终导致适用法律和案件处理上的错误。

---

① 王建林、伍玉联：《"同类规则"在刑法解释中的理解与适用——一个基于类型理论的思考》，载万鄂湘主编：《建设公平正义社会与刑事法律适用问题研究——全国法院第 24 届学术讨论会获奖论文集》（下册），人民法院出版社 2012 年版，第 994～995 页。

1. 错用弄虚作假的判断依据：投标文件不能作为判断弄虚作假的依据

某区住建局之所以认定某中标公司弄虚作假，其根据是某中标公司关于无在建工程的承诺与 13 版投标文件隐晦模糊的无在建工程要求不一致。这实际上就是以 13 版的投标文件为根据，来认定某中标公司弄虚作假进而作出某中标公司中标无效的决定。然而，这种做法有悖于认定合同无效只能根据法律和行政法规的法律规定和司法解释。《最高人民法院关于适用〈中华人民共和国合同法〉若干问题的解释（一）》第 4 条规定："合同法实施以后，人民法院确认合同无效，应当以全国人大及其常委会制定的法律和国务院制定的行政法规为依据，不得以地方性法规、行政规章为依据。"这一规定的法律依据是合同法第 52 条第 5 项关于"违反法律、行政法规的强制性规定"的合同无效的规定。招标投标活动本质上是一种以缔结合同为目的的合同行为，中标无效属于合同无效之列，因而中标是否无效，其认定依据必须是法律和行政法规。而无效的理由是认定合同无效的重要内容、题中之义，是否具有无效理由的判断依据同样也必须是法律和行政法规。可见，从是否弄虚作假的判断依据上看，某区住建局的处理决定显然是错用判断依据的。

2. 错解弄虚作假的构成标准：招标投标法规定的弄虚作假应作相当解释

某中标公司是否存在弄虚作假，应当根据招标投标法关于弄虚作假的规定来认定。招标投标法第 54 条规定："投标人以他人名义投标或者以其他方式弄虚作假，骗取中标的，中标无效。"至于何为"以其他方式弄虚作假"，招标投标法实施条例第 42 条第 2 款作了五项规定："（一）使用伪造、变造的许可证件；（二）提供虚假的财务状况或者业绩；（三）提供虚假的项目负责人或者主要技术人员简历、劳动关系证明；（四）提供虚假的信用状况；（五）其他弄虚作假的行为。"这两个规定均属于例举式法律规定，其中"以其他方式弄虚作假，骗取"和"其他弄虚作假的行为"则为兜底条款。而对例举式法律规定的兜底条款，只能作"只含同类"的相当解释。该两规定明确列举的弄虚作假行为均是严重的弄虚作假行为，均为涉及资信上弄虚作假，均会导致中标工程存在难以按时保质保量完成的风险。按照相当解释规则，"以其他方式弄虚作假"和"其他弄虚作假的行为"应与前述明确列举的弄虚作假行为同类，即"性质相同、手段相似、后果相当"。某区住建局的处理决定把根本不可能与前述两个规定的弄虚作假同日而语的无在建工程承诺认定为弄虚作假，其误区就在于错解弄虚作假的构成标准。

3. 错认弄虚作假的其他方式：中标公司失实承诺不符合弄虚作假标准

为了参与市政工程的投标，某中标公司在送交投标材料之前向建设单位要求将在建工程项目经理张某某变更为宋某某。建设单位也于中标公司在送交投标材料之前作出《关于×××工程变更项目的通知》，同意某中标公司的要求。据此张某某已从该在建工程项目经理的岗位上退出，被指派为某中标公司中标工程的项目经理。张某某退出该在建项目经理的时间，比某中标公司送交招标材料的时间早几天，因而某中标公司是如实做无在建工程的承诺的，不存在任何弄虚作假问题。至于施工许可证记载内容未作相应的变更，则只是手续尚未完善而已，而且还是建设单位未能即使予以变更，不能依此否定事实上在建项目经理变更的事实，也不应该将此责任转嫁到某中标公司身上。即使按照某区住建局处理决定的理解，即必须是施工许可证记载内容变更后才算无在建工程，某中标公司的无在建工程的承诺充其量也只能算是非有意的不实问题，而不是有意地做虚假承诺。某中标公司的这种无意造成的不实承诺，既不是招标投标法第 54 条明确列举的"以他人名义投标"，也不属于招标投标法实施条例第 42 条第 2 款明确列举的四种弄虚作假行为。而以兜底条款的相当解释"性质相同、手段相似、后果相当"的标准来衡量，也不可能属于招标投标法规定的弄虚作假的同类或同级行为。可见，某区住建局的处理决定在这方面存在错认弄虚作假"其他方式"的错误。

二、相对解释[①]

网络上流传着这样一则笑话："吃饭时，一人说去方便一下，老外不解，旁人告诉他'方便'就是'上厕所'的意思。敬酒时，另一人对老外说，希望下次出国时能给予方便，老外纳闷不敢问。酒席上，电视台美女主持人提出，在她方便的时候会安排老外做专访。老外愕然：怎么能在你方便的时候？美女主持人说，那在你方便时，我请你吃饭。老外晕倒！醒来后，美女主持人又对他说，要不你我都方便时，一起坐坐？老外又一次晕倒，再没有醒来。"这则笑话虽然不大端雅，但对理解法律用语的相对解释却很有启发意义。从解释学角度来看，本则笑话的核心意义在于：由于"方便"一词的多

---

① 余文唐：《法律用语的相对解释 ——从一则笑话谈起》，载法学学术前沿（微信号：frontiers—of—law），2017 年 4 月 28 日推送。

义性或模糊性，必须在特定的语境下才能准确把握其确切的含义。这就揭示了这样的一个法律解释的语用学规则：同一个法律用语在不同的法律规定甚至同一法律规定的不同款项中，其含义可能有所不同，也即法律用语具有相对性。用克莱默的话说就是：就规范性构成要件而言，"相同的法律概念，用在不同的事情和评价背景下，内容会不同。"[①] 因此，对法律用语的解释应当根据不同的语境进行相对解释。[②] 下面从概念界定、确切原因、主要根据以及操作步骤四个角度，对法律用语的相对解释作简要的阐释。

（一）相对解释的概念界定

关于相对解释，张明楷教授曾下过这样的定义："所谓相对解释，是指为了阐明刑法用语的真实含义，而将相同用语作不同解释的方法。"[③] 该定义是从刑法解释角度来下的，定义的核心内容是"将相同用语作不同解释"，之所以作不同解释的目的是"为了阐明刑法用语的真实含义"。本书试图从另一个角度下个适用范围更广的定义：相对解释是指对法律用语的解释应当与法律规定的行为性质或法律效果相适应。这一定义虽然只是从一个法律规定（法条）里的法律用语在本条法律规定的具体语境（情景）来确定其含义，但实际上包含着一个法律用语不一定非得与其他法条中的同一用语作相同解释不可之意，因此与张教授的定义是相通而不矛盾的。之所以要这样另辟蹊径，是因为本书认为相对解释与需要完全与其他法条的同一用语保持一致的相同解释有所不同，最为要紧的是根据本法条的调整事项或法律效果来确定法律用语在本法条内的特定含义。鉴此，本书认为法律用语的相对解释也可以称为均衡解释，甚至认为后者的称谓与本书对相对解释所下的定义更为贴切。

比较常见的法律用语相对解释的例子，有如"胁迫"一词在不同法条中的不同含义。"胁迫"在抢劫罪中指的是暴力威胁，而在强奸罪中却既可以是暴力威胁，也可以是以揭露隐私进行要挟。如果强奸罪中"胁迫"与抢劫罪

---

①　[奥] 恩斯特·A. 克莱默：《法律方法论》，周万里译，法律出版社 2019 年版，第 34 页。

②　法律中的相同用语究竟应当如何对待，法律形式主义与法律实质主义存在着对立的观点：前者认为应该作同一含义的相同解释，后者则主张应当根据具体情况决定是作相同解释还是作含义有所差异的相对解释。相对解释在刑法解释中研究的成果比较多见，张明楷教授对此有较为精辟的阐述。张教授指出："同一个刑法用语，可能具有不同的含义……如果对任何一个用语，在任何场合都作出完全相同的解释，其结论必然违反罪刑法定原则的本旨。"张明楷：《使法律相协调是最好的解释方法》，载《人民法院报》2005 年 1 月 12 日。

③　张明楷：《刑法的基础观念》，中国检察出版社 1995 年版，第 235 页。

中的"胁迫"作相同解释，以揭露隐私要挟而违背妇女意志与其发生性关系，就不能定强奸罪从而导致放纵犯罪。反之，要是将抢劫罪中的"胁迫"作如强奸罪中的"胁迫"那样的解释，则将导致属于敲诈勒索罪的行为上升为抢劫罪从而有失公正。又如，"暴力"一词在不同法条中的不同含义。"暴力"在法定最高刑只有三年有期徒刑的妨害公务罪中只能是造成轻伤以下的行为，而在最高刑为死刑的抢劫罪中则包括杀人等严重暴力。再如，"猥亵"一词，在男人强制猥亵妇女与猥亵幼女中只能是性交以外的行为，但在妇女猥亵幼男的行为中则应包括性交行为。可见，虽然从同一法律用语在不同法律规定中的含义可能有所不同的角度上看，相对解释有着通过不同法条相互比较的表征，但是对于所要解释的法律用语来说，其含义却主要由本法条中的特定语境来确定。

（二）相对解释的确切原因

法律用语相对解释的原因，就是为什么要对法律用语作相对解释。对于这个问题，当然可以从多个角度来寻求答案。比如，张明楷教授通常从相对解释的广泛目的上来揭示其原因：在其对相对解释所下的定义中称"为了阐明刑法用语的真实含义"；而从其另外一处的阐述则折射出正义的要求："在什么情况下对同一用语作同一解释，何时作不同解释呢？总的来说，如果将同一用语作同一解释，能够实现刑法的正义理念，保证刑法的安定性，并且符合社会现实需要，就应作出同一解释；反之则必须承认刑法用语的相对性。"[1] 也有论者从法律用语相对性的必然性和相对解释的意义上来回答："刑法用语相对性必然存在，生成原因主要包括受制于立法者的认知能力和受制于立法者的语言表达能力。刑法用语相对性主要具有补充解释、协调解释和均衡解释等功能。"[2] 这里实际上表明相对解释的不得已和必要性甚至重要性，其必要性和重要性源于不得已。如果法律形式主义所追求的概念精准、表述精确以及逻辑严密的法学概念体系能够建立，那么也就无相对解释的必要性和重要性了。

上述对于法律用语相对解释的原因的揭示都有一定的道理，尤其是后者还相当具体深刻。其实张教授也很重视法律用语相对解释与法律用语相对性

---

[1]　张明楷：《刑法分则的解释原理》，中国人民大学出版社 2004 年版，第 326～327 页。

[2]　李谦：《刑法用语相对性在解释论中的践行》，载《安徽理工大学学报（社会科学版）》2016 年第 4 期。

的紧密联系，只不过是倒过来以法律用语相对解释来证明法律用语的相对性："刑法用语的相对性涉及相对解释的问题。所谓相对解释，是指为了阐明刑法用语的真实含义，而将相同用语作不同解释的方法。可见，相对解释实际就是肯定刑法用语的相对性。"① 本书再从语用学角度来说明法律用语相对解释的必要性和重要性。从语用学上说，任何语意都须在一定的语境下加以理解，法律用语属于语言范畴当然也不能例外。"根据语用学的原理，同一话语在不同的语境条件下可能传递不同的信息或者含义，这就是语言的语用意义。语用意义的特定性在于，每个语词意义都有特定的语境，与特定的对象发生联系。当语境、对象发生了变化时，语词的意义也就当然随之而发生变化。"② 语境有言内语境、言伴语境和言外语境之分，③ 作为法律用语相对解释原因的语境应该是言内语境，而且主要是下面将谈的句内语境，还可能涉及句际语境。

（三）相对解释的主要根据

与相对解释的原因有多种答案一样，相对解释的根据或许也可以有多种说法。但是本书认为，相对解释的主要根据应该是法律的言内语境。关于言内语境的含义与分类，语言学家们的说法不完全一致。比如，王建华教授的讲法是："'言内语境'是语境与话语实体交叉的产物，在它之下，应该是话语实体本身"，"言内语境又分为'句际语境'和'语篇语境'两种"。④ 而彭志平教授的表述则为："'言内语境'指存在于汉语课堂教学中的与词语、语句、篇章理解相关的文本和媒体语境"，"'言内语境'分为句内语境、句际语境和语篇语境三类。"⑤ 相比较之下，彭教授的说法似乎比较容易理解，本书也赞同言内语境的三分法。因而更为严格或具体地说，相对解释的主要根据是法律言内语境中的句内语境，也即法律条文之内的语境。还可以说，句内

---

① 张明楷：《刑法的基础观念》，中国检察出版社 1995 年版，第 235 页。
② 李宇先：《刑法中"犯罪分子"的语境分析》，载《预防犯罪·导刊》2006 年第 5 期。
③ 法律解释的言内语境指法律的文本语言，据此初步确定法律文本的基本语义；言伴语境指在法律解释中的当下案件的事实，据此确定文本的隐含义；言外语境指整个社会环境，据此进一步修正、完善解释结论，最终作出符合大众期待的司法判决。参见王政勋：《刑法解释的语言论研究》，商务印书馆 2016 年版，第 442 页。
④ 王建华：《关于语境的构成与分类》，载《语言文字应用》2002 年第 3 期。
⑤ 参见彭志平：《"言内语境"在汉语课堂教学中的设置与利用》，载《世界汉语教学》2012 年第 1 期。

语境既是引起相对解释的确切原因，也是作为相对解释的主要根据。因为"原因"是指为什么要这样去做，"根据"是指基于什么去做。而法条句内语境的存在使得法律用语必须作相对解释，且只有基于法条句内语境才能做好法律用语的相对解释。

句内语境即句子内部的语言环境，是由句内的标点、结构词、表述方式等形成的特定语境。句内语境不仅对词语甚至对整句的含义都会产生重要的影响。仅就法律用语相对解释而言，句内语境与法律规范的逻辑结构区分为调整事项与法律效果两大部分相对应，也包括法律规定（规范）的调整事项（行为性质）和法律效果所形成的语境。换句话说，法律用语相对解释的根据主要包括两个方面。一是法律规定的行为性质，这要求法律用语的含义应与行为性质相适应。如前所举，"胁迫"一词的含义，在抢劫罪中指的是暴力威胁，而在强奸罪既可以是暴力威胁，也可以是以揭露隐私进行要挟。二是法律规定的法律效果，这要求法律用语的含义应与法律效果相适应。如前所举，"暴力"一词的含义，在法定最高刑只有三年有期徒刑的妨害公务罪中只能是造成轻伤以下的暴力，而在最高刑为死刑的抢劫罪中则包括杀人。当然，这是将行为性质与法律效果隔开来谈句内语境及其对法律用语含义的影响。而这两个部分形成的语境往往是综合性的，其对法律用语的含义也具有综合性的影响。

（四）相对解释的操作步骤

法律用语的相对解释，总体目标在于使法律用语与本条法律规定的行为性质或法律效果相协调，也即对法律用语得出合理的解释结论。法律用语相对解释，须在这一总目标的指引下进行。有论者指出："在刑法解释中，必须关注主体范围、对象属性、行为方式以及保护法益的内容，运用体系性解释原理和罪刑相均衡原则，践行刑法用语相对性，破解一语多义之理解难题，进而得出合理的解释结论。"[①] 这是从总体上阐述法律用语相对解释的方法。本书试图从操作步骤上来更为具体地阐述法律用语相对解释的方法。从法律用语相对解释的整个过程来看，可以将其划分为三大阶段。一是基础阶段，即把握法律用语的通常含义（平义）。二是核心阶段，即根据法条句内语境初

---

① 李谦：《刑法用语相对性在解释论中的践行》，载《安徽理工大学学报（社会科学版）》2016年第4期。

步确定本条法律用语的相对含义。三是验证（修正）阶段，即与被解释用语的法律规定竞合或可转化行为性质的法律规定进行比较，检验相对解释的初步结果是否为合理、和谐的解释结果。这实际上已涉及句际语境，前述关于"暴力"在抢劫罪与强奸罪和抢劫罪与敲诈勒索罪中的含义比较就是属于验证或修正。

再以妨碍公务罪中的"暴力"含义为例。第一步，把握"暴力"的通常含义。"暴力"的通常含义是指侵害他人人身或财产的强制力量，就侵害人身而言包括杀人、伤害以及未造成伤害后果的强制手段。第二步，用句内语境对"暴力"作初步的相对解释。妨碍公务罪的行为只具有"妨碍"作用且该罪最高法定刑只有三年有期徒刑，因而其暴力不应含有杀人、造成法定刑为三年有期徒刑以上刑罚伤害后果的侵害行为，但诸如捆绑、按压等只造成轻微伤害乃至未造成任何身体伤害后果的强制行为则可包含在其内。第三步，以句际语境对初步相对解释进行验证或修正。杀人的法定刑在三年以上最高刑为死刑、重伤的法定刑也在三年以上，因此将其排除在妨碍公务罪的"暴力"含义之外得以验证。唯独轻伤罪的法定最高刑与妨碍公务罪的一样，那么轻伤害行为可否包含在妨碍公务罪的"暴力"含义之内？这就要再比较两罪的法定最低刑：轻伤害罪的法定最低刑为管制，妨碍公务罪的则为罚金。轻伤害罪的法定最低刑相对较高，因此妨碍公务罪中的"暴力"应排除导致轻伤害的暴力。①

（五）相对解释的综合例析

再来分析综合运用列举解释、例举解释和相对解释规则的例子：为索取债务而以暴力、胁迫、麻醉方法绑架人质的定性问题。通说认为该案型应适用刑法第 238 条第 3 款规定以非法拘禁罪定性。其理由主要有两种：一是"目的说"的理由，认为该行为的目的是索取债务；二是"客体说"的理由，认为该行为只侵犯被害人的人身权而未侵犯财产权，所以只符合非法拘禁罪的构成要件而不符合绑架罪的特征。而实际上，非法拘禁罪与绑架（勒索）罪不论在主观目的还是侵犯客体上均存在交叉之处，以此不足以区分两罪。

---

①　根据《最高人民法院关于适用刑法第 12 条几个问题的解释》（法释〔1997〕12 号）规定的法定刑高低比较规则，轻伤害罪的法定刑高于妨碍公务罪的法定刑。但是与针对旧行为的"从旧兼从轻"原则不同，在法条竞合的场合应当按照从一重处断的刑法适用规则，因而妨碍公务过程中的"暴力"造成轻伤后果的应当以轻伤害罪论处。

本书认为两罪最为本质的区别在于其客观手段上：非法拘禁罪的行为手段为以"拘禁、拘押和其他方法"剥夺他人人身自由；绑架罪的行为手段是用暴力认为人劫走的"绑架"。主张定非法拘禁罪的论者就解释学上看，其不妥之处是认为所有的"拘禁罪"的行为均含"其他方法"，又把"其他方面"解释为含"绑架"手段。这显然有违"明示其一即排斥其余"的列举式规定的解释规则，也有悖于"只含同类"的例举式规定的解释规则，还与相对解释规则不相符合。

首先，列举解释规则。刑法第 238 条第 3 款规定："为索取债务非法扣押、拘禁他人的，依照前两款的规定处罚。"从此可见，刑法对索债性非法拘禁罪的手段只规定非法"扣押"和"拘禁"两种手段，属于列举式规定。而列举式规定的解释规则是"明示其一即排斥其余"，也即不包含包括绑架之类的"其他方法"。其次，相当解释规则。刑法第 238 条第 1 款规定："非法拘禁他人或者以其他方法非法剥夺他人人身自由的，处……"这里在规定"拘禁"手段外还以"其他方法"兜底，属于例举式规定。例举式规定的解释规则是"相当解释"，而按照这一规则，"其他方法"须与例举的"拘禁"手段"性质相同、手段相似、后果相当"。最后，相对解释规则。非法拘禁罪与绑架罪相比较，前者是轻罪，后者是重罪，因而按照相对解释，非法拘禁罪的手段应该比绑架罪的手段较轻。也即前者只应含与具有强制程度较低、暴力较微的"扣押""拘禁"相当的手段，而不能包括属于后者手段的强制程度较高、暴力较强的"绑架"。

综上所述，根据刑法第 238 条第 3 款规定，索债型非法拘禁的手段只应限于"扣押""拘禁"而不能包括"绑架"，这是列举型法律规定解释规则的要求。即使按照刑法第 238 条第 1 款规定其手段包括"其他方法"，按照例举式法律规定的解释规则，也只应限于与"拘禁、扣押"强制程度相当的地域静态性的手段，同样不能"绑架"。而按照相对解释，索债型非法拘禁罪的手段，也不应包括强制程度较高且具有地域动态性的"绑架"。[①] 因此，为索取债务而以暴力、胁迫、麻醉方法绑架人质的行为应当构成绑架罪，而不能以

---

① 按照百度汉语的释义，"绑架"是指"用暴力把人劫走"；"扣押"的含义包括："1. 拘禁或扣留；2. 扣留、押下（信件、材料等）不发出；3. 依法没收或占有"；"拘禁"是指"关押、逮捕监禁"。可见，绑架罪的"绑架"手段的强制程度为"暴力"，"劫走"则具有地域动态性；非法拘禁罪"拘禁"手段的强制程度是"扣留""关押"以及与其性质、手段、后果相当的"其他方法"，在地域上具有静态性。

非法拘禁罪予以定性。需要指出的是，最高人民法院于 2000 年 7 月出台的《关于对为索取法律不予保护的债务，非法拘禁他人行为如何定罪问题的解释》（法释〔2000〕19 号）规定：“行为人为索取高利贷、赌债等法律不予保护的债务，非法扣押、拘禁他人的，依照刑法第二百三十八条的规定定罪处罚。”这里的手段也只是“非法扣押、拘禁”，并不包括“以暴力、胁迫、麻醉方法绑架人质”。所以，不能以此来否定本书关于为索取债务而以暴力、胁迫、麻醉方法绑架人质的行为应当构成绑架罪的观点。

三、相同解释

法律中的相同用语究竟应当如何对待，法律形式主义与法律实质主义存在着对立的观点：前者认为应该作同一含义的相同解释，后者则主张应当根据具体情况决定是作相同解释还是作含义有所差异的相对解释。张明楷教授指出：“在什么情况下，解释者应当对同一用语作同一解释？这是一个难以回答的问题。总的来说，如果将同一用语作同一解释，能够实现刑法的正义理念，保证刑法的安定性，并且符合社会现实需要，就应做出同一解释；反之，则必须承认刑法用语的相对性。总的来看，刑法分则条文中的名词，常常容易实现其统一性，但动词则难以实现统一性。”[①]

（一）相同解释的概念

与相对解释相对应的一种解释规则叫作相同解释，也称同一解释。[②] 相同解释是指同一法律体系的不同法条中的相同用语，原则上应作含义相同的解释，以保持法律概念的一致性。这也就是体系解释方法中的“同一术语同一含义规则”。[③] 美国的刑法解释中有这么一个规则：同一法律词语在不同场合，必须保持相同的解释，除非通过起草说明或立法注释明确表达出来的法律政策对解释这类词语另有明显意图。[④]

---

① 张明楷：《刑法分则的解释原理》，中国人民大学出版社 2004 年版，第 327 页。
② 适用于基于国际协定的对外关系的同一解释原则，是指“因国内法律规范（法律规则）可以作不同的解释（两种以上的解释）时，对国内法律（包括像欧盟法律那样的地区性法律）的解释不能与国际义务相抵触，亦即必须按照与国际法相一致的方式进行解释。”这种同一解释在本书中归入相符解释规则。
③ 参见杨铜铜：《体系解释的思维依据》，载《法律方法》2017 年第 2 期（第 22 卷）。
④ 王瑞君：《美国的刑法解释及其启示》，载《甘肃政法学院学报》2008 年第 4 期。

（二）相同解释的理由

至于为何能够对同一用语作相同解释，张明楷教授指出："刑法用语的统一性，是指同一个用语，在同一部刑法典中具有完全相同的含义，因此应作出同一解释。"①从形式逻辑角度而言，相同解释的逻辑基础是同一律，在同一思维过程中，必须在同一意义上使用概念和判断，不能混淆不相同的概念和判断。其公式是"甲是甲"或"甲等于甲"，主要表现在三方面。①思维对象的同一。在同一个思维过程中，思维的对象必须保持同一；在讨论问题、回答问题或反驳别人的时候，各方的思维对象也要保持同一。②概念的同一。在同一个思维过程中，使用的概念必须保持同一；在讨论问题、回答问题或反驳别人的时候，各方使用的概念也要保持同一。③判断的同一。同一个主体（个人或集体）在同一时间（相应的客观事物处于相对稳定状态时），从同一方面对同一事物作出的判断必须保持同一。

（三）相同解释的例子

在我国刑法中，"绑架"一词的含义应当作相同解释。刑法第 239 条规定："以勒索财物为目的绑架他人的，或者绑架他人作为人质的，处……"，对这里面的"绑架"应作如何解释，即其方法应包括哪些种类呢？有一种说法是，绑架罪在客观方面表现为行为人使用暴力、胁迫、麻醉或者其他方法绑架他人的行为。暴力、胁迫、麻醉以外的足以非法剥夺他人人身自由，并控制支配他人的方法，都属此处所说的"其他方法"。如以欺骗方法、抢夺方法将他人骗到手或者抢夺到手以后，以作为交换条件的，就属其他方面。然而，刑法第 240 条第 1 款第 5 项关于以出卖为目的而绑架妇女儿童规定中的"绑架"，则明确列举了绑架的方法，即"暴力、胁迫或者麻醉方法"，并无"其他方法"或"等"之类的总括或兜底词语。按照"明示其一即排斥其余"（法律无兜底规定的不得延伸）的解释规则，第 240 条中的绑架方法只能包括"暴力、胁迫、麻醉"。如此，按照相同解释规则，绑架罪中的"绑架"方法也只应限于这三种，而不应包括"其他方法"。

---

① 张明楷：《刑法分则的解释原理》，中国人民大学出版社 2004 年版，第 326～327 页。

（四）相同解释的前提

相同解释的前提条件是两个"同一"。其一，法律用语同一。相同解释是指对同一用语作出相同含义的解释，因而不同用语即使能够作出相同含义的解释也不属于相同解释。之所以存在后者情形，是因为概念与语词并不是一一对应的，同一概念可能用不同的语词来表达。例如，"医生"和"大夫"以及"西红柿"和"番茄"两两之间表达的就是同一个概念。① 其二，法律体系同一。法律体系通常是指一个国家全部现行法律规范分类组合为不同的法律部门而形成的有机联系的统一整体。法律体系同一，就是一个国家内的法律体系。只有一国之内的同一法律用语才可以作相同解释，相同解释不适用于不同国家的法律之间同一法律用语的解释。

（五）相同解释的局限

法律立法性的语词含义，从理想或理论上讲不仅要求同一法律文件、同一法律部门内，而且也指同一法律体系的不同法律部门内的和谐统一。但就现实上看，由于不同部门法的起草工作往往要由各相关部门或专家承担，他们的语词使用习惯或许有所差异，而且不同法律部门的调整职能及法律原则也存在差别，因此同一语词在不同的法律部门中的含义有时是不好作完全相同解释的。比如"重婚"一词，在我国刑法中的法定含义是：已有配偶又与他人结婚或者明知他人有配偶而与其结婚。而婚姻法中的"重婚"是否也应当依这种含义解释呢？笔者看未必。一是由于法律后果的轻重有别，刑法要求无配偶的人构成重婚必须是"明知"对方有配偶而与其结婚，而婚姻法中的重婚就不一定都要以"明知"为要件，不明知的也应以重婚评价进而宣布其无效。二是在婚姻法中，一人同时与两人以上结婚者，以一夫一妻制的婚姻法基本原则去解释"重婚"的含义，应当认定其为重婚。但是由于刑法实

---

① 在形式逻辑学中，语词是一种语言形式，是一种符号，而概念则是一种思想形式，是语词的思想内容。概念是通过语词来表达的。概念与语词的区别表现在两个方面。一是语词并不都是表达概念的。一般来说，汉语中的实词（包括名词、动词、形容词、副词等）都有确定的思想含义，因而都是表达概念的；汉语中的虚词（如感叹词、助词、介词等）通常没有具体的思想含义，所以它们一般并不表达概念。二是概念和表达概念的语词并不是一一对应关系。一方面，同一概念可以用不同的语词（同义词）来表达，比如正文中的"医生"和"大夫"以及"西红柿"和"番茄"。另一方面，同一语词（多义词）在不同语境下可以表达不同的概念，如语词"白头翁"可以表示一种鸟，也可以表示一种植物，有时还可以用来表示白发的老先生。

行罪刑法定原则，现行刑法又未规定此种情形为重婚罪的一种形态，因而也就不宜将其纳入重婚的刑法含义之中。在汉语中，同一词语表达不同概念或存在多义的现象比比皆是，要求同一词语需要在相应的语境中加以解释，这也就或多或少地导致相同解释的困难。当然，法律用语比日常生活中的用语必须更严谨，能够大大减少法律解释上的困难。鉴于此，依本书之见，起码应当在同一部门法中做到同一用语同一解释。

（六）一日二婚的定性

21世纪初，广西发生一起"一夫同日娶两妻"的荒唐闹剧：广西青年陈某某与海南姑娘叶某某、湖南姑娘戴某某三人（均未婚）联名向亲友发出结婚请帖。之后三人在广西东兴市大摆喜宴，举办了热闹的婚礼。此荒唐事传开后，一时间闹得沸沸扬扬。面对这"一夫同日娶两妻"的闹剧，广西东兴市司法机关却难以给他们定罪；许多老百姓也是大摇其头但又疑惑重重：难道法律对他们真的是无可奈何吗?! 曹诗权（中南财经政法大学教授）与吴晓芳（最高人民法院法官）在对本案评点（对论）时，一致认为本案当事人的行为所产生的关系不属于事实婚姻。但在双方的争点上即是法律问题还是道德问题、是否构成重婚罪上，两人的看法则截然相反。

曹诗权的观点是：本案当事人的行为所产生的"婚姻"关系属于违反一夫一妻制和婚姻登记的双重违法的无效婚姻，应定性为非法同居关系；但其行为完全可以认定为事实上的重婚，对三个当事人应当依法追究其重婚罪的刑事责任。吴晓芳的观点则为：本案当事人的关系不是合法的婚姻关系，也就是说根本没有法律意义上的"妻"，当然也谈不上违反一夫一妻制的婚姻法原则，他们之间的关系只能算是公然挑战一夫一妻制、违反公序良俗的同居关系，不受法律保护；而且法无规定不为罪，在这种三角关系中，没有一个法律婚，也就无婚可重，只能从道德的角度予以谴责。[1]

本书对该案的看法可以简单概括为三个要点。一是本案当事人行为所引发的问题是法律问题而非仅仅是道德问题，应当予以法律上的制裁。比如以聚众淫乱罪追究其刑事责任或予以治安处罚，起码应当宣布该两重婚姻无效。二是本案当事人的行为已经构成婚姻法（私法）上的重婚，因为其行为违反

---

[1] 参见曹诗权、吴晓芳:《"一夫同日娶两妻"是否走入"法律真空地带"》，载《人民法院报》2002年5月14日。

婚姻法规定的一夫一妻制度。三是不应以重婚罪追究本案当事人的刑事责任。因为该行为不符合刑法规定的重婚罪构成要件——不论是在主观要件、客观要件还是侵犯客体上，而刑法上实行的是罪刑法定原则。

四、相符解释

相符解释，顾名思义就是相符合的解释。本书所称的相符解释包括与篇目相符合、与上位法相符和与国际法相符这三个类型的解释规则。这三类解释的共同特点，一是被解释的法律规定存在复数含义即有歧义，二是应当选择与其上位法、国际法的规定或所在的篇目相符合的含义。易言之，相符解释是以其他法律规定或其所在篇目为标准在复数含义中选择一种确定的含义。

（一）与篇目相符合

1. 概念与根据

相符解释的第一个类型即与篇目相符合的解释，简称篇目解释或标题论证。法律中各章节的标题是构成法律文本的重要组成部分，一定的章节涉及特定的主题。易言之，标题是由归属其下的法条抽象而得，或者说归属于标题之下的法条是标题的具体化。因此，法条含义不明或者有两种或多种可能的含义时，标题可以用来确定其范围内某条的疑义表述，帮助发现应该赋予该法条以何种含义。当然，这种解释是在法条中存在歧义表述时才可运用。如果条文含义明确，除非出现"价值冲突"，原则上不应以标题来改变其含义或再给它不同的含义。在解释时，可以正当地将标题考虑在内，这在英美法系已是一条既成规则。

2. 相关案例

上文所举的"一夫同日娶两妻"是否构成重婚罪的案例，除了以犯罪构成要件和罪刑法定原则来分析外，其实也可以运用篇目解释。1979年的旧刑法将重婚罪规定在第七章即"妨害婚姻、家庭罪"之下，而且当时刑法规定可以适用类推，依此"一夫同日娶两妻"当然是可以予以定罪处罚的。但是，该案发生于新刑法施行期间，而此时刑法已取消"妨害婚姻、家庭罪"这一章，将重婚罪规定在第四章即"侵犯公民人身权利、民主权利罪"之下。按照篇目解释法，重婚罪须有侵犯人身权利——具体的婚姻关系之实，而不仅仅是违反一夫一妻制。"一夫同日娶两妻"案例中的双婚没有一个是合法婚姻，也就不存在侵犯具体的婚姻关系这一犯罪事实或犯罪客体，因而在罪刑法定原则之下是不能构成重婚罪的。

（二）与上位法相符

与上位法相符的解释规则也称为合宪解释，是指下位法的解释应与上位法含义相符合。换句话说，就是当下位法的字义存在歧义时，应当取与上位法相符合的那种含义。其经典提法为："在多数可能的解释中，应始终优先选用最能符合宪法原则者。"① 合宪解释的法理根据有两个。一是在于法律的位阶效力：上位法的效力比下位法高，下位法不得与上位法相抵触。二是法律和谐解释的要求：存疑时的解释不导致其他规定被废弃。② 其适用前提是：下位法存在复数解释，其中至少有一种解释与上位法的含义相一致。

需要指出的是，相符解释与抵触选择不同。首先，前提和后果不同。前者是当下位法的字义存在多义时在字义上的选择，并不导致下位法的规定无效；而后者则是指法条适用上的选择，即上下位法的调整事项相同，但其法律效果却不能并立，从而导致与上位法相抵触的下位法规定无效，适用上只能选择上位法而不得适用下位法。其次，场合和要求不同。在具体适用上，只有当下位法规定的字义明确无误且与上位法相抵触时，才作抵触选择；如果下位法的字义有多种，应尽量作相符解释而不轻易地认定下位法无效。

（三）与国际法相符

相符解释的第三个类型即与国际法相符的解释，是指国内法的解释若有多种含义，应尽量取与国际法相符合的那种含义。比如，《最高人民法院关于审理国际贸易行政案件若干问题的规定》（法释〔2002〕27 号）第 9 条规定："人民法院审理国际贸易行政案件所适用的法律、行政法规的具体条文存在两种以上的合理解释，其中有一种解释与中华人民共和国缔结或者参加的国际条约的有关规定相一致的，应当选择与国际条约的有关规定相一致的解释，但中华人民共和国声明保留的条款除外。"与国际法相符的解释原则通常也称

---

① ［德］卡尔·拉伦茨：《法学方法论》，陈爱娥译，商务印书馆 2003 年版，第 217 页。

② 对于这一规则，克莱默是这样阐述的："如果假定的特定解释致使另一个规定不能适用，或不能实现目的和失去功能，那么应尽可能地避免这种解释。'因为完全不可能会有人想要颁布不能适用或无用的规定。'"参见［奥］恩斯特·A. 克莱默：《法律方法论》，周万里译，法律出版社 2019 年版，第 75 页。

为同一解释原则，是决定条约如何在国内适用的一项至关重要的规则。

与国际法相符的解释之必要性和合理性，乃立足于条约必须信守原则。条约必须信守原则使缔约国任何部门都承担着在最大限度内避免与国际法律相抵触的共同义务。只有缔约国严格遵循该义务，才能避免产生国际争端和报复的危险。[①] 按照与国际法相符的解释原则，在国内法含义广泛而又不存在国内法与国际规划根本冲突的情况下，法院应当尊重和考虑其国际义务。国际贸易上的 WTO 规则，比国内立法的规定更为详尽，其措辞更为详细具体，应当用于帮助界定相关国内法律规定的权利义务的内容。同时，按照与国际法相符的解释原则来解释国内法，还可以规避国内法院不能直接依据国际规则判决案件的做法。

需要着重指出三点。其一，与国际法相符的解释的前提是国际法被本国所承认、接受，被本国所保留的国际法条款不适用该规则。其二，与国际法相符的解释不能适用于宪法解释。"宪法理应高于国际条约，这是由国家主权原则所决定的""宪法的程序严于国际条约""宪法是国家的最高法律，国内法院必须给予宪法以最高效力。"[②] 其三，国际条约不因与宪法相互抵触而丧失其在国际法上的效力。有鉴于此，国内法院因国际条约与宪法相互抵触而拒绝适用国际条约的，国家应当承担相应的国际责任。[③] 此外，国际法与国内法毕竟不属于同一法律体系，因而两者之间并不适用新法优于旧法等国内法律冲突的冲突规则。[④]

[①] 谢晖教授认为："在法律适用上，国际法优于内国法的另一个原因，则在于国际法规定所表达的内容之普遍性。……只有把这些一般的、普遍的问题作为效力优先的规则，才能有一个国家的伸展和交往的空间，也才能够据此进一步安排内国法的运作。在普遍性和个别性之间，一般说来，遵循普遍性更符合一个主体的利益。"参见谢晖：《法律哲学：司法方法的体系》，法律出版社 2017 年版，第 188 页。

[②] 详见董书萍：《法律适用规则研究》，中国人民公安大学出版社 2010 年版，第 171～172 页。

[③] 参见董书萍：《法律适用规则研究》，中国人民公安大学出版社 2010 年版，第 174 页。

[④] 关于国际法与内国法的关系，先后出现一元论、二元论以及以该两种理论为基础的各种修订版本。一元论认为国内法和国际法隶属于同一法律体系下，仅存在谁先谁后的关系。二元论认为国际法和国内法是两个不同的法律体系，它们相互独立存在、互不关联。在此基础上，菲茨莫里斯和卢梭发展出国际法与国内法平行说，认为每种秩序在各自的范围内运作，并在该领域中居最高地位，国际法需要通过转化等方式才能在国内使用。参见杨术：《论国际法和国内法的关系》，载《法制与经济》2014 年第 8 期。

第二章　借助源流的解释

　　源流性解释指对现行法律规定的沿革即出处及其变化的考证所进行的探求法律意蕴的解释活动或方法。就法律规范的出处而言，大体上可将其区分为原创型与继受型两类；后者又可进一步区分为本土传统型与外引借鉴型两种。这样，源流性解释可分为借助立法资料的解释、借助历史沿革的解释和借助国外立法的解释（比较法解释）。

第一节　立法资料

　　所谓立法资料，是指立法者在制定法律过程中的立法建议稿或立法草案、草案说明或立法理由书以及立法讨论（辩论）记录等关于立法的准备性资料，所以也可称为立法准备材料。对于立法资料在解释法律中的使用问题，各国的态度并不一致甚至是差异比较大。大体情形是："在英国，法院形成了一种不允许律师在解释论点中引证议会辩论记录、议会委员会报告等立法准备材料的学说，这种限制至今毫无放松的迹象，因而经常被人们所提及。……但是，在英国，引证相关政府委员会调查先前立法的官方报告以便确立立法意图或目的的做法，长期来一直为法院所认可。美国最高法院则极少限制使用立法准备材料，但并没有给予这种材料太大的重要性。……除英美以外，其他国家的法院一般都允许广泛使用立法准备材料。尤其在瑞典，这种材料具有很大的意义和效用。……不过，在荷兰和意大利等国家，参照立法准备材料的情况一般不体现在判决书中。"①

一、立法资料在法律解释中的主要作用

立法资料的运用对于理解和把握立法者的意图和法律文本的意蕴是很有帮助的，尤其是在按照法律文本的解释出现复数解释而又难以依文本的规定判明时其意义更为重大。其作用可归纳为三个方面。一是在立法资料与法律文本一致的情形下，可直接运用立法资料中所记载的立法目的、立法意图或理由以及文本含义的说明作为解释的根据。二是在立法资料与法律文本不一致即存在增删情形时，可以从反面帮助把握立法意蕴即立法的消极意见。例如，民法通则第123条关于高度危险作业责任的免责理由，依该法条规定只"受害人故意"一种，然而学说上的另一种意见认为应包括"受害人故意"与"不可抗力"两种。后者可依"三段论"推导：不可抗力是所有责任免责的理由，高度危险作业责任的免责理由自然也如此。而依立法资料，民法通则第123条源自民法草案第四稿第432条："从事高空、高压、易爆、剧毒、放射性等对周围环境有高度危险的作业而造成的，应当承担民事责任；如果能够证明是不可抗力或者受害人故意造成的，可以不承担民事责任。"民法通则第123条的规定，只是在高度危险作业种类中增添"高速运输工具"（前述草案的"等"字可包含），草案中的免责事由却被删去"不可抗力"而只保留"受害人故意"一种。由此可知，民法通则第123条的背后存在立法者的消极意思，"不可抗力"不作为高度危险作业责任的免责理由。② 三是在立法辩论中多种观点交锋，而法律文本中却以能够包含交锋诸观点的抽象要领予以概括，则说明立法者采用的是让各交锋观点从更高一个层次上达成一致的办法，各交锋观点均属立法意蕴之内。这正是立法资料"能使制定法更具有'弹性'，从而适用于更广的范围"③。

---

① 张志铭：《法律解释学》，中国人民大学出版社2015年版，第96~97页。美国联邦法院的斯卡利亚大法官甚至反对法官通过"立法史"去解释制定法，去探寻"立法者的本意"或"未经表达的立法意图"。他认为"立法史不应当被用作为制定法含义的权威依据"。他指出："是法律而非立法者意图在控制社会""文本才是法律，因而此文本必须被遵守""通过法律意图的内容而非法律表达的内容决定法律的含义同样是暴政"。详见［美］安东宁·斯卡利亚：《联邦法院如何解释法律》，蒋惠岭、黄斌译，中国法制出版社2017年版，第41页、第21~31页。

② 参见梁慧星：《民法学解释》（第四版），法律出版社2015年版，第223页。

③ 张志铭：《法律解释学》，中国人民大学出版社2015年版，第97页。

二、立法资料在法律解释中的作用程度

不过，并非一切立法资料都可作为权威的解释资料。有些属于必须或应当考虑的，有些只是可以考虑的，甚至有的是不得考虑的。例如在美国，关于制定法的正式立法史是法院必须或应当考虑的材料之一；而立法者个人就其曾投票表决的制定法的意图或目的在法院的作证，以及诸如信件、备忘录、日记、著作、报刊等"替代权威立法史的文献"，则是法院不得考虑的材料。[①]即使是必须或应当考虑的正式立法史材料，其重要性因各种因素的影响也各不相同。法院在估量各种立法资料的重要性时，考虑的主要因素有："A. 材料的内在质量。歧义、模糊、笼统的材料通常意义不大。B. 材料是否可以为制定法所规范者合理获得。C. 材料的权威性。例如，参众两院常设委员会的有关报告就具有很大权威。D. 材料提供者的性质。一般说来，参与立法者的国会议员或国会常设委员会成员的陈述意义比较大。如果有关陈述出自在法案的制定和通过中起负责作用者，意义就更大。"[②]在我国，法律草案在提交立法机关审议通过时，往往附有相应的说明报告。这种报告是形成立法机关审议通过有关法律案的说明性"决定"的基础，并且在法律被通过后可见诸报刊和立法机关的公报，无疑可视为立法准备资料，成为解释法律的基本背景材料。此外的建议或草案等在与法律文本比较中对发现立法者的消极意思诸方面的参考作用也是不应忽视的。

三、立法资料在法律解释中的运用规则

立法资料在法律解释中的运用规则可以从三个方面来阐释。其一，运用的目的。运用立法资料解释法律的目的是明确立法原意。所谓立法原意，简单地说就是立法者在立法时的规范想法（本意）。[③] 主观解释论主张，法律解

---

① 参见张志铭：《法律解释学》，中国人民大学出版社 2015 年版，第 99～101 页。

② 张志铭：《法律解释学》，中国人民大学出版社 2015 年版，第 99～100 页。

③ 立法原意有广义和狭义之分：广义的立法原意指对于立法所欲调整的社会关系的所有立法者意识，包括关于此种社会关系的认识、判断、立法的目的、规律的认识、存在的评价、将来的期望、所设计的目标、改变现状的意志、对风险的考虑，甚至对该社会关系的情感等；狭义的立法原意指条文字面意思所包含的立法者的意思表示，通常表现为立法目的。参见魏东、田维：《立法原意对刑法解释的意义》，载《人民检察》2013 年第 13 期。

释必须忠于立法原意。比如卡尔·拉伦茨就认为："只有同时考虑历史上的立法者的规定意向及其具体的规范想法，而不是完全忽略它，如此才能确定法律在法秩序上的标准意义。"① 其二，运用的前提。立法资料在法律解释中的运用前提是法律规定模糊不清或存在歧义，无法通过文面解释来明确其含义。正如乔晓阳所说："当制定法的文字含义十分明确时，则制定法规则的字面含义即为立法者的意图。如果其模糊，存在多种含义时，我们可以研究立法时的立法资料以及立法沿革（如果存在的话），以确定立法者的意图。"② 法律文本的含义明确时一般不必运用立法资料来解释，但若将其运用于个案或导致不合理结果发生则需通过立法资料来寻找立法原意，以弥补法律文本之不足。其三，运用的要求。立法资料在法律解释中的运用的要求是注意其整体性，不能取其只言片语或断章取义。"不能将某一项立法资料直接拿过来引用，应当将有关的立法资料作为一个整体来考察，通过整体的比较分析，发现最为合适、合理的立法资料来进行法律解释。"③

第二节 先前版本

法律文本并非一成不变，随着社会的政治、经济、文化等发展变化，是要加以修改补充的。法律修改后除旧行为依一定原则仍适用旧法以外，施行新法期间发生的行为均要适用新法。然而在解释新法的过程中，旧法并非毫无用处，它对于新法的意蕴或含义的理解把握将起到重要的作用。因此，可以通过法律文本的历史沿革来解释新法，这种解释即为借助文本沿革的解释或称借助先前版本的解释。在美国，"后法所取代或修改的原制定法"被列入法院必须或应当考虑的材料之一。④ 英国有一种解释规则叫作"弊端规则"，似可归入这种解释。根据这项规则，法官解释制定法时应先了解此条文制定之前的有关法律概况及其弊端。具体地说就是了解该法制

---

① ［德］卡尔·拉伦茨：《法学方法论》，陈爱娥译，商务印书馆 2003 年版，第 199 页。

② 乔晓阳：《中华人民共和国立法法讲话》，中国民主法制出版社 2000 年版，第 183～184 页。

③ 陈晨：《立法资料在法律解释中的运用》，山东大学 2012 年硕士学位论文。

④ 张志铭：《法律解释学》，中国人民大学出版社 2015 年版，第 99 页。

定前的先前版本是什么，了解先前版本未曾克服的弊端和缺陷是什么，从而明白立法者是针对何种弊端为解决什么问题而修订先前版本，明白立法者为克服弊端采取了什么措施，以及采取这些措施的真正理由等。然后在解释现行法律规定时，尽量对付有关弊端和解决存在的问题。就整个法律文本而言，修订后的现行法律与先前版本在内容上有这么几个方面的关系：一是对原规定作了部分的修改；二是删掉原有的规定；三是保留原规定而只字未改；四是增设先前版本所没有的规定。除第四种情形外，其他的均涉及文本沿革的问题。

一、诉讼调解原则的历史沿革解释

第一种情形有如我国诉讼调解原则，经历了从"调解为主"到"着重调解"，再到现行民事诉讼法规定的"自愿合法调解"这三个阶段。"调解为主"明显体现"重调轻判"的立法思想，导致片面追求调解率；"着重调解"强调个案的调解，常常导致案件的久拖不决。更为不合理的是，两者都存在着浓重的调解职权色彩，导致实践中的"强迫调解"。正是针对前两种诉讼调解立法模式的弊端，现行民事诉讼法才把调解的发动权和结果的达成权交还当事人，淡化了调解的职权色彩，体现了对当事人调解意愿的尊重，使之更为符合"私权自治"的理念，从而也提高了诉讼的效率。因此，在理解现行的诉讼调解规定时，一方面要实行调解征询制，只要一方不愿调解就不应强求调解；另一方面，要实行调解确认制，只要当事人达成协议又不损害他人（包括国家、集体、社会及当事人之外的第三人）利益的就要予以确认，而不必非得"在查清事实的基础上"才行。因为这里面涉及事实的自认和权利的处分问题。

二、更换当事人规定的历史沿革解释

第二种情形有如"更换当事人"的问题。民事诉讼法（试行）第 90 条规定："起诉或者应诉的人不符合当事人条件的，人民法院应当通知符合条件的当事人参加诉讼，更换不符合条件的当事人。"这是一种职权更换当事人的规定，在现行民事诉讼法中已被删掉。从中我们可以发现立法者的消极意思，即否定职权更换的做法。然而，据此是否只要当事人不适格都简单地裁定驳回呢？法院能不能告知当事人申请更换呢？尤其是在适格当事人与起诉的当事人或被诉的当事人存在隶属关系时，是否允许起诉的当事人在一定期限内更换当事人？例如，本应由"老子"（甲公司）起诉对方的"老子"（乙公司），却由"儿子"（甲公司未经登记的办事处）起诉对方的"儿子"（乙公司未经登记的办事处）或"老子"（乙公司），或者"老子"（甲公司）起诉对方的"儿子"（乙公司未经登记的办事处）。这里面存在原告不适格、原告和被告均不适格、被告不适格三种情形。那么，可否允许在一定期限内由不适格原告申请变更为适格的原告、适格的被告，或者由适格的原告申请变更不适格的被告为适格的被告？这是个值得探讨的问题。根据立法者消极意思的内容，现行民事诉讼法删掉民事诉讼法（试行）第90条的规定，只是纠正在前法中存在的弊端即否定职权更换当事人，并未否定特定情形的当事人本身申请的变更当事人，再加之由当事人（原告）申请变更当事人（原告或被告）符合方便诉讼的原则，所以似乎允许原告在一定期限内，比如法庭辩论结束之前，申请变更原告或被告更为恰当。[①]

三、转化型抢劫规定的历史沿革解释

对于第三种情形，表面上看应该是不涉文本沿革问题，但是由于法律修订中的某些条文可能受到基本原则或其他相关法条修订的影响，理解上可能与对先前版本的理解不一致。例如，1997年刑法与1979年刑法在"转化型抢劫"的规定上未差分毫，然而由于原刑法允许类推而新刑法废除类推实行严格的罪刑法定原则，这样最高人民法院对原刑法的该法条中的"犯盗窃罪、诈骗罪、抢夺罪"中的"罪"扩及"行为"的解释，可否继续适用于新刑法期间的相应案型？一些教科书仍然沿用该司法解释。如果我们只关注该规定的新条文未作修改，那么沿用旧解释无可厚非。问题是对具体条文的适用具有指导意义的原则被修改了，既然是罪刑法定，那么法律规定要达到"罪"的程度才有转化的可能，而且刑法要"严格解释"还

---

① 在民事诉讼法（试行）于1991年修改后，《最高人民法院经济审判庭关于法院应原告变更被告之请求而恢复诉讼，变更后的被告是否有权提出管辖异议问题的答复》（法经〔1993〕97号），仍然肯定原告有权请求变更被告。《法官行为规范》（最高人民法院2005年11月4日发布试行、2010年12月6日修订后发布正式施行）第48条第3项还规定"追加、变更当事人的，应当写明追加、变更的时间、理由等情况"。

须"有利被告"。基于此，本书认为最高人民法院对转化型抢劫的前揭解释不应在新刑法中继续适用。[①]

第三节 国外立法

比较法解释指引用外国立法例及判例学说作为一项解释因素，用以阐明本国法律意义内容之一种法律解释方法。[②] 王泽鉴称这种方法系现代文明国家之通例，并举英国、德国、瑞士之例予以说明：英国法院素称保守，但早在1833年即曾引用法国民法学者波蒂埃所著《债法论》作为判决资料；德国法学昌盛世所公认，但其最高法院也常引述外国立法例作为判决依据；瑞士判例学说更明白承认外国立法例（比较法），得作为补充法律不备的手段。[③] 在我国，尤其是自20世纪80年代改革开放以来，立法上借鉴甚至移植国外立法例的实例日渐增多。因此，在解释本国法律时，常需参酌被借鉴或被移植国的相关规定或制度及其判例学说，以追本溯源加深对本国法律规定或制度的理解和掌握。

一、比较法解释的基本类型

借鉴国外立法例而制定本国或本地区法律的主要方式有：其一，简单移植，即采取"拿来主义"而"洋为中用"的方式，硬搬照抄；其二，单一借

---

① 对此，最高人民法院的立场包括两点。1.《关于审理抢劫、抢夺刑事案件适用法律若干问题的意见》（法发〔2005〕8号）第5条规定："行为人实施盗窃、诈骗、抢夺行为，未达到'数额较大'，为窝藏赃物、抗拒抓捕或者毁灭罪证当场使用暴力或者以暴力相威胁，情节较轻、危害不大的，一般不以犯罪论处；但具有下列情节之一的，可依照刑法第二百六十九条的规定，以抢劫罪定罪处罚。（1）盗窃、诈骗、抢夺接近"数额较大"，标准的；（2）入户或在公共交通工具上盗窃、诈骗、抢夺后在户外或交通工具外实施上述行为的；（3）使用暴力致人轻微伤以上后果的；（4）使用凶器或以凶器相威胁的；（5）具有其他严重情节的。"2.《关于审理抢劫刑事案件适用法律若干问题的指导意见》（法发〔2016〕2号）第3条规定："'犯盗窃、诈骗、抢夺罪'，主要是指行为人已经着手实施盗窃、诈骗、抢夺行为，一般不考察盗窃、诈骗、抢夺行为是否既遂。但是所涉财物数额明显低于'数额较大'的标准，又不具有《两抢意见》第五条所列五种情节之一的，不构成抢劫罪。"

② 梁慧星：《民法学解释》（第四版），法律出版社2015年版，第235页。

③ 参见王泽鉴：《民法思维：请求权基础理论体系》，北京大学出版社2009年版，第180页。

鉴，即对某一国立法例或某一地区的规定结合本国具体情况，予以一定程度的改造而制定国内法；其三，参酌多国或多地区的甚至跨法系的相似立法例，结合本国的实际而制定国内法。不同借鉴方式的比较法解释的要求也有所不同。

首先，对于以简单移植型借鉴立法的，一般而言，可以直接以该国或地区的判例学说为本国或本地区法律的解释因素，阐释本国或本地区法律的意义。例如，对于我国台湾地区"民法"原第 164 条规定的悬赏广告的法律性质，有依该条第 12 项后段"对于不知有广告而完成该行为之人，亦同"作文面解释，认为应为单方行为；有的则认为该条规定在契约条文之后，依其体系位置作章目解释，应属契约行为。梅仲协先生运用比较法解释方法，指出该条第 12 项后段是自德国民法第 65 条后段移译而成，而德国的通说认为广告为单方行为，因而该条规定的悬赏广告的意义及性质应依德国通说解释。[①]需要指出的是，该第 164 条第 1 项已改为同条第 4 项，亦将"亦同"修正为"准用之"，依此悬赏广告的性质则为契约行为。

其次，单一借鉴型的规定，解释时则需进行同异比较，同时分析同异之原因，进而确定参酌外国判例学说的范围。本书前述关于"民事二审审理范围"的论述中，对"应当"与外国相对同一事项规定的"只对""仅应"语词的比较，就属于此种类型的比较法解释。又如民法通则关于诉讼时效的规定，与国外同一制度比较，后者尚有"诉讼时效的规定在当事人援引时始得适用"之类的规定，而民法通则则无此限制。因此，在这方面，早期的教科书指出不应依外国的规定而解释为我国的诉讼时效规定也需当事人引用，而应当依我国的现行规定作法院可作职权适用之理解。当然，2008 年《最高人民法院关于审理民事案件适用诉讼时效制度若干问题的规定》出台后，职权适用的观点已被否认。其第 3 条规定："当事人未提出诉讼时效抗辩，人民法院不应对诉讼时效问题进行释明及主动适用诉讼时效的规定进行裁判。"而民法总则第 193 条也明确规定："人民法院不得主动适用诉讼时效的规定。"

最后，混合借鉴型的规定，应对所借鉴的外国立法分别与我国的规定进行异同比较，而对国内规定进行解释。这方面的例子有如合同法第 402 条和第 403 条规定的两种间接代理的类型属性的理解。从合同效果归属或处理规则上看，该两种间接代理很容易使人联想到英美法系中的"隐名代理"与

---

① 参见梁慧星：《民法学解释》（第四版），法律出版社 2015 年版，第 236～237 页。

"不公开本人身份的代理"，进而认为第 402 条和第 403 条的规定分别是对英美法中的该两种间接代理的移植。因为它们之间个别的合同效果归属或处理规则基本相同，尤其是第 403 条中的委托人介入权和第三人的请求选择权。而实际上合同法中的间接代理规定，并非简单地对英美法系隐名代理和不公开本人身份代理的移植，而是对英美法系以及大陆法系关于间接代理立法的混合借鉴。因此，对其进行比较法解释时，须分别借助英美法系和大陆法系的相关规定或判例学说等进行比较分析，得出符合合同法规定的解释结论。

二、比较法解释的操作步骤

一般而言，比较法研究的方法主要区分为宏观比较与微观比较、功能比较与概念比较、动态比较与静态比较、历史文化比较与单纯法规比较等。法律解释上的比较法方法，比一般的比较法方法的种类要少、范围要窄。从法律解释的角度看，比较法解释方法主要是两种。其一为规范比较。即以规范作为出发点，对法律结构基本相同的国家的有关法律文件加以对照并分析异同，即单纯对法律文件进行比较。其二为功能比较。即以问题作为出发点，不同国家或地区存在相同或相似的法律问题，将其对该问题的不同解决办法进行比较。比较法解释方法作为司法实践中的一种工具，是为解决问题而存在，所以以功能比较为主导方法能更好地达到目的。当然，功能比较作为主导方法，在找到不同国家的类似问题，进而寻找到相应解决问题的法律规范后，还是要回归到规范比较进行分析。

关于功能比较的具体操作步骤，中外比较法学家多有不同的观点阐述，最受推崇的当数意大利法学家卡佩莱蒂的六步骤说。[①] 第一步是在所比较的两个或两个以上国家中找出人们共同遇到的社会问题或社会需要，也即找出"共同的起点"。例如，为了在环境法领域进行有意义的比较，"共同的起点"就是这些国家面临共同性质的环境问题，而这个起点对那些不存在这种环境问题的国家是没有意义的。当然，这个"共同的起点"并不等于相同的解决办法，这些办法可能完全不同。第二步是研究那些国家对这种社会问题或社会需要所采取的法律解决办法，即有关法律规范、程序和制度。对此，比较法学家可以设计不同解决办法的模式。第三步是对不同国家所采取的法律解决办法异同的理由进行研究。第四步是进一步

---

① 参见祝婷：《比较法解释方法研究》，山东大学 2012 年硕士学位论文。

研究这些异同及其产生原因的可能趋势。第五步是对各种法律解决办法进行评价。但这种评价不能依靠好坏、正误这类抽象、绝对的标准，而应根据特定解决办法是否符合社会需要的效能这样一种客观标准的评价。第六步是根据既定的社会存在和需要、既定的解决办法的实际影响以及某些领域的发展趋势，可以合理地预测未来的发展。

另一位比较法学家柯茨博士在其所著《比较法新方法》（1993 年）一书中，提出了比较法学研究的八个步骤。第一步，确定并尽可能准确地陈述问题。第二步，假定"本辖区"是待比较的辖区，确定外国辖区，如能的话，确定其法系。第三步，决定将需要什么主要渊源。第四步，收集要考查辖区的材料。第五步，根据待比较法律制度的法律哲学和意识形态组织材料。第六步，钩画出对问题的可能回答。第七步，按照有关内在价值批判地分析法律原则。第八步，均衡地提出结论。沈宗灵教授认为，柯茨的八个步骤与卡佩莱蒂的六个步骤，尽管有不同表述法，但大体上是相同的。同时指出：对这些步骤的论述，不应认为所有比较法研究都要经历这些步骤，问题还在于比较的直接目的是什么。沈教授还对其在《比较法总论》一书的绪论中提到的三过程说进行检讨，指出其论述显然比较简单，特别是忽略了从功能比较角度出发，将确定要比较国家所要解决的"共同社会问题或社会需要"作为第一步这一重要观点。①

本书试图以更为贴近我国司法且浅显易懂的方式，来阐释比较法解释方法的操作步骤。首先，确定需要通过比较法解释的问题。比较法解释是法律解释的辅助方法，应以文面解释和其他常规解释方法无法获得适当解释结果为前提。其次，明确待解释的本国规定的域外借鉴对象。这需要通过立法资料加以寻查分析，从而确定作为比较法解释的参照标本。其三，比较本国规定与参照标本的异同。异同比较应围绕需要通过比较法解释加以明确的问题而进行，并分析异同的原因。其四，对域外参照标本进行价值评价并作出比较法解释。这里的价值评价须以本国的价值取向为标准，得出符合本国实际需要的解释结论。需要说明的是，这里只是从操作步骤上涉及必要的要求，更为全面的要求尚需按照下面的注意事项而进行。尤其是上述的混合借鉴型的规定之比较法解释，更需强调比较法解释结果的正当性论证。

---

① 前述卡佩莱蒂的六步骤、柯茨的八步骤和评价、检讨，还有沈宗灵三过程说的内容为："对法律的比较研究一般可分为三个过程：第一，掌握所要比较的不同国家的有关法律材料；第二，对这些法律进行比较，也即发现其同异；最后，分析同异的原因并作出适当的评价"。参见沈宗灵：《比较法研究》，北京大学出版社 1998 年版，第 47～49 页。

三、比较法解释的注意事项

对于比较法解释的注意事项，学者们虽各有各的视角和表述，然其内容大同小异或多有交集。王利明教授提出比较法运用的三个规则。①全面比较规则。即不仅要了解国外针对相应社会关系采用的法律规则，而且要了解域外规定产生和存在的经济、社会文化背景和法律传统，判例学说的演进、发展脉络，确定影响该制度的根本因素。②结合国情规则。即在借鉴外国立法、判例和学说时，一是应以不违反本国法律的整体精神为前提，二是要考虑本国法律与外国法律规则的区别，三是考虑本国的社会实际情况，必须与本国的法律体系相吻合。③关联性规则。即域外的法律规则和判例原则所提供的成熟的规则经验能够适用于具体案件，或者说这些规则与具体个案的事实具有相关性。① 另有论者提出比较法解释方法适用的三个原则：①不得无视本国法的规定而径行援用外国法；②全面而准确地了解比较对象；③参考的域外法须与本国国情相适应。②

梁慧星先生的说法为："比较法解释之目的不在于对各国法律作客观评价，发现其基本精神特色及风险，也不在于评价其优劣或为本国立法提供参考，而在于将外国立法例及判例学说作为一种解释因素，以求正确阐释本国现有法律规范之意义内容。因此，不应将比较法解释混同于一般比较法研究。"梁先生还进一步指出："在进行比较法解释时，应当注意：第一，不得局限于法律条文之比较，应扩及判例学说及交易惯例，尽可能对于外国法之真意及现时作用有充分了解，并将所引资料及参考理由说明。第二，比较法解释系对外国立法例及判例学说引为解释资料，因此不可因外国立法较佳，即径为援引采用，以取代本国法律规定。外国法律之斟酌，常可导致对本国法律规定之扩张或限制解释，但不得超出法律文义之可能范围。第三，外国立法例虽有重大参考价值，但是可否援引以解释本国法律规定或补充法律漏洞，应以不违反本国既有之整体精神及社会情况为度。第四，应经由解释途径，将立法所继受之外国法例，纳入本国立法体系，使之融为一体。"③

王泽鉴对此也有类似的阐述："经由比较法所发现、整理、评价之外国立

---

① 参见王利明：《法律解释学》（第二版），中国人民大学出版社 2016 年版，第 418～419 页。

② 参见祝婷：《比较法解释方法研究》，山东大学 2012 年硕士学位论文。

③ 梁慧星：《民法解释学》（第四版），法律出版社 2015 年版，第 237 页。

法例，虽可作为法律解释之准则或因素，但有应注意者三事：①外国立法例，虽为法律解释之一项准则，但并不具有优越地位，因此不能以外国立法例较佳，即径为援引采用以取代本国（地区）法规定。外国立法例之斟酌，虽可导致本国（地区）法规之扩张或限制解释，但不能逾越法规文义之范围。对明确法规文义之尊重，是法治之基础。②外国立法例之采择系'质'的问题，因此就特定问题，多数外国立法例采取同一见解者，虽具有重大参考价值，但是否得援引以阐明本国（地区）法律意义，弥补法律缺漏，仍应斟酌法律全体精神及社会情况而定。③由于法律之辗转继受，各国（地区）法律规定文义雷同者，颇为不少。……关于同一文义之法律规定，各国（地区）采取不同解释，一方面可以用来检讨本国（地区）法上之判例学说，另一方面也充分显示各国（地区）法律解释原则及社会经济背景之差异，在法社会学即比较法学上，具有重大研究价值。"①

而加拿大学者托马斯·艾伦和布鲁斯·安德，则从司法裁决正当性的内外证成来论述比较法解释的要求。他们认为司法中用来解决本国法律问题的外国法规则或判例需要满足三个标准：一致性标准、融贯性标准和结果标准。一致性标准就是法官面对来自不同国家法律中相冲突的规定，选择哪种规则作为解决当下案件的方案，必须与本国已经确立的法律体系相一致，在严格意义上不直接与任何已有的权威规则和类似规则相冲突。融贯性标准就是所提出的法律规则是否违反了自己所属的那个法系已经确立的法律规则，要致力于更加普遍的调查来决定要适用的规则是否与已经形成传统的规则相抵触。结果标准就是法官要确定一个裁判在世界上是否是有意义的，他就要想象如果接受该裁决，那么对此案或者类似案件会引发什么样的"逻辑上的可能后果"。裁决的结果要根据正义、常识、公共利益和便宜等方面加以衡量，并要比较如果采用与此相反的裁决又会引起怎样的后果，从而判断哪种裁决更可取。如果一个裁决满足了一致性、融贯性和结果标准，那么这个裁决在法律上就是正当的。②

---

① 王泽鉴：《民法学说与判例研究》(2)，中国政法大学出版社 1998 年版，第 19~21 页。

② 这三个标准实际上源自麦考密克的内部证成和外部证成的标准。前两项可谓"法律内"的标准，结果标准可谓"法律外"的标准。法律内的标准即内部证成，法律外的标准即外部证成。通过这两个方面的证立，一个司法裁决便实现了合法性论证和合理性论证，判决便由此获得了正当性。参见姜世波：《比较法方法在司法过程中的适用》，载《法律适用》2011 年第 9 期。

第三章　加以评价的解释

加以评价的解释即评价性解释，是指通过法律目的考量、社会效果预测以及利益衡量或价值评断来确定法律文本含义的一类法律解释方法。张志铭教授所称的"目的—评价论点"的解释包括两个方面。①目的论点："如果可以确定一项具体的法律规定或者其所在的整个法律的一般目的，那么在个案中对该规定的解释适用应当与其一般目的保持一致。"②实体理由的论点："如果认为存在某种有价值的目标或事务状态，或者存在某种对法律秩序具有根本重要性的正当概念，而这种目标、状态或正当概念更能为一种而非另一种解释所促进，那么应该选择有利于促进这种目标，或者维持这种事务状态或正当要领的解释。"① 由于本篇所称的法律解释取其狭义的概念，因此在这里只阐述基于法律目的之目的论解释与注重社会效果的社会学解释以及对不确定概念和概括条款的价值补充这三种。

第一节　法律目的

目的解释（目的论解释）是指根据法律目的来确定法律文本含义的一种解释方法。此法为德国学者耶林所首倡而成为法律解释的重要方法。他认为："法律乃人类意志的产物，有一定目的，受目的律支配。……故解释法律，必先了解法律所欲实现何种目的，以此为出发点，加以解释，始能得其要领。

---

① 张志铭：《法律解释学》，中国人民大学出版社 2015 年版，第 76～77 页。

目的为解释法律的最高准则。"① 法国学者欧特曼也称"立法目的之探求是启开疑义之钥匙"。② 史蒂文·J. 伯顿指出："法律的目的应该是法律推理中至关重要的成分：论证法律正当性的原则和政策提供突显重要事实的规范性视角。"③ 而我国学者陈金钊认为："为维护法治起见，应首先进行文义诠释，只有当文义诠释不能阐明法律意义或所得出的法律意义与目的严重背离时，才能使用目的诠释。"④

一、目的之区分

运用目的解释方法解释法律，首先得明确这里的"目的"究竟为何。对此，国内外学者观点不一。⑤ 本书将法律目的分为法律理想、立法宗旨和规范目的等三个层次，且区分为主观目的与客观目的等两类。同时认为，法律理想与客观目的、客观目的解释与社会学解释基本相同；目的解释中的"目的"主要是指主观目的，重点在于规范目的和立法宗旨，而以法律理想、客观目的为辅。后者在规范目的和立法宗旨难以寻得或滞后于社会发展的情形下，才需要运用客观解释或社会学解释予以探明。

（一）法律目的的三个层次

从广义上说，可以把法律目的区分为三个层次。一是法律理想。即从法律的总体上来谈其目的，它是各种法律文件所共同追求的目标，因而也可称

① 转引自梁慧星：《民法解释学》（第四版），法律出版社 2015 年版，第 228～229 页。
② 参见王泽鉴：《民法学说与判例研究》（8），中国政法大学出版社 1998 年版，第 242 页。
③ ［美］史蒂文·J. 伯顿：《法律和法律推理导论》，张志铭、解兴权译，中国政法大学出版社 2000 年版，第 122 页。
④ 谢晖、陈金钊：《法律：诠释与应用》，上海译文出版社 2002 年版，第 140 页。
⑤ 德国学者考夫曼认为，目的论解释既包括探求个别法律规范的目的，又包括探求多数法律规范或整体法秩序的目的。拉伦茨认为，目的解释是依可得认识的规整目的及根本思想而为之解释。我国台湾地区学者杨仁寿认为，目的解释系指以法律规范目的，阐释法律疑义之方法而言。梁慧星则认为，任何法律都有其目的，目的解释是以立法目的作为依据，以解释法律的一种解释方法。孙笑侠认为，目的解释是按照某一法律本身的目的以及基本精神或法律适用的对象的问题范围中的现实要求，合理地解释该法律规范的意义。刘国认为，目的解释是根据法律规范的目的来阐释法律的含义的一种方法。根据不同的标准，目的分为个别目的与整体目的、具体目的与抽象目的、主观目的与客观目的。还有学者认为，目的包括法律的目的、立法的目的和社会的目的。参见冒丽：《目的解释方法在行政审判中的运用及限制——舒江荣闯黄灯案引发的法理思考》，载《南华大学学报（社会科学版）》2014 年第 3 期。

其为法律的共同目的或一般目的。伯顿把这种法律目的概括为两个"有助":第一,"有助于缔造一个更有序的社会";第二,"有助于一个更公正的社会"。[①] 也就是说,法律的共同目的是实现秩序与公正,这实际上也就是法律的总体价值取向或功能作用。二是立法宗旨。这里指立法者制定某一法律文件所要实现的目的,是一个法律文件的整体目的。这种法律目的通常在法律文件的序言或第一条有明确的规定。比如我国行政处罚法第 1 条规定:"为了规范行政处罚的设定和实施,保障和监督行政机关有效实施行政管理,维护公共利益和社会秩序,保护公民、法人或者其他组织的合法权益,根据宪法,制定本法。"其中"为了……权益"所表述的是该法的立法宗旨。三是规范目的。这是具体法律制度或规范所欲实现的具体目的,也称"规范意旨"。例如,王泽鉴揭示我国台湾地区"民法"第 798 条关于"果实自落于邻地视为属于邻地所有人"的规范目的称:"'民法'所以设此规定,系鉴于果实落于邻地,已不法侵害他人所有权,并为维持睦邻及社会和平关系,勿为细故争吵,故将落地果实'视为'属于邻地。"[②] 在这里,"并为"之后的就是该规定的规范目的("并为"之前的系法理依据)。至于目的论解释中的法律目的应指哪一层次的目的,学界看法不一。应该说,三个层次的目的在目的论解释中均需予以关注,但就解释的技术层面上来说主要是规范目的。这是因为一方面,规范目的比另外两个层次的目的离规范本身更近,作为解释的指导最具直接意义;另一方面,规范目的通常是蕴含在具体法律规定之内而未明确规定,比另外两层次的目的更需加以探寻。

(二) 主观目的与客观目的

对于法律目的的认识,存在究竟是立法者的意志还是理性一般人的共识的观点分歧,相应地即有主观解释和客观解释的分野。[③] "主观目的的解释就

---

① [美] 史蒂文·J. 伯顿:《法律和法律推理导论》,张志铭、解兴权译,中国政法大学出版社 2000 年版,第 124 页。

② 王泽鉴:《民法思维:请求权基础理论体系》(最新版),北京大学出版社 2009 年版,第 185 页。

③ 事实上,目的解释在法学界有主观说、客观说和折中说三种观点:"主观说主张目的应探寻立法者的立法意图,侧重对历史的考察,目的解释是对立法者当时的目的进行准确阐释。客观说则主张应当以客观现实为基础,强调文本读者的建构,目的解释是对独立的文本。折中说是对两种观点的综合,主张通常情况下尊重法律条文本身意思,只有考察立法时的价值判断已经脱离现阶段的公平正义或时代精神时,才例外地采客观理论。"郑莉芳:《论刑法目的解释的规则与应用》,载魏东主编:《刑法解释》(第 2 卷),法律出版社 2016 版,第 76~96 页。

是要了解立法者在制定法律时的真实意图，而客观目的解释就是要了解法律
规范的合理目的和社会功能，通过阐明这些目的和功能来解释规范的含义。"①
主观目的的解释论者认为，"因为法律规范和法律制度由'当为语句'构成，它
们必须服务于特定的规范目的，并按照立法者的'社会理想'对国家和社会
进行调整"②；"在任何法律规范后面都隐藏着服从特定目的与目标的、立法者
的、法政策学的形成意志"③。而在客观解释论者看来，"解释者必须一直考虑
规定整体所追求的全部目的。这些目的固然大部分为立法者所认识，然而，
他不需要连目的之所有具体推论都一一认识。……解释者事实上已经超越了
历史事实上的'立法者的意志'，而以法律固有的合理性来理解法律。"④ 对此
分歧观点，考夫曼指出：主观解释论的出发点是法律的实证性，意在维护法
律的稳定性，而客观解释论的出发点则是法律的正当性，意在发现"客观
（真实）的法律意义"⑤；"没有主观与客观解释之间选择的问题。就如同没有
法律正当性与实证性之间的选择一样。只有二者才能共同建立法律。如果人
们注意倾听这两个解释理论的最近代表者的论证，就可以发现，事实上没有
人再主张纯粹的客观理论或纯粹的主观理论。"⑥ 这实际上也就是说主观目的
论与客观目的论是互相渗透的，只是侧重点有所不同罢了。"折中说一般以立
法原意为基础，要么以主观说为主，客观说为辅，要么以客观说为主，主观
说为辅。"⑦

二、目的之探寻

法律目的如何寻得，视其不同层次而有所不同，也因主观论和客观论的
不同立场而有所差异。弗里德里克·肖尔认为："通常可以通过成文法本身的
词语来确定成文法的目的。当然，成文法有时会说出它的目的是什么，……
但是，即使成文法的目的没有明确表述在成文法的文本本身之中，通常我们

---

① 转引自王利明：《〈物权法〉的解释方法》，载《南都学坛》2008 年第 6 期。
② ［德］伯恩·魏德士：《法律学》，丁小春、吴越译，法律出版社 2013 年版，第 91 页。
③ ［德］伯恩·魏德士：《法律学》，丁小春、吴越译，法律出版社 2013 年版，第 307 页。
④ ［德］卡尔·拉伦茨：《法学方法论》，陈爱娥译，商务印书馆 2003 年版，第 210 页。
⑤ ［德］考夫曼：《法律哲学》，刘幸义等译，法律出版社 2004 年版，第 139 页。
⑥ ［德］考夫曼：《法律哲学》，刘幸义等译，法律出版社 2004 年版，第 139 页。
⑦ 周折：《刑事政策视野中的刑法目的解释》，载《中外法学》2007 年第 4 期。

也能够有充分的信心，仅凭成文法语言的各个部分就推断出成文法的目的。"①本书所持的看法是，法律目的尤其是其中的立法目的和规范目的，是立法者根据制定法律时的时代背景而所持的价值取向。在社会稳定时期其功用自不待言，因而能够通过立法文本以及立法资料寻得立法目的或真意。但因时代久远或在社会急剧变动时期，立法当时的真意难以寻得或立法真意和目的有可能不适合社会发展的需要。在此种情形，应采用社会学解释即客观目的解释，以贯彻公平正义，确保实质妥当性。

三、目的之运用

目的探寻之后，就要以法律目的来解释法律，确定法律规定的含义。需要注意的是，以法律目的解释的所谓"目的论解释"，是要使法律文本的解释结论与法律目的保持一致。其适用的场合有两种情形：一是法律规定存在复数解释时以目的来选定其中符合目的的一种解释；二是对一般的文本解释结果加以评判，是否符合法律目的，合者确定，不合者另行解释甚至进行矫法（目的性扩张或目的性限缩等）。下面我们通过实例来加深对目的论解释的理解。

[**最高法院指导案例 6 号：黄泽富、何伯琼、何熠诉四川省成都市金堂工商行政管理局行政处罚案（最高人民法院审判委员会讨论通过 2012 年 4 月 9 日发布）**] 2003 年 12 月 20 日，四川省金堂县图书馆与原告何伯琼之夫黄泽富协商，决定联办多媒体电子阅览室，由黄泽富出资金和场地。后黄泽富以其子何熠的名义开通了宽带上网，该阅览室于 2004 年 4 月 2 日在金堂县赵镇桔园路一门面房挂牌开业。4 月中旬，金堂县文体广电局市场科以整顿网吧为由要求其停办，并摘除了"金堂县图书馆多媒体电子阅览室"的牌子。2005 年 6 月 2 日，金堂工商局会同金堂县文体广电局、金堂县公安局对原告门面房进行检查时发现，有三名未成年人和数名成年人在上网游戏。由于原告未能出示网络文化经营许可证和营业执照，因此金堂工商局按照《互联网上网服务营业场所管理条例》第 27 条的规定，决定扣押原告的 32 台电脑主机。何伯琼对该扣押行为及扣押电脑主机数量有异议遂诉至法院，认为实际扣押了其

---

① ［美］弗里德里克·肖尔：《像法律人那样思考：法律推理新论》，雷磊译，中国法制出版社 2016 年版，第 176 页。

33 台电脑主机，并请求撤销该扣押决定。2005 年 10 月 8 日金堂县人民法院作出行政判决，维持了金堂县工商局的扣押决定，但同时确认其扣押了何伯琼 33 台电脑主机。同年 10 月 12 日，金堂工商局以原告的行为违反了《互联网上网服务营业场所管理条例》第 7 条、第 37 条的规定为由作出了行政处罚决定，没收在何伯琼商业楼扣押的从事违法经营活动的电脑主机 33 台。原告认为该行政处罚决定违法，遂诉至法院，请求法院撤销，并要求返还电脑主机 33 台。

在该指导案例中，原告由于被告的行政处罚（没收财产）而受到了巨大的损失，而被告工商局并没有告知听证权利的事实，使得相对人无法通过听证程序来进行陈述和申辩。法院生效裁判认为：行政处罚法第 42 条规定："行政机关作出责令停产停业、吊销许可证或者执照、较大数额罚款等行政处罚决定之前，应当告知当事人有要求举行听证的权利。"虽然该条规定没有明确列举"没收财产"，但是该条中的"等"系不完全列举，应当包括与明文列举的"责令停产停业、吊销许可证或者执照、较大数额罚款"类似的其他对相对人权益产生较大影响的行政处罚。为了保证行政相对人充分行使陈述权和申辩权，保障行政处罚决定的合法性和合理性，对没收较大数额财产的行政处罚，也应当根据行政处罚法第 42 条的规定适用听证程序。在这里，目的解释方法得到了直接的适用，而确定目的的依据正是行政处罚法第 1 条规定的整体立法目的。[①]"在行政机关和相对人之间明显的实力对比中，缺少程序权利将进一步强化行政相对人的弱势地位，不利于实现行政法律所追求的目标。从行政处罚法律规范的目的角度来说，在行政处罚法第 42 条中的列举项无法保护相对人的听证权利，而司法者阐释'等'字的含义、充分阐释该条规范的边缘意义则能够实现立法目的。因此，运用目的解释方法能够证成该案的判决结论。"[②]

[①] 行政处罚法第 1 条规定了该法典的立法目的："为了规范行政处罚的设定和实施，保障和监督行政机关有效实施行政管理，维护公共利益和社会秩序，保护公民、法人或者其他组织的合法权益。"

[②] 孙光宁：《中国司法的经验与智慧：指导性案例中法律方法的运用实践》，中国法制出版社 2018 年版，第 68 页、第 100 页。实际上，指导案例 6 号也是相当解释（同类解释）的适例。

第二节 社会效果

一、概念例说

所谓社会学解释，是指通过社会效果预测和社会目的衡量，进而确定法律规定含义的法律解释方法。换句话说，对法律文本的社会学解释就是要求对法律规定的解释应当达到良好的社会效果，符合社会的目的。最高人民法院副院长江必新提出应重视司法审判的效益价值，并且认为："在司法审判领域，效益不单纯是指经济效益，它还应包括政治、文化、生态等各方面的效益。过去，我们总用社会效果来简单指代，实质上效益内涵更为丰富。"① 我国推行的司法裁判实现法律效果与社会效果乃至政治效果的有机统一，或称重视司法审判的效益价值，一个重要的方面就是要求对法律规定进行社会学解释。社会学解释有广义与狭义之分，广义的包括法律规定含义的解释与法律漏洞的填补，狭义的只限于前者而不包括后者。本书所称的社会学解释，是指狭义的社会学解释。下面通过案例加以说明。

都江堰青城山镇人刘兵（化名）因迁居到温江无法赡养母亲，便和妹妹刘凤（化名）签订了一份关于转让房屋及赡养老人的协议。协议约定：刘兵将自己的房产转让给妹妹刘凤，由妹妹负责供养母亲，其母对此表示同意。此后，刘兵就将房屋交给妹妹，而刘凤也依约独自承担起赡养母亲的义务。在刘凤对该房屋进行改建时，刘兵夫妇均在场并未提出任何异议。然而，后来刘兵夫妇却将刘凤告上法庭，称当初签订的协议无效。理由有两个：一是转让协议实际上是房屋赠与合同，应按无效合同予以撤销；二是转让赡养义务违反法律规定，协议内容不合法。诉讼期间，双方当事人对协议的真实性、签订协议时的意思表示自愿真实以及协议履行情况均无异议。经审理，四川都江堰法院首先肯定了该协议的性质为有偿转让而非无偿赠与，因为刘凤取

---

① 江必新：《应重视司法审判的效益价值》，载《人民政坛》2016 年第 11 期。

得房屋所有权证是以代哥哥刘兵履行赡养母亲的义务为代价的，而且其母对此也表示同意。至于赡养义务可否在赡养人之间转让，法律上对此没有明确规定。法院因此判决驳回刘兵夫妇的诉讼请求。据称，这是我国首例"转让赡养义务案"，是具有开创性的判例。①

　　婚姻法第 21 条规定"子女对父母有赡养扶助的义务"。法学理论认为"法定义务不可转让，不可撤销，不可解除"。②由此可以得出"转让赡养义务是无效的"这个结论。所以人们通常认为，子女赡养父母必须亲为，其中物质供给必须直接来源于赡养义务人。这显然是一种理论误导以及对赡养义务履行方式的误解。具有人身性质的法定义务才不得转让，而且不只是法定义务，具有人身性质的约定义务也是不得转让的。还有一种观点认为，赡养是具有人身性质的法定义务。这又是一种误解。赡养扶助主要包括物质上供养、生活上照料和精神上慰藉三项内容。其中，"赡养是指子女在生活上为父母提供必要的生活帮助及子女为父母提供必要的经济来源承担一定的经济责任""扶助是指子女对父母在精神上慰藉、生活上给予照顾"。这样理解赡养，赡养义务就是一种物质（财产）性的义务，或者严格地说，赡养义务是一种基于人身性质的财产性义务。而财产性义务则是可经合意转让的。即使按照字典含义，即赡养指"供给生活所需，特指子女对父母在物质上和生活上进行帮助"，扶助是"帮助"，生活上的帮助（照料）也是可以委托他人或雇人进行的，只有精神上的慰藉是纯人身性质的因而是他人不可代替的。

　　本案转让的是赡养义务（暂且按此理解），这是物质性义务顶多再包括劳务性义务的转让，并且还是有偿的（给房子），有何不可呢？正如该案主审法官所说的："刘家兄妹都有赡养其母的义务，刘兵转让的实际上是他应履行的物质上的赡养义务，但精神上的赡养义务仍该由刘兵亲自履行，因此该转让协议在法律上是有效的、符合道德规范的。"③这个案件也可以从社会学解释的角度来理解。成都社科院教授陈武元在评价本案时就指出："赡养父母原本是子女天经地义的法定义务，但随着现代社会人口流动的日益增强，就算是

---

　　① 黄旭阳：《赡养义务也能转让——我国首例转让赡养义务案判决记》，载《每周文摘》2004 年 2 月 3 日。

　　② 杨立新、秦秀敏主编：《中华人民共和国婚姻法释义与适用》，吉林人民出版社 2001 年版，第 197 页。

　　③ 黄旭阳：《赡养义务也能转让——我国首例转让赡养义务案判决记》，载《每周文摘》2004 年 2 月 3 日。

孝子、孝女有时也感到为难。都江堰法院的做法具有广泛的社会意义。随着近年来社会的不断发展、人与人之间经济差距的拉大以及人口流动的日益增强，过去那种传统家庭伦理观念已经受到很大冲击；因此在征得被赡养人同意并最大限度保护老年人权益的前提下，只要有利于子女各尽所能履行赡养义务，新型的赡养方式值得提倡。"①

二、理论基础

社会学解释方法的理论基础在于法律是社会关系中的法律，它产生于社会，适用于社会，发展于社会；它不可能是孤立存在的"法律帝国"，不可能达到逻辑上的"自给自足"，离开了社会，法律便无立足之地。因而法律的解释也不能离开社会，不能不顾及社会效果和社会目的。同时这种解释更为直接地以民众的意志与利益为衡量，更为充分体现立法的人民性。德国学者爱尔里希在其《法社会学基础》一书中强调："法律发展动力源于社会之中，法律应自由地探求生活中的法。"② 我国台湾地区的学者杨仁寿也指出："当文面解释的结果有复数解释的可能出现时，究以何者为当，非属理论认识的问题，而系政策性之问题，倘涉及社会效果的预期或目的考量，法官即应为社会学的解释，苟不为此项解释，即难辞其咎。"③ 我国近年来强调审判的法律效果和社会效果的统一，也有基于此的因素。对此，曾浩荣先生从审判的社会效果是立法的本质特征的反映、法的基本价值的体现、法的起源和发展论的要求、审判机关职能之所在、司法公正的必然要求等五个方面加以论述，其见解甚值推介。④

可以归入社会学解释的共时解释，在美国甚是受到推崇。共时解释说认为，法律解释应根据解释法律时所处社会条件、价值观念对法律作出符合裁判需要的解释，而不用考察立法者的意图到底是什么，它强调对法律进行解

---

① 黄旭阳：《赡养义务也能转让——我国首例转让赡养义务案判决记》，载《每周文摘》2004 年 2 月 3 日。

② 转引自梁慧星：《民法解释学》（第四版），法律出版社 2015 年版，第 239 页。

③ 杨仁寿：《法学方法论》（第二版），中国政法大学出版社 2013 年版，第 180～181 页。

④ 详见曾浩荣：《论审判的法律效果与社会效果的统一》，载《中国司法评论》2000 年第 1 期（总第 1 卷）。

释，应当符合和包含社会与经济生活日益变化的情势。① 共时解释说由大法官马歇尔在"麦卡洛克诉马里兰"一案中首次提出。在该案中，马歇尔宣称："法律旨在于未来的长时间一直沿用下去，从而旨在适应人类社会中的各种危机。"大法官休斯在"布莱斯德尔"一案中继受了马歇尔的思想倾向，他在该案中否定了萨瑟兰法官的历史解释说，指出："如果那种认为美国宪法在其通过之时所指出的含义即是今天所指的含义的说法，其意思是说美国宪法的重要条款必须受制于宪法制定者根据他们那个时代的状况与观点而对它们所做的解释，那么那种说法本身就是一种谬误。"华盛顿最高法院在支持休斯法官的观点时也曾经指出，"对宪法规定进行解释，应当符合和含括社会与经济生活日益变化的情势。"②

三、解释规则

运用社会学解释法来解释法律，必须存在一定的前提条件和遵循一定的规则或步骤。概括地说："社会学解释的操作一般认为有两个步骤：即首先对每一种解释可能产生的社会效果进行分析预测；其次，对各种预测结果（社会效果）进行分析比较，两害相权取其轻，两利相权取其重，最后采用能产生最佳社会效果的解释。社会效果的预测和目的的衡量是社会学解释运用的最重要的两个过程。此外，还要加上说理和论证，以阐释裁判的合理性和可接受性。"③ 下面从四个方面来谈社会学解释的规则。

首先，存在复数解释的情形。社会学解释的适用场合，原则上应限于文义存在多种解释且依通常的解释尚不能确定其含义的情形之内，这是社会学解释运用的前提条件。"转让赡养义务案"中的"赡养"方式实际上也存在着复数解释，即只是赡养义务人的"直接赡养"还是包括"间接赡养"的不同解释之争。王利明教授对社会学解释的定义体现了这一要求："社会学解释，是指在法律文本出现复数解释的情况下，将社会效果等因素的考量引入到法律解释中，据此作为解释文本在当前社会生活中应具有的含义，从而阐释法

---

① 刘群、陈俊：《历史解释与共时解释的批判性适用》，载 http://xazy.chinacourt.org/ article/ detail/2013/11/id/1594553. shtml.

② ［美］E. 博登海默：《法理学：法律哲学与法律方法》，邓正来译，中国政法大学出版社 2017 年版，第 537~538 页。

③ 袁春湘：《社会学解释方法在案件裁判中的运用》，载《法律适用》2011 年 11 期。

律文本的意义。"①

其次，进行社会效果的预测。对法律规定的不同解释，必然产生不同的社会效果。因此，为了选择能够达到良好社会效果的解释，必须对不同解释所可能产生的社会效果进行预测，之后才可能予以比较、选择而最终确定所应选取的含义。"赡养义务转让案"的社会效果预测是：是否有利于父母利益的最大保护以及子女利益的适当兼顾。甚至可以从更为宏观上考虑：是否有利于社会经济的发展与社会诚信的树立。有论者指出："尽管社会学解释要考量的社会因素带有极大的模糊性和不确定性，但是相对确定的社会效果预测及判断规则还是存在的。这些规则及判定的原则是：需在法律文义的可能范围内进行预测；需要保证诉讼双方享有平等地进行社会预测的权利；预测需符合公序良俗和科学规律；如果有可援用、真实可靠的数据、文献资料等依据，应在此基础上进行预测；如果常人之常理亦不能确定，法官需本着诚实、善良、公正、公开的秉性进行预测，不得主管臆断；诉讼双方要有对对方以及法官的预测进行合理质疑的权利。"②

再次，确定社会统制目的。社会目的是社会效果的判断标准。在解释含义存在复数所致的不同社会效果中，何者为优何者为劣，须以社会目的来判断。另需注意的是，社会目的并非只是单一的，最为基本的就有实现秩序、自由、公正、效率等价值。所以，必须以当时当地的社会最为所需实现的价值（如果存在价值冲突的话），也即所谓"社会统治目的"或称"占统治地位的社会目的"作为判断标准。比如在海峡两岸严重隔绝时期与两岸互动日频时期的社会目的就不同；人民饥饿时期解决温饱或生存问题是社会的最为重要的目的，而温饱解决之后的社会目的则将主要是环境需要的实现。"转让赡养义务案"的社会效果的评判标准是：父母子女利益双兼顾的"间接赡养"方式优于顾此失彼的"直接赡养"方式。

最后，在法律文本可能文义内解释。毋庸置疑，社会学在法律适用中的作用不仅仅是"解释"法律。但作为对文面解释的社会学解释，则须限制在所要解释的法律规定文义的可能"射程"之内，否则就不属法律解释的范畴之事了。正如杨知文博士指出的："从功能意义上看，虽然社会学解释方法在具体司法裁判中的运用可以弥合法律与案件之间的天然缝隙，填补法律对社

---

① 王利明：《法律解释学》（第二版），中国人民大学出版社 2016 年版，第 283 页。

② 陈金钊主编：《法律方法论》（第二版），中国政法大学出版社 2007 年版，第 186 页。

会变革调整的缺漏，帮助司法者作出合理的判决，但是，司法者对社会学解释方法的运用不能离开既有的法律文本去操作，而是应该发端于对既有法律文本的理解与疑问。由此而言，对中国当下的司法来说，社会学解释方法的运用不能简单地以追求社会效果为理由而不顾法律的事先规定，不得以对社会目的和社会需求的考量为名逾越法律的界限。"① 汤唯教授也认为："即便法律的社会性解释非常重要也不能随意扩张，包括不能偏离法律的基本主旨和原则，这也是我们必须坚持的立场。"② 本书在这里没有引用社会学解释的著名例子——1908 年美国俄勒冈州"限制女性劳动时间案"、③ 王泽鉴对我国台湾地区"矿场法"第 15 条的解释④以及日本大审院时代的"一厘事件"的原由之一也在于此。⑤

四、相关界限

社会学解释与目的论解释（主观目的解释）均属评价性的解释，并且前者中的社会目的与法律目的也有相通之处。即就多数情形而言，社会的目的也就是法律的目的，两者往往相互重叠。因为法律不仅仅是写在纸上让人看的东西，更重要的是要运用于社会、在社会中实践的行为规范。而且，只有法律目的与社会目的相符合，才能得到人们的切实遵行，才能获得法律的实效。然而，法律目的与社会目的毕竟是两个不同的概念，并且也有相脱节的时候，因而社会学解释与目的论解释有加以区分的必要。⑥ 两者的区别可从三个方面来把握。

首先，意志和利益的根据方面。社会学解释所进行的社会目的评价，侧重于社会或民众的意志和利益；而目的论解释中法律目的的考量，所体现的主要是国家的意志和利益。民众的意志和社会的利益与国家的意志和利益在特

① 杨知文：《社会学解释方法的司法运用及其限度》，载《法商研究》2017 年第 3 期。
② 汤唯：《司法社会学的原理与方法》，法律出版社 2015 年版，第 277 页。
③ 详见梁慧星：《民法解释学》（第四版），法律出版社 2015 年版，第 239～241 页。
④ 详见梁慧星：《民法解释学》（第四版），法律出版社 2015 年版，第 241～243 页。
⑤ 详见杨仁寿：《法学方法论》（第二版），中国政法大学出版社 2013 年版，第 181～182 页。
⑥ 袁春湘的说法是：社会学解释"与目的解释的不同在于目的解释中所谓的目的是指法律目的，而社会学解释所谓的目的是指社会目的。二者虽然在大多数情况下是相符的，但若法律年代久远，而社会目的已经改变，则二者会出现冲突；目的解释仅限于法律目的的衡量，而社会学解释不仅进行社会目的的衡量，而且更进行社会效果的预测。"袁春湘：《社会学解释方法在案件裁判中的运用》，载《法律适用》2011 年第 11 期。

定场合下可能发生冲突，这在私有制国家里体现尤为突出。在社会主义，从理论上说可能两者是统一的，而就现实而言两者的冲突也是不可避免的。因此在这种情形下，就需要在法律目的与社会目的之间寻求平衡，此即实现所谓"法律效果与社会效果的统一"。

其次，时间因素方面。社会学解释的特点之一是与时俱进，其中的社会目的是解释时的社会价值取向，体现了解释的现代性（共时性），因而也就更具客观性；而目的解释中的法律目的有的是立法者在制定法律时所要实现的目的，可能因年代久远、时过境迁而落后于时代，依此解释的结果只具旧时性（历史性）。这就需要以社会学解释对目的论解释的结果进行必要的修正，以使其符合时代的需求。

最后，解释广泛度方面。对此，梁慧星教授指出："目的解释仅限于法律目的之衡量，而社会学解释不仅进行社会目的之衡量，并且更进行社会效果之预测。因此，即使在法律目的与社会目的相符合的情形，社会学解释亦比目的解释更为广泛。"①

对于社会学解释，杨仁寿有相当中肯的评价，对我们进一步理解和掌握社会学解释及其重要性很有裨益。杨氏指出："社会学的解释，偏重于社会效果的预测及社会目的之考量。如社会目的明晰确定，则社会效果的预测有其目标，每一种解释可能产生的社会效果，何者最符合该目的，何者最为有效，均不难预测，其取舍之间，自具有相当的客观性。而且这种社会效果的预测，属经验事实的探求，以社会事实的调查为根据，亦具有科学性，自然切合时代潮流的需要。至于如有数目的发生竞合时，则属目的选择的范畴，应为'利益衡量'，才能解决，自不待言。"②

第三节 价值补充

为适应纷繁复杂的社会需求，制定法大量使用不确定概念和概括性条款。

① 梁慧星：《民法解释学》（第四版），法律出版社 2015 年版，第 245 页。
② 杨仁寿：《法学方法论》（第二版），中国政法大学出版社 2013 年版，第 183～184 页。

由于不确定概念和概括性条的内涵模糊性和外延开放性，法律只对其予以方向性的价值指示或抽象的价值限定，无法通过法教义学的一般解释方法来明确其含义、界定其外延。也就是说，适用不确定概念和概括性条款，以基于概念思维的传统涵摄模式（直接推论）客观上已成不可能，欲将其适用于系争案型必须予以价值补充。杨仁寿指出：不确定法律概念或概括性条款本身极为抽象，"恒需由审判者于个案中斟酌一切情事始可确定，亦即需由审判官予以价值判断，始克具体化。"① "此种透过法官予以价值判断，使其规范意旨具体化之法律解释方法，谓之价值补充。"② 概言之，价值补充是指法官于个案中通过价值判断，将不确定概念和概括条款予以具体化的独特法律解释方法。③ 那么，应当如何对不确定概念和概括性条款予以价值补充？

一、基础概念

价值补充的对象是不确定概念和概括性条款。所以在具体谈论价值补充之前，需要先明确何谓不确定概念和概括性条款。相关论著在不确定概念方面，内容和分类大体上不存在什么分歧，只是称谓上有所不同而已。而在概括性条款的范围宽窄方面的观点则不尽一致，本书以是否需要借助法外价值来补充为标准来界定范围。

（一）不确定概念

法律概念以内涵和外延是否确定为标准，区分为确定概念和不确定概念两大类。确定概念是指内涵和外延相对确定的法律概念；不确定概念是指内

---

① 杨仁寿：《法学方法论》（第二版），中国政法大学出版社 2013 年版，第 185 页。
② 尹建国：《行政法中不确定法律概念的价值补充——以对"社会效果"的考量和运用为中心》，载《法学杂志》2010 年第 11 期。
③ 关于不确定概念和概括性条款的价值补充在法律方法论中的定位问题，学界有解释说、续法说和独立说之争。以本书之见，将其定性为法律解释的独特方法为宜。价值补充与续法（法律续造）虽然都有引入法外价值的情形，但是续法填补因立法者的疏忽或未能预见导致法律漏洞和领域漏洞，而作为价值补充对象的不确定概念和概括性条款并非立法者的疏忽或不能预见的无意沉默，而是立法者为了适应复杂社会和社会发展的有意沉默。这是其一。其二，价值补充虽然在一定程度上借助法外价值，但是其仍然是对不确定概念或概括性条款之内涵解释和外延界定，其结果并不超出立法者对不确定概念或概括性条款的"价值限定"范围，只是方法上与传统的解释有所差异而已，因而仍然属于法律解释的范畴。何况法律诠释学的解释者的前见、社会价值的引入、规则与事实的相互关照等，是给传统的法律解释输入的新鲜"血液"、提供维新的方法。

涵或外延不明晰、难确定的法律概念。不确定概念依其不确定程度的不同，可进一步区分为外延封闭的不确定概念和外延开放的不确定概念两类。[①] 前者也称经验性或描述性不确定概念，是指不确定性仅在于内涵上，外延上却是封闭可确定的，因此在概念的精确度上接近于确定概念。危险、物、违法性、法律行为、直系血亲等就属于外延封闭的不确定概念。后者也称价值性或规范性不确定概念，其内涵和外延均是不确定的。合理、不合理、公平、显失公平、善意、恶意、重大事由、情节严重等就属此列。[②] 通常认为，需要由法官于个案中予以价值补充的不确定概念主要是指后者。其理由是："前者通常是对现实的直接反映和陈述，并不包含价值指引的因素，而后者则包含了立法者的价值取向。"[③] 不确定概念的最大特点，在于其内涵和外延的不确定性。正是由于不确定概念的这一特性，难以通过概念阐释、文义分析等法教义学的解释方法明确其内涵、确定其外延，必须通过价值补充的方法才能使其适用于系争案型（个案）。

（二）概括性条款

概括性条款也称一般条款，是指较为宏观、内涵扩展、外延开放的条文。诚实信用、公序良俗、禁止权利滥用、情事变更等条款，就属于概括性条

---

① 有论者对不确定概念的分类做如下总结：（1）学术界主流的观点，是将不确定法律概念划分为经验性不确定法律概念和价值性不确定法律概念两类。（2）从本质含义看，封闭的不确定法律概念、经验性不确定法律概念、描述性不确定法律概念、叙述性不确定法律概念系指同一类型的不确定法律概念；开放的不确定法律概念、规范性不确定法律概念、价值性不确定法律概念、需价值补充之不确定法律概念系另一同种类型的不确定法律概念。（3）经验性不确定法律概念与价值性不确定法律概念最核心的区别在于，两者的阐明方式（具体化手段）不同、存在状态不同：前者根据单纯之知觉或特定之经验（包括一般人的生活经验和专家的知识经验）即可被理解，其涉及可感觉的或可体验的客体；后者必须借助适法者的评价态度、价值衡量方能认识其意，且不存在可感知的客体。参见尹建国：《行政法中不确定概念的类型化》，载《华中科技大学学报（社会科学版）》2010 年第 6 期。

② 有论者指出："经验性概念与价值性概念一样，都有一个模糊的地带。""它既可以通过下定义的方式加以具体化，也可以通过案例的类型化来具体化。"而且，"经验性概念的事实类型化并不是脱离价值判断的，相反却是一定的价值预设下进行具体化的。"参见王贵松：《行政法上不确定法律概念具体化的具体化》，载《政治与法律》2016 年第 1 期。本书认为，此言不差，但该具体化或类型化以及价值判断尚不属于价值补充。不确定概念的价值补充的一个重要特点是，其所补充的价值是法外价值。而且，需要予以价值补充的不确定概念是无法用定义方式来具体化的。可见，经验性概念的具体化并不属于价值补充之列。

③ 王利明：《法律解释学》（第二版），中国人民大学出版社 2016 年版，第 307 页。

款。① 日本法学家我妻荣将一般条款定义为："一般条款又称为概括性条款，大致在两种意义上使用。①把法律上的要件制定为抽象的、一般的规定。其具体适用听任法官，具有灵活性，在根据社会情况变化可追求妥当性这一点上，是有特点的。私法上多用于这一意义。②公法上，例如'认为公益上有需要时'，指以不确定的概念为行政行为要件规定，也还有把与一定情形有关的情况统一整理为对象的规定。"② 概括性条款在成文法中居于重要地位，能够概括法律关系的共同属性，具有普遍的指导意义。③ 概括性条款包括两种类型：一是具有基本原则性质的概括性条款，最典型的是被称为"帝王条款"的诚实信用原则；④ 二是作为具体裁判规则的概括性条款，该类概括性条款存在于具体规则中。概括性条款的特点与类型式概念类似，外延上也是开放难以划定的。但它比类型式概念更甚的是，类型式概念至少还有可能的文义，而概括条款竟连可能的文义也没有，只是一个价值取向的指令。立法者只是为法官指出一个方向，要法官朝着这个方向去裁判。至于在这个方法上法官到底可走多远，则由法官依"价值"而判断。⑤

（三）兜底条款

有的论著将兜底条款也作为概括性条款的一种。例如，王利明教授在其《法律解释学》一书中就作如此区分："直接作为价值补充依据的一般条款，其通常不与具体列举发生联系，而直接独立地作为一般条款适用，如诚实信用、善良风俗等。作为兜底条款的一般条款，通常是与具体类型的列举相联

---

① 概括性条款在成文法中居于重要地位，能够概括法律关系的共同属性，具有普遍的指导意义。参见张新宝：《侵权责任法的一般条款》，载《法学研究》2001 年第 4 期。

② 张平：《〈反不正当竞争法〉的一般条款及其适用——搜索引擎爬虫协议引发的思考》，载《法律适用》2013 年第 3 期。

③ 参见张新宝：《侵权责任法的一般条款》，载《法学研究》2001 年第 4 期。

④ 具有基本原则性质的概括性条款在性质上具有双重属性，既可以作为概括性条款，又兼承担基本原则的功能。"避免向一般条款逃逸"中的"一般条款"，通常是指具有基本原则性质的概括性条款。参见王利明：《法律解释学》（第二版），中国人民大学出版社 2016 年版，第 312 页。对此说法，本书有这么三个方面的初步思考：（1）"避免向一般条款逃逸"中的"一般条款"，不宜限于具有基本原则性质的概括性条款，也应包括作为具体裁判规则的概括性条款。这是因为，在同为合法有效的一般条款与具体规范之间的适用选择上，均应采取具体规定优先适用的原则。（2）具有基本原则性质的概括性条款作为一般条款时，应受到"避免向一般条款逃逸"的限制；而当其发挥基本原则功能时，则具有指导乃至制约具体规范适用的作用，不宜以"避免向一般条款逃逸"抗拒基本原则的功能发挥。（3）重要的问题是，具有基本原则性质的概括性条款双重属性或功能各自适用的场合或条件。

⑤ 参见梁慧星：《民法解释学》（第四版），中国政法大学出版社 2015 年版，第 294 页。

系的一般条款，这种一般条款一定是以具体列举作为基础。"① 恩吉施在阐述一般条款时，多与列举条款对应，并认为两者可以相互补充："一个特别值得推荐的列举方法与一般条款的结合，是所谓的示例方法。"② 可见恩吉施也是将兜底条款（兜底项）作为一般条款（概括性条款）对待的。在笔者看来，概括性条款不宜包括兜底条款。概括性条款的价值补充，不仅需要隐藏于概括性条款背后之价值的指引，更需引入"与法律所对应之涵盖较广的社会价值"。而兜底条款作为例举式法律规定，对其进行解释应当遵循"只含同类"的同类解释（相当解释）规定。英国德累杰尔大法官将同类规则概括为："在列举的，但未被穷尽的可以被认为是某一种类的人或物之后发现有概括性用词时，对这些概括性用词的解释只能限于该种类的事物，除非该项法律的全文与总范围合理表明，议会意在赋予它们以更为广泛的含义。"兜底条款包括列举项和兜底项，其中兜底项本身没有实在的内涵。这种较为明确的列举项的内涵与外延且基于同类解释的要求，也就限定了兜底项的内涵与外延。因此，兜底条款并不符合概括性条款的特征，也无须通过价值补充来解释。鉴于此，本书所指的概括性条款不包括兜底条款。

二、模式概览

就本人所知，目前理论对不确定概念和概括性条款的价值补充主要有两种主张：一为"规范细化＋事实涵摄"，即不确定概念或概括性条款（规范）向系争案型（事实）单向靠拢的修正型涵摄模式；二是"规范细化＋事实抽象"，即规范细化与事实抽象交互进行对向靠拢的等置模式。此外，新近论者提出的事实归属的递进式符合模式，似乎重在事实向规则的单向靠拢。

（一）修正型涵摄

王利明将对确定概念和概括性条款的价值补充主要有三处的阐述。一是不确定概念的具体化。③ 称"不确定概念的具体化，是指通过法律解释的过程，使不确定概念的内涵和外延得以明晰，从而能够作为裁判依据，适用于

---

① 王利明：《法律解释学》（第二版），中国人民大学出版社 2016 年版，第 313 页。
② ［德］卡尔·恩吉施：《法律思维导论》（修订版），郑永流译，法律出版社 2014 年版，第 151 页。
③ 详见王利明：《法律解释学》（第二版），中国人民大学出版社 2016 年版，第 308～310 页。

具体个案"；"在适用不确定概念的情形，只有通过类型化等具体化的办法，才能确定司法三段论的大前提"；"在具体化的过程中，法官应当考虑立法目的，结合个案情事等，采取各种方法以明确不确定概念的含义"；"在不确定概念的具体化的过程中，法官应当考虑待决案件的具体情况，得出妥当的价值判断结论"。① 二是一般条款的具体化。② 称"所谓一般条款的具体化，就是指将一般条款所涵盖的情况类型化，使之可适用于特定的具体案件"。③ 三是类型化的具体运用。④ 划分为五个步骤：①确定拟解释对象是否属于不确定概念和一般条款；②从立法目的考量，确定立法者适用这一概念和条款是否旨在适应社会的变化，使其具有更宽泛的适用范围；③归纳和概括；④类似性比较；⑤完成涵摄。

（二）对向型等置

黄茂荣在"概念间之关联的构成：类型化"部分的阐述为："概念的关联可以利用两种方法发现之：（1）利用枝分由上而下；（2）利用总结由下而上加以类型化。在第一种过程，一个一般的概念在其可能的内容范围内向下枝分以获得下位概念，这些下位概念予以一再地往下枝分，其结果就是最特别的概念也可以从最上位的概念导引出来。反之，根据第二过程，既存之个别的事物可以经由突出其共同的特征归入集合，各集合更可以同样的方式利用愈来愈一般之概念，构成涵盖愈来愈广之集合。该能够将整个领域涵盖进来之概念立于概念塔的顶端。"⑤ 在"利用类型模组"部分称："类型可分别为归纳或具体化之结果，当处理或观察之对象接近于具体生活，利用归纳认识其共同特征将之类型化，以进一步认识其间更根本的道理。当处理或思考之对象接近于价值，利用解析体认其具体内涵，使之接近于实际的生活。所以类型化为体系形成上使抽象者接近于具体、使具体者接近于抽象的方法。"⑥

---

① 王利明教授认为，法官对不确定概念运用价值补充方法时主要应当考虑四种因素：一是法律条款中的相关规定；二是立法目的和立法意图考量；三是社会生活经验的运用；四是价值判断。详见王利明：《法律解释学》（第二版），中国人民大学出版社 2016 年版，第 309～310 页。

② 详见王利明：《法律解释学》（第二版），中国人民大学出版社 2016 年版，第 315～317 页。

③ 王利明教授认为，在一般条款具体化过程中，首先要确定一般条款的具体适用范围；其次要从案件的积累出发，找出特定的典型案件类群，进行类型化处理；最后要认定个案情况并与特定案件类型相联结。详见王利明：《法律解释学》（第二版），中国人民大学出版社 2016 年版，第 316～317 页。

④ 详见王利明：《法律解释学》（第二版），中国人民大学出版社 2016 年版，第 323～327 页。

⑤ 黄茂荣：《法学方法与现代民法》，中国政法大学出版社 2001 年版，第 434～435 页。

⑥ 黄茂荣：《法学方法与现代民法》，中国政法大学出版社 2001 年版，第 472 页。

（三）递进式符合

我国学者提出案件事实归属的递进式符合模式："若能够证明待决案件事实与构成要件指陈的要件事实在事实特征上相符合，则无需辅之以价值论证，便应当把案件事实归属在构成要件之下（事实论证）；如果事实特征无法证明相符合，就应当递进到证明对案件事实的价值判断是否符合法律规则的价值预设：若符合，便将案件事实归属在构成要件之下，反之则不予归属（价值论证）。""递进式符合模式的核心要义在于，在事实论证阶段要尽可能减少不确定性的主观因素影响，要求法官在该阶段不得介入或者过多掺杂基于个体认知与价值评价等不确定因素的法律解释。"该模式对于事实论证和价值论证的要点有：①"论证待决案件事实与法律构成要件指陈的要件事实是否相符合，主要是论证待决案件事实的事实特征是否与要件事实的事实特征相符合"；②"事实论证应当受到普遍感知与经验的制约"；③"价值论证的论证对象为：证明赋予个案事实以规则之法效果是否能够实现规则之价值目标"；④"在归属论证中，事实论证要求对要件事实进行分析、描述，而价值论证则重新修正要件事实的事实边界"。①

三、等置模式

在上述三种模式中，修正型涵摄与对向型等置两种模式都运用类型化理论，但修正型涵摄模式由规范向事实的单向靠拢比对向型等置模式的对象靠拢起码在技艺上略逊一筹，而递进型符合模式能否运用于不确定概念和概括性条款的价值补充上尚待斟酌。本文倾向于对向型等置模式，而该模式实质上就是价值补充的法律诠释学模式。②

---

① 黄泽敏：《案件事实的归属论证》，载《法学研究》2017 年第 5 期。

② 本书认为，对不确定概念与概括条款的价值补充应该是个法律诠释的过程：规范具体化与事实类型化的等置作业。而在这个过程中，价值得以补充，规范得以适用。按照德国法理学家齐佩利乌斯的表述便是："这是一个法律规范面对当前的生活现实'具体化'的过程，在这过程当中需要在规范及与该规范有关的事实之间进行'眼光的往返流转'。在这过程中，规范的适用范围在对具体案件作出正义解决的追求的指引下被进一步界定。"参见［德］齐佩利乌斯：《法学方法论》，金振豹译，法律出版社 2009 年版，第 142~143 页。郑永流的说法则是："在法律发现中，由于事实与规范不对称，在通过推论得出判断之前，先要对事实与规范进行等置，使事实一般化，将个案向规范提升，将规范具体化，使规范向个案下延，并在两者之间来回审视，螺旋式向上发展，这就是等置模式。"参见郑永流：《法律判断形成的模式》，载《法学研究》2004 年第 1 期。

（一）规范具体化

王泽鉴指出："法的实现乃是一个基于法之理念，经由制定法，而在法院判决中实践的具体化过程。"① 郑永流的说法更为具体明了："规范总是表现为一般，将规范具体化就是把规范向个案下延，看其是否能满足个案的要求，甚至在既有规范不能或不能完全适应事实时，去创立新规范。或者，通过考虑到对案件的解释，从规范中形成具体的案件规范。"② 不确定概念和概括条款的具体化，"就是指以不确定概念和一般性条款所表征的价值为特征，然后把符合该特征的对象尽可能详细列举出来，接着依照它们的相似程度对这些对象进行分类。这样一来，这些类型相对于不确定概念和一般性条款就更为具体，而相对于待决案件的事实却较为抽象。"③ 于是"类型是建立在一般及特别间的中间高度，它是一种相对具体，一种在事物中的普遍性。"④ 通过这样的具体化，不确定概念和一般性条款才可以与具体案件的事实对接起来。⑤ 规范的具体化的逻辑基础，可以从两个角度来考察。一是划分。即以对象（规范）的一定属性作标准，将一个属概念（规范）的外延分成若干种概念（类型）以明确其外延。⑥ 二是限制。即通过增加概念（规范）内涵而缩小其外延，由属概念（规范）向其种概念（事实）的过渡。⑦

---

① 王泽鉴：《民法思维：请求权基础理论体系》（最新版），北京大学出版社 2009 年版，第 193～194 页。

② 郑永流：《法律判断形成的模式》，载《法学研究》2004 年第 1 期。

③ 陈文华：《"民意"进入司法判决的基本依据——基于法哲学、法理学和司法解释视角》，载《中南大学学报（社会科学版）》2013 年第 5 期。

④ ［德］考夫曼：《法律哲学》，刘幸义等译，法律出版社 2004 年版，第 190 页。

⑤ 在不确定概念和概括条款的价值补充方面，规则的类型化主要指把已经具体化了的下位规则，作为类型以供具体案件依其而为认定。

⑥ 划分应当遵守四项规则：（1）划分必须是相应相称的。违反这条规则所犯的逻辑错误，或是"划分不全"，或是"多出子项"。（2）划分出的子项必须互相排斥，否则会犯"子项相容"的逻辑错误。（3）每次划分必须按同一标准进行。违反这条规则会犯"标准不一"的逻辑错误。（4）划分应当按层次逐级进行、违反这条规则会犯"层次不清"或"越级划分"的逻辑错误。

⑦ 类型化理论中的规范具体化，相对应的逻辑基础应为划分。然而，规范具体化与其说仅仅是划分（类型化），不如说是划分与限制的结合。因为概念（规范）的外延与内涵具有反变关系，规范通过划分而类型化的结果也就使得规范的内涵增加；而且规范类型化是要面向并趋近系争案型（个案，事实），这样就要排除与个案事实不相符合的类型，最后只留下与个案事实相符合的一个类型适用于个案。这一过程中，实际上是先对规范进行划分，而后对规范予以限制。两者的结合最终使得规范适用于个案。

（二）事实抽象化

郑永流指出："因为事实总是表现为个案，将事实一般化就是把个案向规范提升，看其是否存在规范中行为构成规定的要素，判断者在对事实的描述中总是联系到规范来选择事实，排除与规范无关的事实。"[①] 案件的事实抽象化是一种归类比较的方法，但它不是简单的比较，而是在一定价值原则和观点的指导之下进行的。在这个过程中，需要达到两个相符才可以将系争案型归入规范调整：一是事实相符；二是价值相符。事实相符是指经过类型化的案件事实与经过具体化的要件事实相符合；价值相符是指经过类型化的案件事实的价值与经过具体化的要件事实的价值相符。所谓经过具体化的要件事实的价值，包括不确定概念和一般性条款固有的价值限定，[②] 即隐藏于法律概念（或条款）后面的价值，以及已经补充的价值——与法律所对应之涵盖较广的社会价值。与规则具体化不同，事实抽象化的逻辑基础是归摄与概括两种。所谓归摄，顾名思义就是将处于下位的事物归属于处于上位的事物，而作为上位事物之隶属物。[③] 概括即通过减少概念（事实）的内涵扩大其外延，由种概念（事实）向属概念（规范）靠拢。

（三）诠释学循环

法律诠释学循环中的等置，是事实与规范相互关照，目光在事实与规范之间来回审视。等置过程同时是将事实与规范不断拉近、靠拢的过程。郑永流指出："在法律发现中，由于事实与规范不对称，在通过推论得出判断之

---

① 郑永流：《法律判断形成的模式》，载《法学研究》2004 年第 1 期。

② 有论者认为："尽管不确定概念和一般性条款十分抽象模糊，但并不意味着它们空泛得毫无内容，相反，立法者已对它们进行了价值限定。因此，法官只能在立法者的价值限定内进行价值补充。立法者的价值限定正如一个框，法官只能在框内造法，而不能超越于框外。"然而，"不确定概念和一般性条款的价值限定得非常宽泛，这就留给法官巨大的自由裁量空间。如果不对此加以应有的限制，那么难以避免的是，法官很可能以他本人的是非观代替社会大众的是非观、以他个人的正义僭越普遍正义。果真如此，不仅法律的精神将会面目全非，法治的原则也将惨遭颠覆。正因如此，法官对不确定概念和一般性条款的价值补充必须遵循民意。"参见陈文华：《"民意"进入司法判决的基本依据——基于法哲学、法理学和司法解释视角》，载《中南大学学报（社会科学版）》2013 年第 5 期。

③ 归摄与归类不同。归类是指将某种事物置于与其同类或类似的事物同一行列。形象地说就是：归类是加入"兄弟"行列，归摄则是结成"父子"关系。法学用语上也将归摄定义为："这种对规范的构成要件要素是否在事实情况当中再现的审查，人们称之为归摄：事实情况被归摄到构成要件之中。"载 http://dict.youdao.com/w/%E5%BD%92%E6%91%84/。

前，先要对事实与规范进行等置，使事实一般化，将个案向规范提升，将规范具体化，使规范向个案下延，并在两者之间来回审视，螺旋式向上发展，这就是等置模式。"① 德国学者齐佩利乌斯对此作了细致的描述，他说："在事实与规范之间来回审视中，要不断地排斥不相干的事实、解释的可能性和规范：在开始常常存在一个大致的归并，它考虑的是值得检验的规范、解释的选择和事实情况的一个大范围。然后，不断缩小法官作出判断所凭借的可能的大前提：首先，处在斟酌中的一些规范被视为'在此无关'，在那些处在紧密选择中的规范的内部，考虑到事实的解释被拟订、确切化，并在诠释考量中被挑选。同时，从大量事实情况中挑出'相关的东西'（即根据被解释的规范可推论的东西）。在全部的这些步骤中仍存在着相关性。所以，一方面，具体的事实情况也同时决定着对规范的解释朝何方向继续前行；另一方面，被解释的规范，对于哪些事实情况最终被确定为是相关的，起着标准的作用。"②

四、价值判断

要对不确定概念和概括条款予以价值补充，也就必须进行价值判断。所谓价值判断，简单地说是依一定的价值标准对某一事物所作的应当这样或不应当是这样的评判。按照王利明教授的讲法就是："所谓价值判断，就是指在裁判过程中根据一定的价值取向以判断争议所涉及的利益，实现法律所追求的公平正义。"③ 价值判断应当贯穿于对不确定概念和概括条款作价值补充的始终，④ 并且应当注意以下三个方面的要求。

---

① 郑永流：《法律判断形成的模式》，载《法学研究》2004 年第 1 期。
② 转引自郑永流：《法律判断形成的模式》，载《法学研究》2004 年第 1 期。
③ 王利明：《裁判方法的基本问题》，载《中国法学教育研究》2013 年第 2 期。
④ 传统的解释学对于事实解释与价值解释有这么一个规则：事实解释在先，价值解释在后。参见黄泽敏：《案件事实的归属论证》，载《法学研究》2017 年第 5 期。而在文本解释与价值判断方面，则有这样的说法："价值判断更加靠前，先有价值判断后有解释活动，价值判断决定着法律解释的路径。"参见邹海林：《私法规范文本解释之价值判断》，载《环球法律评论》2013 年第 5 期。而根据法律诠释学的主张，事实解释与价值解释、文本解释与价值判断不可能截然分开，事实解释和文本解释都需要以价值为指引，价值解释（判断）需要面向事实和文本。与其将两者割裂开来，不如将两者交互进行。

（一）判断客观性

这主要是指价值判断的标准应当是客观的，而不应以个人感情而为判断。至于究竟什么是价值判断的客观标准，王泽鉴认为："具体化的价值判断，应参酌社会上可以探知、认识的客观伦理秩序及公平正义原则"。[①] 杨仁寿重述王泽鉴的观点："须适用存在于社会上可以探知认识之客观伦理秩序、价值、规范及公平正义之原则，不能动用个人主观的法律感情。"[②] 而黄茂荣在介绍价值法学派观点时引述："在法律的解释上，法官所为者当然非脱离法律之独立的价值判断……而是以已经成为法律之基础的内在价值判断为其依据，从而在此限度内法律解释与价值有关。鉴于法官所作之价值判断应以立法者利用法律所追求之目的为基础，因此'目的方法'本身构成'价值批判的方法'的一部分。"[③] 尹建国博士认为："在进行价值补充时，适法者除必须考量法规范因素外，还应考量大量的道德、政策、习惯、伦理秩序等法规范外因素。……对我国来讲，对法规范外因素的考量，主要集中于对法律适用社会效果的关注和评价之上。"[④] 需要指出的是，这里的"客观标准"只可能是相对的，因为不论是"立法目的"还是"社会价值"，其本身就或多或少含有主观的成分。[⑤]

（二）说理充分性

任何种类的规范解释与适用都应当充分地进行说理，在对不确定概念和概括条款的价值补充时更应加以强调。"不确定法律概念具体化'商谈理性'诠释模式认为，通过强调维护'获得答案的过程或程序'的'合乎理性'，通

---

① 王泽鉴：《民法思维：请求权基础理论体系》（最新版），北京大学出版社 2009 年版，第 194 页。

② 杨仁寿：《法学方法论》（第二版），中国政法大学出版社 2013 年版，第 185～186 页、第 249 页。

③ 黄茂荣：《法学方法与现代民法》中国政法大学出版社 2001 年版，第 447～448 页。黄茂荣这里引述的内容虽然是针对"法律解释"，但是在对不确定概念和概括条款的价值补充上也应同样适用，即其价值判断的标准应包括隐藏于法律之内的立法价值（目的）和作为法律基础的社会价值。从价值判断的目标上说，也就是所谓的"合目的性"和"合正当性"。

④ 尹建国：《行政法中不确定法律概念的价值补充——以对"社会效果"的考量和运用为中心》，载《法学杂志》2010 年第 11 期。

⑤ 更何况人们在对"价值"的认识、探知和判断（评价）选择时并不完全借助于理性分析和逻辑推理，还免不了相当程度地受到信念、态度、愿望、兴趣、目的和偏好等感情因素的指引。因此，我们所应当强调的是在进行价值判断时尽量做到客观地认知价值，尽可能地克服主观判断因素，不使"价值判断"成为纯粹的"情感呼喊"。

过强调解释主体考量因素的充分性和必要性，通过强调'解释者对其解释和判断的理由作出说明和展示的责任'，可以实现具体化结论的合法性和正当性。"① 卡罗尔·哈洛、理查德·罗林斯指出："理由是对武断决定的一种制约，即使决定是不利的，利害关系人也可能被理由所说服，接受该决定是对裁量权的合理的、无偏见地行使，如果该决定理由充分，那么审查机关将能更多地理解该决定；公众对决定程序的信任，因了解必须说明可支持的理由而提高。"② 杨仁寿还指出："法官将不确定的法律概念具体化，并非为同类案件确定一个具体的标准，而是 case by case，随各个具体案件，依照法律的精神、立法目的，针对社会情形和需要予以具体化，以求实质的公平与妥当。因之，法官于具体化时，须将理由述说明确，而且切莫引用他例，以为判断之基准。"③

（三）与时俱进性

与时俱进即法官在进行价值判断时，应注意社会一般观念及伦理标准等的变迁，切不可以陈旧落后的价值来作"现时"事物的判断标准，这是不确定概念和概括条款的开放性特征的本能性体现以及其以应不备的功能性要求。④ 例如，我国台湾地区"民法"第976条规定得解除婚约理由之九是"有其他重大事由者"，此系不确定概念，应由司法予以价值补充。过去的判例，认定订婚时发现女方已非处女，构成"有其他重大事由"而解除婚约。但在1980年台上字第48号判决则认为：依现代社会一般观念，订婚前已非处女，不构成解除婚约的"重大事由"。这一判例在对"女方在订立婚约时已非处女"这种具体案型是否属于得解除婚姻的"重大事由"进行价值判断时，"依现代社会一般观念"为其判断根据，这正是体现价值补充的与时俱进的精神。

---

① 尹建国：《不确定法律概念具体化的说明理由》，载《中外法学》2010年第5期。

② 参见［英］卡罗尔·哈洛、理查德·罗林斯：《法律与行政》（下卷），杨伟东等译，商务印书馆2004年版，第963～964页。转引自尹建国：《不确定法律概念具体化的说明理由》，载《中外法学》2010年第5期。

③ 杨仁寿：《法学方法论》（第二版），中国政法大学出版社2013年版，第186页。杨仁寿先生"切莫引用他例，以为判断之基准"的观点，似乎还值得商榷。我国已经实行案例指导制度，引用他例以为判断基准似为允许乃至倡导。

④ 价值补充与共时解释或社会学解释极为相似，然而区别还是存在的："不确定概念和概括性条款是立法者有意为之，而社会学解释的对象并非如此。运用社会学解释方法，法官不会像运用价值补充方法那样有较大较多的自由裁量权，只能在法律效果和社会效果之间作出选择。"参见袁春湘：《社会学解释方法在案件裁判中的运用》，载《法律适用》2011年第11期。

此外，还需对这一过程所形成的案型加以案例化，以作为其他待处理案件的比较基础。只有如此，价值补充在这里才能充分发挥其功效。正如齐佩利乌斯所指出的："人们（在解决具体案件的过程中）对评价性问题的回答也应能适用于将来的同类型案件。"①

---

① ［德］齐佩利乌斯：《法学方法论》，金振豹译，法律出版社 2009 年版，第 144 页。

第四章　限扩解释：概念重述与操作规则

第一节　语义分域

语词含义不仅有普通含义和专业含义之别（语义属性分类），而且有核心含义、通常含义和边缘含义之分（语义层次或领域划分）。后者是限扩解释乃至法律类推、目的性限扩的学理基础与基本前提，有必要将其作为本章的首节加以介绍。

"英国法哲学家哈特提出了一个著名的划分，即区分规则清晰的中性地带（核心地带）与存在争议的边缘地带（阴影地带）。"[①] 这里所指的是哈特在其《法律的概念》一书中所阐述的法律规则或法律概念含义的两分法。哈特认为，每一个法律概念都由"核心地带"与"边缘地带"两部分组成，在"核心地带"概念是明确而可知的，在"边缘地带"概念是模糊而充满歧义的。[②]维廉斯在其《语言与法律》一书中也指出："构成法文的许多语言或多或少总有不明确之处。语言的核心部分，其意义固甚明确，但愈趋边缘则愈为模糊。语言边缘之处的"边缘意义"一片朦胧，极易引起争执。"[③]

另一种在国外很是流行的划分法是"三领域模式"，即把描述性规范要件的模糊表达划分为肯定的候选、否定的候选和中性的候选等三个候选项："对

---

① ［美］弗里德里克·肖尔：《像法律人那样思考：法律推理新论》，雷磊译，中国法制出版社2016年版，第20页。

② 参见 ［英］哈特：《法律的概念》，许家馨、李冠宜译，法律出版社2006年版，第124～140页。

③ 转引自杨仁寿：《法学方法论》（第二版），中国政法大学出版社2013年版，第113页。

于一些对象，能够明确这个有疑问的表述适用于它们（肯定的候选）；同样，对于其他一些对象，能够明确这个表述无疑不能适用（否定的候选）；而对于剩下的最后一类对象，不能确定是否适用（中性的候选）。"① 英格博格·普珀作了相似的表述："那些可清楚地被包摄到概念下的对象或者案例，也就是所谓的'肯定（积极）选项'，组成了概念核心。位于这个概念之外，亦即那些明显不会落入这个概念的情形，则是'否定（消极）选项'。概念外围，则是由'中立（中性）选项'所组成。"②

与"三领域模式"类似的三分法，还有佩岑尼克的三地带说和前田雅英的三层次说。瑞典学者亚历山大·佩岑尼克把法律概念的语义划分为三个地带：①语言学上概念的无争议的核心意义地带；②规则适用的外围地带；③可能属于核心地带也可能属于外围地带的不确定的部分。③ 这里的三个地带，似与"三领域模式"中的"肯定的候选"、"否定的候选"和"中性的候选"依次对应。日本刑法学者前田雅英教授试图根据"构成要件符合性"和"处罚的必要性"相结合的标准对法律概念（或刑法用语）"可能具有的含义"作出语义层次的划分，包括三种情况：第一种情况是一般人都能预想到的含义，这部分含义是语义层次的核心部分，相当于文义解释所指向的"核心含义"；第二种情况则是一般人都难以想象到的边缘部分，相当于佩岑尼克所指的意义的外围地带；第三种情况则是介于前两者之间的中间部分，这一部分意义虽然超出了由日常语言界定的最常用意义范围，但仍属可理解的范畴。④

由于大部分由语词表达的法律概念是抽象和存在歧义的，语词的通常含

---

① ［奥］恩斯特·A. 克莱默：《法律方法论》，周万里译，法律出版社 2019 年版，第 29～30 页。上述引文读起来有点儿拗口，且不好理解，这里附上戴津伟先生的表述："对于一些对象而言，我们能够明确某个概念确定地适用于它们，这种情形属于肯定的候选；对于其他一些对象，能够明确这个概念无疑不能适用于它们，这类情形被称为否定的候选；对于剩下的对象，不能确定是否适用，因此被称为中性的候选。"参见戴津伟：《克莱默〈法律方法论〉之文义解释篇读书笔记》，载读书笔记交流（微信号：Reading—Note），2019 年 6 月 10 日推送。

② ［德］英格博格·普珀：《法学思维小学堂——法律人的 6 堂思维训练课》，蔡圣伟译，北京大学出版社 2011 年版，第 53 页。

③ 参见姜福东：《扩张解释与限缩解释的反思》，载《浙江社会科学》2010 年第 7 期。

④ 魏治勋：《法律解释的原理与方法体系》，北京大学出版社 2017 年版，第 191～192 页。对于日本刑法学家前田雅英的这种观点，王政勋教授的评价是：这一观点受到国内刑法学界的肯定，但根据认知语言学，在范畴中并不存在什么"一般人都难以想到的边缘部分"，如果一般人都难以想象到，那还能属于该范畴吗？它只能属于另一个范畴。如果一般人都难以想象得到，法官又是根据什么作出如此想象的？法官如果认为这种情况属于该范畴，那他的想象也未免太离奇了，就像把西红柿想象成"木材""金属"的边缘部分一样。参见王政勋：《刑法解释的语言论研究》，商务印书馆 2016 年版，第 188 页。

义还有时空上的差异，也即有随时间的推移而具有与时俱进性（共时性）和因地域的不同而具因地差异性（地域性）。尤其是一些立法用语以通常含义理解与其立法原意相去甚远（此所谓立法上的词不达意），因而产生解释上的"弊端"。在此情形，就需要根据立法原意或其他的解释方法对立法用语的普通含义进行限缩或扩张，将该立法用语限于其核心含义（比通常含义窄但不损及该用语的文义核心）或者采用其边缘含义（比通常含义广但不超出该用语的文义射程），这就是所谓的限缩解释与扩张解释。分开来说，所谓限缩解释是采用比通常含义窄的含义，扩张解释则是采用比通常含义宽的含义。前者有如把"父母有抚养子女的义务"中的"子女"限于不能独立生活的子女，后者有如把作为盗窃对象的财物扩至无体财产如电流之类。

　　文义的限扩解释虽然说也可属于基于文面解释的一种，但它是酌量其他诸如立法原意解释、目的解释等多种解释而得的综合结果性的解释。换句话说，它是一种既基于文本又超越文本性解释规则的综合性解释。因此有的论者认为它只是解释的结果而不是解释的方法。例如苏力就认为："通常所谓的扩大解释和限制解释只是基于解释的后果对解释的分类，而根本不是一种方法，即无法指导具体的解释。它无法告诉我们在什么时候，针对什么问题作出扩大或限制解释，它既必须基于文面解释，又必定要考虑到立法原意、目的和实施的后果。"[1] 不过依本书之见，限扩解释本身也是有一定的操作规则的，因而将其作为一种解释方法予以阐释也未尝不可。[2]

-----

[1] 苏力：《解释的难题：对几种法律文本解释方法的追问》，载梁治平编：《法律解释问题》，法律出版社 1998 年版，第 55 页。

[2] 魏治勋教授对扩张解释和限缩解释在法律解释诸方法中的地位及其与其他解释方法的关系方面的认识做了归纳："关于这一问题主要存在三派意见：第一种观点认为，扩张解释和限缩解释属于文义解释的具体方法。其中谢晖教授认为，字面解释、限缩解释和扩张解释是同属文义解释的三种并列的解释方法，分别在各自不同的场域发挥着释明法律意义的功能。陈金钊教授在对文义解释做广义理解的基础上，认为扩张解释、限缩解释和语法解释、词义解释、体系解释、当然解释等同属文义解释，因为这些方法都是根据法律语词的含义和语法规则探讨法律规范的意义。第二种观点认为，扩张解释和限缩解释属于论理解释的范畴，而论理解释则是和文义解释并列的法律解释方法。梁慧星认为，扩张解释和限缩解释属于论理解释，而后者与文义解释、比较法解释和社会学解释同为法律解释的主要类型。郑玉波则将法律解释方法划分为文理解释和论理解释两大类，扩张解释、限缩解释、反对解释和类推解释同为论理解释之下的具体解释方法。第三种观点，则将扩张解释与限缩解释排除于法律解释方法之外。其基本依据，认为扩张解释与限缩解释是根据法律解释的自由度进行的分类，因而不属于法律解释方法本身的类别；同时鉴于这两种方法所导致的对于法律意义扩张或收窄的理解，都必须基于对立法意图的理解才能得到确立，而这就必须要依赖于其他方法，因而扩张解释和限缩解释不称其为独立的解释方法。"参见魏治勋：《法律解释的原理与方法体系》，北京大学出版社 2017 年版，第 188～189 页。

第二节 扩张解释

一、概念界定

（一）国内讲法

对于扩张解释（扩大解释），各种讲法不一、互相冲突，而且其各自内部也常常是自相矛盾、难以自圆其说的。对此，魏治勋教授作了例举：[①] 占主流的认识认为所谓扩张解释，是指法律条文之文意过窄，不足以表示立法真意，乃扩张法律条文之文意，以求正确阐释法律意义内容的一种解释方法。[②] 还有学者认为："扩张解释指的是，法律规范的文意过于狭窄，不足以表示立法的意图，遂扩展其含义（包括内涵和外延），使其适用于法律规范的文意所不能包括而又符合立法意图的事项。"[③] 与前述两种观点完全不同，有论者将扩张解释界定为：所谓扩张解释，是指为贯彻立法宗旨将法律条文的文意所涵盖的范围，排除在法律条文的适用范围之外。

魏教授对这些讲法作了如下评论：从这三种界定来看，它们在理论内涵上分别暴露出三个方面的问题。第一种界定有语义上的同义反复之嫌，同时，将扩张之后的法律意义想当然地视为与立法者意图相符，不仅缺乏理论上的根据，在论证上也有难度，而且可能会将这两种方法本身置于无所凭依的不合理境地。第二种界定则将扩张解释所能框定的法律意义范围扩张到了法律规定的文意之外，显然缺乏理论上的合理性，在实践中亦不具有合法性。第三种对扩张解释概念的界定，直接与人们对这两个语词的字面理解或常识认识相违背，以至于扩张解释后的法律意义反而被限缩了。[④]

---

① 魏治勋：《法律解释的原理与方法体系》，北京大学出版社 2017 年版，第 187～188 页。
② 参见王利明：《法律解释学》（第二版），中国人民大学出版社 2016 年版，第 239 页。
③ 姜福东：《扩张解释与限缩解释的反思》，载《浙江社会科学》2010 年第 7 期。
④ 参见魏治勋：《法律解释的原理与方法体系》，北京大学出版社 2017 年版，第 188 页。

本书再举下列三种讲法并作简评。

首先，杨仁寿的讲法。定义："扩张解释，系指法律规定之文义，失之过于狭隘，不足以表示立法之真义，扩张法文之意义，以期正确适用而言"。要求：扩张解释中的"扩张"应在文义之"预测可能性"之内或称"在文义射程之内"，"如所扩张之文义，非原有文义所能预测，已超出射程之外，则已不能为扩张解释，仅能为目的性扩张"。例子："鸦片"作扩大解释，可以包括"鸦片之烟灰"。①

其次，梁慧星的讲法。定义：扩张解释"指法律条文所使用的文字、词句过于狭窄，将本应适用该条的案件排除在它的适用范围之外，于是扩张其文义，将符合立法本意的案件纳入其适用范围的法律解释方法。"要求："扩张解释有一个限度，就是法律条文文义的最大范围，叫文义射程。"例子：将民法通则第 93 条规定的无因管理"必要费用"，扩大解释到"直接支出的费用"和"受到的实际损失"，而不论是否属于"必要"。②

最后，雍琦等的讲法。定义："所谓扩张解释，就是法律条文的范围过于狭窄不足以表示法律规定意旨，从而对法律条文的文义范围予以扩大，以求正确地阐明法律规定的意义和内容的法律解释方法"。要求："扩张解释就是概念的概括这一逻辑方法在法律解释中的运用，即由所要解释的法律条文中的种概念过渡到被解释的事实上的对象（属概念）"；"如果所要解释的法律条文中的概念（A）与被解释的事实上的对象（B）之间不具有从属关系（种属关系或属种关系），而是同级并列关系，则既不能进行扩张解释，也不能进行限制解释"。例子："伪造车票、船票、邮票、税票、货票"与"伪造飞机票"是反对关系，不能通过扩大解释将"伪造飞机票"包括在前者之内。③

上述三种讲法的问题主要出在"含义过窄"的含义之所指和扩张解释的限度两个方面。一方面，法律词语或条文的含义，按照传统的两分法包括普通含义与边缘含义。如果以法律词语或条文的整体含义包括边缘含义作为"含义过窄"的判断对象，那么要扩张其含义只能在该过窄语词或条文的"文

---

① 参见杨仁寿：《法学方法论》（第二版），中国政法大学出版社 2013 年版，第 150～151 页。

② 梁慧星：《裁判的方法》（第 3 版），法律出版社 2017 年版，第 160～168 页。梁慧星对扩张解释的新定义是："指法律条文之文义失之过于狭窄，不足以表示立法真意，乃扩张法律条文之文义，以求正确阐释法律意义内容之一种解释方法。"参见梁慧星：《民法解释学》（第四版），法律出版社 2015 年版，第 224 页。

③ 雍琦主编：《法律适用中的逻辑》，中国政法大学出版社 2002 年版，第 294～297 页。

义射程之外"来扩张，怎么可能又限制在"文义射程之内"呢？依本书之见，只有以法律词语或条文的通常含义（平义）为"含义过窄的判断对象，扩张解释才有可能在该词语或条文的"文义射程"（边缘含义）之内进行。另一方面，按照雍琦等人关于从种概念向属概念的扩张观点，这样扩张解释已经超出了法律词语或条文的"文义射程"。而且，依雍琦等人的观点，"车票、船票、邮票、税票、货票"的扩张解释应该是扩至其属概念"有价票证"。而"飞机票"正是"有价票证"这个属概念之种概念，依雍琦等人的观点应属被扩张之列，怎么又不能被扩张解释进去呢？

（二）国外观点

恩斯特·A. 克莱默基于"三领域模式"做了这样的阐述："如果语义边缘地带的候选不被涵摄，也就是该规则限定在肯定的候选（概念核心）范围之中，就是限缩解释；如果中性的候选包括在内，则是扩张解释。在类推适用的情况下，否定的候选——基于相同的评价基础——也受制于法律规定。"[1]从该阐述可以看出，克莱默认为扩张解释只能扩张到"不能确定是否适用"中性的候选，而不能僭越到"能够明确这个表述无疑不能适用"的否定的候选。

英格博格·普珀认为："如果中立选项在此观点下和某个肯定选项相似，就支持我们对于这个法律概念作出较宽松的解释，把中立选项一起含括进来。相反，如果在这个观点下，中立选项和否定选项相似，就是一个支持紧缩解释的论据，也就是我们应该将这个概念解释成不再包含这个中立选项。"[2] 引文中的"较宽松的解释""紧缩解释"，分别为扩张解释、限制解释。可见，普珀的观点与克莱默的观点相同，但多了"在此观点下"[3] "相似"之要求，可使限扩解释减少随意性。

亚历山大·佩岑尼克把法律概念的语义划分为核心地带、外围地带和不确定部分等三个地带如前所说。佩岑尼克认为："扩张解释相比于文义解释，

---

① ［奥］恩斯特·A. 克莱默：《法律方法论》，周万里译，法律出版社 2019 年版，第 31 页。

② ［德］英格博格·普珀：《法学思维小学堂——法律人的 6 堂思维训练课》，蔡圣伟译，北京大学出版社 2011 年版，第 53～54 页。

③ 这里的"在此观点下"，即该书所指的："把中立选项拿来和那些可清楚被包摄到法律中的案例（也就是肯定选项）相比，或者是以之和那些明显不能包摄到法律中的案例（也就是否定选项）相比，用来比较相关案例的着眼点，就是法律的意义与目的。"［德］英格博格·普珀：《法学思维小学堂——法律人的 6 堂思维训练课》，蔡圣伟译，北京大学出版社 2011 年版，第 53 页。

不仅涵盖了其所适用的核心地带，而且涵盖了不存争议的外围地带以及与之相邻的不确定领域；虽然这些意义领域可能超出一般人的预测范围，但在语言学上仍旧是可以阐释的和可以接受的。"① 按照这种说法，扩张解释可以扩到本不属于"文义射程"的"外围地带"。要是如此，那扩张解释与目的性扩张乃至类推解释就没有区分的意义了。

前田雅英教授根据"构成要件符合性"和"处罚的必要性"相结合的标准，对法律概念（或刑法用语）"可能具有的含义"作出三个层次的语义划分。依其观点，对于一般人难以预料可将其内容融入该概念之中的周边部分，要否定构成要件该当性；对于无论是谁都能从其概念中预料到的内容之核心部分，原则上要承认构成要件该当性，在此基础上再考虑应该例外地限定处罚的情况；对于介于上述两种情况之间的中间部分，应当从正面来讨论保护法益，判断处罚的必要性。② 依此，扩张解释也是将语义扩至"中间部分"，此即扩张解释的限度要求，属于扩张解释的"构成要件符合性"。而"处罚的必要性"，则是是否要对语义进行扩张解释的判断依据。

克莱默对"三领域模式"的评价是："这里介绍的模式中三个领域的界限是不清楚的，因此暂时不能清楚地说出一个候选是肯定的还是否定的，或是中性的还是否定的。"③ 对于佩岑尼克观点的缺憾，有论者指出："没有给出划分法律概念意义层次的可操作性规则和方法，所谓的核心语义、外围地带、模糊地带这些概念本身都缺乏明确的界定标准，因此并不能真正从理论上解决上述解释方法的区分问题并指导相关法律实践。"④ 而对于前田雅英的观点，有论者认为："这种'调适的解释限度论'的最大缺陷在于，表面上是由两个要素相互限制地决定着刑法解释的可允许范围，但实际上，充分放大其中的任一个因素，都可能导致另一个因素的虚置，从而使得两个要素均无法有效发挥其界限机能。"⑤ 还有论者认为，处罚必要性因素可能冲击罪刑法定原则，且可能造成不合理的现象。⑥

---

① 魏治勋：《法律解释的原理与方法体系》，北京大学出版社 2017 年版，第 191 页。
② 参见翟辉：《前田雅英教授的实质解释论》，载规范刑法学（微信号：xingfaxueren），2018 年 4 月 17 日推送。
③ ［奥］恩斯特·A. 克莱默：《法律方法论》，周万里译，法律出版社 2019 年版，第 32 页。
④ 魏治勋：《法律解释的原理与方法体系》，北京大学出版社 2017 年版，第 192 页。
⑤ 杜宇：《基于类型思维的刑法解释的实践功能》，载《中外法学》2016 年第 5 期。
⑥ 参见翟辉：《前田雅英教授的实质解释论》，载规范刑法学（微信号：xingfaxueren），2018 年 4 月 17 日推送。

本书认为，不论在称谓上的"三领域"、"三地带"还是"三层次"等的语义划分，其实真正属于语义的都只有两个部分——哈特式之清晰的核心部分和模糊的边缘部分。克莱默所称的"否定的候选"、佩岑尼克的"外围地带"、前田雅英的"边缘部分"之类的所为"语义"，实际上都在语义的可预测范围（语义射程）之外。[①] 实际上，这些领域或地带的所谓"语义"，实质上只不过是"语境"而已。此等将语境纳入语义的划分，其缺憾是显而易见的：一是语义射程之外的部分在填补法律漏洞目的性扩张、类推适用那里才有作用，而对于限扩解释却毫无意义；二是语义射程内划分清晰的核心部分和模糊的边缘部分，导致最为通常也最为重要的平义解释没有立锥之地。这样使得语义解释只剩限扩解释两种——要么限于核心部分，进行限制解释；要么扩至边缘部分，进行扩张解释。

（三）本书主张

笔者在分析上述以及其他关于语义分域和扩张解释的阐述之基础上，认为法律文本语词的含义可划分为核心含义、通常含义和边缘含义三个部分。核心含义是指法律文本语词中最为清晰的含义，是法律文本语词的最窄的含义；通常含义是指普通人能够理解得到的法律文本语词的含义，其外延比核心含义宽；而边缘含义是法律文本语词中模糊、灰色地带的含义，属于文义射程之内的含义。需要指出的是，这里的三个语义地带与前述国外的语义三分法的最大不同在于：国外的语义三分法中的"外围含义"，是在"文义射程"之外的，似应不属于法律文本语词本身的含义，而应是与其相邻语词的边缘含义；本书所称的"边缘含义"，则是法律文本语词本身含义的一个部分。实际上，国外的语义三分法中的"中性候选"，在本书中被划分为普通含义与边缘含义。此外，本书所称的"通常含义"在限扩解释中的意义，也与国外的语义三分法中的"中性候选"有所差别。本书中的"通常含义"是限扩解释的起点，基于此向外解释的是扩张解释，向内解释的是限制解释。"中性候选"则是限扩解释的选点，全部被选进的是扩张解释，全部不选进的是限制解释。

综上，法律的扩张解释应该包括三个方面。首先，在法律规范的语词通

[①] 利益法学的奠基人菲利普·赫克对于概念的语义层形象地描述道："概念的核心、距离最近的词义、概念的延伸使我们逐渐认识到了陌生的词。它好比黑暗中被月晕围绕的月亮。"转引自〔德〕魏德士：《法理学》，丁晓春、吴越译，法律出版社 2013 年版，第 79 页。以此形容，核心语义即月亮，边缘语义即月晕，而"否定的候选"之类的所谓语义就是月晕之外的夜空了。

常含义之外又在文义射程内选取文义。也就是说，这里的"扩张"只是相对于法律文本语词的"平义"（通常含义）而言的，是在文本语词的通常含义的基础上扩张，扩张的最大限度是该语词的文义射程，也就是在语词的边缘（模糊、灰色）地带选取含义。其次，文义的扩张是其他一些法律解释方法或者综合性或者多角度解释法律文义的结果，源流性解释、评价性解释以及文本性解释中的结构解释、和谐解释等解释方法都有可能引起文义的扩张。最后，只有在文本语词平义与以"理智立法者的立场"所作评价的结果相比过于狭窄时，始得予以扩张解释。这里的"以理智立法者的立场所作评价的结果"，是采用当然推导法进行推导而得的，即连通常理智人都会感觉到的法律问题，理智立法者更应感觉到。基于此认识，本书对扩张解释所下的定义是："所谓扩张解释，是指当法律文本的语词按其平义解释的结果，与以理智立法者立场所作评价的结果相比显得过于狭窄时，以该语词的文义射程为限而在其边缘地带选取文义。"

二、扩张步骤

扩张解释过程可以划分为平义确定、过窄判断、射程确定、文义扩张这四个步骤。下面结合相关例子予以逐步阐析。先看一个日本的判例：

日本曾经发生一起窃取电气的案件，但当时的日本旧刑法（施行至明治41 年）只设处罚窃取"物"的规定，而无处罚窃取"电气"之明文。第一、二审法院都认为"电气"不是"物"，因而判决被告人无罪。经检察官上诉至大审院，结果使法院撤销原判决改判被告人有罪。改判的理由为："窃盗罪之窃取，系指将他人所持之物，不法移转于自己所持之内，为其要件。苟仅存于理想之无形物，因未能有所持，不得为窃盗之客体。唯依五官之作用，得以认识之'形而下'之物，若具有可动性及管理性者，则无妨视之为物，不必斤斤拘泥须为'有体物'。电流虽非有体物，然得以吾人五官之作用，认识其存在，收容于容器，使其独立存在，且得蓄积于容器，从一场所移转于另一场所，任人随意支配，其具有可动性及管理性，灼然至明。故不法窃取他人所有之电流，而置于自己所持之内者，即为窃取他人之物，彰彰明甚，自应令负窃盗刑责。"①

---

① 杨仁寿：《法学方法论》（第二版），中国政法大学出版社 2013 年版，第 211～212 页。

　　扩张解释的具体过程包括四个步骤。首先，平义确定。扩张解释的前提是法律文本语词的平义过窄，因此其首先的一步就是对文本语词作平义解释，为下一步的过窄判断打下基础。在刑法规定了盗窃（财物）罪但没有明确规定窃电行为为犯罪的情况下，窃电可否以盗窃罪治之？上例中的一、二审法院关于"电气非为物"，以及大审院改判理由中的"窃盗罪之窃取，系指将他人所持之物，不法移转于自己所持之内，为其要件。苟仅存于理想之无形物，因未能有所持，不得为窃盗之客体"就是对"物"作平义解释。其次，过窄判断。法律文本语词的平义是否过于狭窄，是法官以理智立法者立场结合具体案件来评价的。而评价的具体方法则可以是除"语词解释"之外的一种或多种解释方法之结合，尤其经常的是目的解释等评价性解释。再次，射程确定。所谓文义射程，是指一个语词所能容纳的最宽泛含义。而最宽泛含义的确定，原则上须以国民可预测的可能含义为限度。最后，文义扩张。应在平义之上文义射程之内，综合多种解释方法确定所应扩张的程度，而不是一定要扩张至文义射程的终点。

三、实例解说

（一）同性卖淫案

　　犯罪嫌疑人李宁，在南京市玄武区大纱帽巷开办同性恋者酒吧。为了招揽生意，他在报纸上刊登了招聘"男公关"的广告，并以开公关公司为名，纠集了大批二十岁出头的"男公关"。短短数月内，李宁就从中获利十几万元。后因拆迁，酒吧关闭，李宁又在南京中山南路某大厦一楼租了个店面，开办"正麒"演艺吧，继续组织"男公关"向同性提供性服务。南京市警方根据举报将其捣毁，李宁等 11 名涉案人员落网。警方以涉嫌"组织卖淫罪"及"协助卖淫罪"向检察机关提请批捕。但检察机关认为，刑法对组织同性卖淫行为没有明确规定，按照"法无明文规定不为罪"的刑法原则，李宁等人的行为难以定罪，于是决定不予批捕。后经反复研究，相关权威部门认为可以参照前述罪名追究李宁等人的刑事责任。据悉，在此之前，上海长宁区人民法院就以"组织卖淫罪"审判了一起"组织同性卖淫"案，被告人王志明被判处有期徒刑三年，并处罚金 3000 元。①

此类案件究竟可否构成犯罪，究竟应当怎样看待其与刑法规定的"组织他人卖淫罪"的关系？对于"他人"是否包括男人的问题，已经很明确了，从原刑法规定的"妇女"到新刑法的"他人"可见一斑，最高人民法院对此也有过司法解释加以肯定。关键的问题在于"卖淫"的理解："淫"的主体是否限于"异性"？行为是否限于"性交"？对此，李宁的辩护律师陈仪认为："按照通常的理解，卖淫只能发生在男女之间。既然同性之间没有卖淫一说，李宁被指控的罪名就无从谈起。"南京大学法学院刑法学教授孙国祥则认为"'卖淫'并不是特定异性之间的真正'性交'，而应理解为一切'性活动'。"应该承认，就"卖淫"一词的普通含义（平义）来看，陈仪并没有讲错。然而孙国祥的说法也并不是没有道理，应该也是在"卖淫"的文义射程之内的含义之一。依法律目的、社会效果以及男女平等等的评价，孙国祥的理解更为可取。这种理解属于扩张解释，罪刑法定原则对其并不排斥。

（二）虚拟财产案

李某为某网络游戏的玩家，一日发现自己 ID 内所有的虚拟装备丢失，包括生化装备 10 件、毒药 2 个、生命水 2 份、战神甲 1 件等。李某与网络游戏运营商联系，该运营商仅能查询装备的流向：寄给玩家某某。李某向运营商索要玩家某某的详细资料，运营商以玩家资料属于个人隐私为由而拒绝提供。于是李某将该运营商告到法院，要求运营商赔偿其丢失的装备。该运营商认为，网络游戏中的装备等财产只是游戏中的信息，实质上只是一组电脑数据，本身并不以"物"的形式存在，运营商不能为不存在的东西负责。法院认为，虽然虚拟装备是无形的且存在于特殊的网络游戏环境中，但并不影响虚拟物品作为无形财产的一种获得法律上的适当评价和救济。由于玩家在网络游戏预先设定的环境下进行活动，活动的自主性受环境设定的限制，而运营商掌握服务器的运行，并可控制服务器数据，因此要对玩家承担更严格的保障义务。法院认定运营商应对李某虚拟物品的丢失承担保障不利的责任，判决运营商通过技术手段将查实丢失的李某虚拟装备予以恢复。② 本案是我国司法实践中通过判决对网络游戏中的虚拟财产予以法律保护的第一例，应该说是具

---

① 佚名：《南京"同性卖淫"案引起各方关注》，载《法制日报》2004 年 2 月 11 日。

② 参见陈甦：《虚拟财产在何种情形下应受到法律的保护》，载《人民法院报》2004 年 2 月 12 日。

有创制裁判规范的性质的。该判决所确立的裁判规则，得到最高人民法院民一庭的认可，[①] 更在民法总则中得到体现。[②]

　　我们也可以将该判例创立的裁判规则看成是扩张解释的一个典例：网络游戏中的虚拟财产在法律文本中的"财产"概念之文义射程之内，且是在"财产"的平义之外扩张。不过，此类虚拟财产可否纳入财产文义之内，不仅仅是形式逻辑上的问题，关键的还是要看这种产生于虚拟世界的"财产"是否发生了现实世界的社会关系。中国社会科学院法学所的研究员、博导陈甦指出：现实的法律只应调整现实世界的社会关系而不能调整虚拟世界的社会关系，因此只有虚拟财产与现实的社会关系发生具有法律意义的联系时，才能进入现实法律调整的范畴。至于如何判断"是否发生具有法律意义的联系"，陈甦是这样衡量的："如果一个玩家以虚拟世界的身份侵犯一个玩家的虚拟财产，不管其行为是否符合该虚拟世界的游戏规则，均应当视为该虚拟世界的内部事务，现实的法律不应当理会；如果运用一个虚拟身份侵犯现实财产如盗取他人网上银行的账号并且取其现金，则属于现实世界的事务，应当属于现实的法律调整的范畴；如果以一个现实世界的身份侵犯他人的虚拟财产，如运营商随意删除玩家的虚拟财产，也应属于现实世界的事务，可以

---

　　① 最高人民法院民一庭编写的案例（执笔人：北京高院马军、最高人民法院姚宝华）：刘某注册某网络游戏，成为该网络游戏用户。刘某在进行游戏过程中丢失了记录超级密码和邮箱的记事本。因网络游戏运营公司游戏设定向账户充值时需提供账户和密码，而其每次进行充值数额较大，仅靠其一两天都无法完成，因此只能由销售点卡的销售人员代为操作，其充值时将钱和账号、密码交给销售人员，故而可能造成密码泄露。2007年12月31日，刘某在一网吧上网时发现账号被盗，经清点发现丢失如下游戏装备，6颗六级装备镶嵌宝石，6只战斗宠物，游戏用1100多金币，元宝3000多，存放在仓库里价值有2万多元宝的装备及道具。刘某在发现游戏装备丢失后与网络游戏经营公司客户服务部门进行了联系，并向派出所报案。网络游戏经营公司提供下载2007年12月31日的游戏数据显示交易记录，证明刘某持有的账号所对应游戏角色有相关的虚拟财产出现转移的情况，从数据显示虽然交易对价数额较少，但属于一种交易行为。针对此类案件的处理，最高人民法院民一庭倾向性意见是："在网络游戏的虚拟环境中产生的虚拟财产，虽然以数据形式存在于特定空间，但由于其具有一定价值，满足人们的需求，具有合法性，能够为人所掌控，属于在一定条件下可以进行交易的特殊财产，故而其具有财产利益的属性，根据《中华人民共和国侵权责任法》第二条的规定，既然虚拟财产属于民事利益的一种，法律对该利益就应予以保护。"参见最高人民法院民一庭：《网络游戏中虚拟财产的认定与保护》，载《民事审判指导与参考》总第42辑，法律出版2011年版。

　　② 民法总则第127条规定："法律对数据、网络虚拟财产的保护有规定的，依照其规定。"该规定明确了虚拟财产属于民事权利的一种，应当予以法律保护。文化和旅游部、商务部曾经发布关于网络游戏管理的部门规章，最高人民法院的司法解释中也曾涉及网络账号密码的保护，但存在法律位阶低、规则不明晰、保护措施不周密等问题。例如，对于网络虚拟财产受到侵害之后的赔偿标准以及是否可以继承等细节问题，还需要制定法律法规作出具体规定。参见王茜：《民法总则明确虚拟财产属于民事权利保护范围》，载 http://news.xinhuanet.com/legal/2017−05/03/c_1120912877.htm。

运用现实的法律对这种行为进行制裁。"①据此，若将其概括成一个简单的判断标准似乎是：只要"身份"和"财产"有一个是现实的，法律就可以予以调整。就扩张解释而言，也就是可以以文义扩张的方式将"虚拟财产"纳入现行法律文本的"财产"文义之中。

第三节　限制解释

一、概念界定

（一）学界定义

关于限制解释，与扩张解释一样存在着多种不同的讲法。魏治勋教授作了例举和评论：②王利明认为，所谓限缩解释，也称缩小解释，是指法律规定的文意过于宽泛，与立法者所想要表达的意图不符，应当将其加以限制，缩小其适用的范围；③姜福东认为，限缩解释指的是按照法律规定的文意进行解释，其适用的范围过于宽泛，遂限缩法律规定的文意的范围，使其局限于核

---

① 陈甦还对本案的处理提出建议："在本案中，如果运营商在合同中约定了对玩家虚拟财产的技术保障水平，而玩家某某以低于这种技术保障水平就窃走了李某的虚拟装备，那么运营商要为此承担违约责任。如果运营商约定为玩家保管虚拟装备，即使玩家某某用高于运营商技术保障水平的手段窃走了李某的虚拟装备，运营商也要承担赔偿责任。但是，如果玩家李某与运营商的合同中没有这类约定，那么就要考虑是否还有其他与现实社会关系相联系的事实作为审理本案的依据，否则，就要考虑李某是否只能在虚拟世界寻求救济了。"详见陈甦：《虚拟财产在何种情形下应受到法律的保护》，载《人民法院报》2004年2月12日。因本案判决而引发的虚拟财产法律保护问题的更为广泛多样的讨论意见，可见《人民法院报》2004年1月15日荆龙所撰写的《"虚拟财产"面对现实考量》一文。据该文介绍，韩国以及我国香港、台湾等地区均已立法保护虚拟财产。近期我国台湾地区有关部门还作出规定，确定网络游戏中的虚拟财物和账户都属存在于服务器的"电磁记录"，在诈骗罪及盗窃罪中可看作动产，被视为私有财产的一部分；在网络游戏中窃取他人的虚拟财物将被视为犯罪，最高可处3年有期徒刑。
② 参见魏治勋：《法律解释的原理与方法体系》，北京大学出版社2017年版，第188页。
③ 参见王利明：《法律解释学》，中国人民大学出版社2011年版，第132页。

心含义部分，以此达到立法的本来意图。[①]

本书将较为常见的观点归类为四种。

1. 字面含义限制说

该说认为限制解释是"承认该条款所提出的规范的适用范围比从条款在字面上所能作出的推论为狭"。这种限制解释的根据是"有根据表明，经语言规则解释的条款会导致与该'立法者'的评价明显不一致（过宽）的规范"。齐姆宾斯基举 1950 年波兰家庭法第 1 节第 69 条的规定作为实例："收养行为使原父母对被收养者的权力终止。"齐氏的分析是："由于这一条款的文字表达十分清楚，根据 1950 年的家庭法，应当有如下的意义：如果一个儿童被儿童母亲的丈夫所收养，那么根据收养这一事实，母亲对儿童的责任，以及与该母亲的'父母权力'相联系的第三者的责任也就不复存在。'父母权力'不再属于母亲，而属于收养该儿童的继父。在这种情况下，联系有关收养的法律规范的无可争议的评价，对该问题的这种解决办法必须加以抛弃，而且必须承认它和'立法者的意图'不符，尽管立法者没有看到收养继子应有不同的规范。这样，这一条款是给予限制的解释的。"其所设定的限制语为"夫妻一方的孩子被其中一方收养的情形除外"。[②]这种观点似乎对限制解释与目的性限缩不加以区分。

2. 立法原意限制说

该说对限制解释的定义是：由于法律的语词（文字）过于宽泛，导致法律的字面含义与立法原意不符，因此需要根据立法原意对该字面含义予以缩小，以使之符合立法原意。这种讲法的特点是以立法原意作为限制解释的根据，并且以此为区分限制解释与目的性限缩的主要标准。至于是否限于文义核心或损及文义核心，与上一种观点一样是不加究问的。前已述及，限制解释最为常见的关于限制解释的定义。我国学者经常所举的例子，是婚姻法第21 条（原第 15 条）第 1 款关于"父母对子女有抚养教育的义务；子女对父母又有赡养扶助的义务"规定中的"子女"含义的限制，即应将法条中的前一"子女"含义，限制为"无劳动能力的子女"或"不能独立生活的子女"；后一"子女"含义限制为"有劳动能力的子女"或"有赡养能力的子女"。理由当然是立法原意如此。而根据什么说立法原意如此呢？那就要进行所谓的

---

① 姜福东：《扩张解释与限缩解释的反思》，载《浙江社会科学》2010 年第 7 期。
② 参见［波］齐姆宾斯基：《法律应用逻辑》，刘圣恩等译，群众出版社 1988 年版，第 319 页。

"法意解释"了，比如查阅立法资料等。梁慧星教授说："立法史及立法过程中之有关资料，如一切草案、审议记录、立法理由书等，均为法意解释之主要依据。"[①]

3. 核心文义限制说

该说对限制解释的定义有如："法律规定的文义，过于宽泛，限于法文之意义，局限于核心，以其正确适用而言。"[②]这是杨仁寿所下的定义。黄茂荣认为限制解释的限制程度为损及文义的核心，[③] 当也属于这一说。该说的主要特点是强调限制解释的限制程度只能局限于文义核心而不能损及文义核心，并且以此作为区分限制解释与目的性限缩的主要界限。对此，我们来看黄茂荣所举的一个例子：[④]关于"所得税法"第 4 条第 4 款所称之"劳工"，偶认为不包括代表雇主行使管理权之受雇人，或解释为不包括不具备职工会会员资格的受雇人，其见解可认为属于限缩解释的结果。倘进一步认为未实际加入工会者，即非该条款所称之劳工，则其见解虽然非该目的性限缩不能获致。盖为雇于行使管理权者，以及根据不具备工会会员之入会资格者，其劳工身份，自劳工立场的观点，因可认为不具备；但对具备入会资格而未实际入会者，在法律上径予否认其实际所具备之劳工身份，便显然就财政目的，遂越"劳工法"上给予目的性的限缩。

4. 相对狭义限制说

王泽鉴对限制解释的讲法是："法律的文义，有诸种解释时，应参酌其他解释方法，作狭义（限制）解释。"[⑤]这样一来，限制解释也就成为"法意解释"或者"其他解释"的结果。苏力教授的看法与此类似，他认为："通常所谓的扩大解释和限制解释只是基于解释的后果对解释的分类，而根本不是一种方法，即无法指导具体的解释。它无法告诉我们在什么时候，针对什么问题作出扩大或限制解释，它既必须基于文面解释，又必定要考虑到立法原意、目的和实施的后果。"[⑥]德国著名的法学方法论专家拉伦茨也指出："经常有人提出某项规定应作'狭义'（限缩）解释，或'广义'（扩张）解释。其意指

---

① 梁慧星：《民法解释学》（第四版），法律出版社 2015 年版，第 221 页。
② 杨仁寿：《法学方法论》（第二版），中国政法大学出版社 2013 年版，第 151 页。
③ 参见黄茂荣：《法学方法与现代民法》，中国政法大学出版社 2001 年版，第 397~398 页。
④ 黄茂荣：《法学方法与现代民法》，中国政法大学出版社 2001 年版，第 398 页。
⑤ 王泽鉴：《民法思维：请求权基础理论体系》（最新版），北京大学出版社 2009 年版，第 175 页。
⑥ 苏力：《解释的难题：对几种法律文本解释方法的追问》，载梁治平编：《法律解释问题》，法律出版社 1998 年版，第 55 页。

为何，未必十分清楚。"①相对狭义限制解释说的特点是从解释的结果比较上来界定限制解释的，即解释结果较文义窄的就是限制解释，因而确实难说有一个属于限制解释自己的解释方法或规则，因此似乎也就不好将其作为一种独立的解释的方法或规则对待。

（二）本书观点

本书对限制解释概念的基本认识要点包括五个方面。①限制解释中的"限制"是将法律语词从属概念向种概念缩小的逻辑学上之概念限制过程，其限制的起点是法律语词的普通含义（平义），且止于其核心含义（文核）。② 之所以要对限制解释的限制起止点作如此界定，是因为如果不这样而仅仅以相对的"广狭义"来界定限制解释，将出现限制解释与平义解释及目的性限缩甚至扩张解释的"竞合"从而导致难以划清界限。②限缩的根据并非只是立法原意，而且是往往难以用"法意解释"来发现需要限缩的根据。我们可以用理想化了的"理智立法者"的立场来概括限缩的根据。③只有在法律语词的平义与以"理智立法者的立场"所作评价的结果相比过于宽泛时，始得予以限制解释。这里的"以理智立法者的立场所作评价的结果"，是采用当然推导法进行推导而得的，即连通常理智人都会感觉到的法律问题，理智立法者更应感觉到。④"过于宽泛"的发现可以是在进行法意、目的以及和谐等其他方法的解释过程中，很多时候实际上就是法官因其所具备的法律知识而形成的"直觉"（前见）感觉到的，不一定非得经许多周折才能发现。⑤它虽然是一种可以运用多种解释方法而达成，但是作为综合性的解释规则，仍有必要抽象出来加以单独阐述，何况至少从概念限制这种逻辑方法的运用上说它也是一种方法。

基于上述认识，我们就可以给限制解释重新下个定义：限制解释是指在法律语词的通常含义（平义）同以理智立法者的立场所作评价的结果相比过于宽泛，以至于在某些情形下照其适用连通常理智人都难以接受，因而对该法律语词以逻辑限制的方法从其通常含义（属概念）限制至其核心含义（种

---

① ［德］卡尔·拉伦茨：《法学方法论》，陈爱娥译，商务印书馆 2003 年版，第 228 页。

② 拉伦茨对限制解释（狭义）与扩张解释（广义）有着这么一段论述："如表达方式源于日常用语，则狭义者常与所谓的核心范围重叠，后者系依该用语之用法的首先意指者；广义则经常包含边缘范围，后者系依一般语言用法有时也将意指者。"［德］卡尔·拉伦茨：《法学方法论》，陈爱娥译，商务印书馆 2003 年版，第 229 页。

概念）的法律解释方法。或者定义为：所谓限制解释，是指由于立法疏忽或过于追求立法简洁等原因，所用法律语词的含义过于宽泛以致其平义仍不能体现立法真意，因此法律适用者应当根据立法真意并运用概念限制的方法将该语词的含义局限于其核心含义。这一定义包含六个方面的内容：①需要限缩的原因是法律语词的平义过宽；②平义过宽的判断标准是立法真意；③导致平义过宽的原因是立法疏忽或追求立法简洁等；④限缩的根据和目标是体现立法真意；⑤限缩的方法是逻辑方法中的概念限制法；⑥限缩的起点为语词平义终点至核心含义。

（三）问题说明

1. 平义过宽

法律语词的平义就是法律语词的普通含义，平义过宽的参照系（判断标准）是立法真意，这我们已经知道。这里需要指出两点。一是限制解释的原因是"文义过宽"的通常提法是不准确的。文义不等于平义。前者的外延大于后者，广义、狭义也包含在文义的外延之内，可见后者只是前者的一个种概念。因此以"文义过宽"作为限制解释的原因，说不清是指语词的哪一种含义过宽，也说不清是对哪一种含义进行限制。因为如果是指"广义过宽"，是对语词的广义进行限缩，那么就可能出现限制解释与平义解释甚至扩张解释的结果竞合；而如果是指"狭义过宽"，是对语词的狭义进行限缩，也就是要向"更狭义"的方向限缩，那么狭义相对于"更狭义"不又成为广义了吗？这样，没有一个同一的基准点作为广、狭义的区分标准，而是"个个相对"，几乎等于取消扩张解释、限制解释和平义解释的区分；除非该词语只有广、狭义两种含义，才有相对扩张（对相对的狭义扩张）、限缩（对相对的广义限缩）解释。基于此，本书认为应以"平义过宽"作为限制解释的原因，限制解释是对平义的限缩；即使是在一个语词只有广、狭两种含义的情形下，也只应是相对于平义或限制解释或扩张解释，而不宜以广、狭相对区分为限、扩两种解释。因为在只有广、狭两种含义的情形，其中仍然有一种含义是通常的含义即平义。如果广义是通常的含义，那么只可能有限制解释；反之，则只有扩张解释的可能。二是对精确的概念不存在限制（或扩张）解释。所谓精确概念或精确语词，指的是一个概念（语词）只有固定的一种含义，整数的数字就属于此类概念。在这种情形不存在广义、狭义和平义之分，因此也不存在限制解释或扩张解释的问题。如果现实案型确实需要对其限缩或扩张，则不是在文义射程之内的解释问题，而是需要根据规范目的进行目的性限缩或目的性扩张等方法加以解决。

2. 核心含义

许多论著均认为限制解释的结果是将法律语词的含义局限于其核心含义，本书也采用这种说法。需要进一步明确的是应当如何理解核心含义，即核心含义应当怎么确定以及它是否为固定的一个含义。维利姆斯在其《语言与法律》一书中指出：构成法文的许多语言或多或少总有不明确之处。语言的核心部分，其意义固甚明确，但愈趋边缘则愈为模糊。语言边缘之处的"边缘意义"一片朦胧，极易引起争执。[①]拉伦茨对限制解释（狭义）与扩张解释（广义）有这么一段论述："如表达方式源于日常用语，则狭义者常与所谓的核心范围重叠，后者系依该用语之用法的首先意指者；广义则经常包含边缘范围，后者系依一般语言用法有时也将意指者。"[②]看来，这些名家对于语词含义的区分所采用的是两分法，即只有广义与狭义之分，平义在这里是没有其独立地位的。依此所得的结论只能是：核心含义就是普通含义，限制解释就是平义解释。因为核心含义"意义甚明确"，是"首先意指者"，这不与平义的意思及其在解释中的顺位相同吗？然而这一结论又与我们通常对限制解释的理解不相吻合，其不能成立是显而易见的。日本学者前田雅英将刑法用语的"可能具有的含义"分为三种情况：①一般人都预想到的含义（核心部分）；②一般人都难以想到的边缘部分；③上述两者的中间部分。在第一种情况下应当肯定构成要件符合性；在第二种情况下原则上应当构成要件符合性；对于第三种情况，则应当通过考察处罚的必要性来决定。[③] 这种观点仍然存在着导致平义解释与限制解释相混淆的问题。本书认为核心含义与边缘含义均应是不太明确、一般人对其作为例外对待，而中间含义才是最为清晰、一般人普遍能够预先得到的含义，即所谓通常含义（平义）。这一问题可以反证上述关于法律语词含义的三分法即广义、狭义、平义的区分，以及在只有广、狭义两种含义情形之下应以两者中的通常的含义为平义之讲法的必要性与合理性。因为该讲法将核心含义界定为比平义狭窄的含义，并且是将其作为词不达意的特殊情形下通过概念限制所得的含义而非"首先意指者"，这样就不

① 转引自杨仁寿：《法学方法论》（第二版），中国政法大学出版社 2013 年版，第 113 页。

② ［德］卡尔·拉伦茨：《法学方法论》，陈爱娥译，商务印书馆 2003 年版，第 229 页。

③ 参见张军等主编：《中国刑法学年会文集（2003 年度）——第一卷：刑法解释问题研究》，中国人民公安大学出版社 2003 年版，第 359 页。

至于将限制解释与平义解释相混淆。至于能否将核心含义理解为固定的一个含义，本书的答案是否定性的。即比平义狭窄的含义不应该只有一个，而应是多个的。

二、操作规则

现在仍以婚姻法第 21 条中的"子女"含义的限制解释为例来谈其操作规则。大体可将其概括为语词解读、宽泛判断和文义限缩这三个规则或步骤。

（一）语词解读

基于本书对限制解释的概念界定，要对某个法律语词进行限缩解释，首先就得知道该法律语词的通常含义和核心含义。通常含义的确定前文已详述，而核心含义的确定则可借助"子项"划分的方法，先以平义的法律语词为母项进行子项划分，然后根据常识在子项中确定其核心含义。所谓子项划分，就是按照一定的标准寻找或区分出某个属概念（上位概念）的所有种概念（下位概念）。比如"子女"的含义是父母的儿子和女儿。以其身份的产生为根据（标准），"子女"这个属概念的所有子项（种概念）为"亲生子女"、"养子女"和"继子女"；[①] 而以是否有赡养能力作为子项划分的标准，"子女"应划分为"有赡养能力的子女"与"无赡养能力的子女"两类。如果再精细点，还可以将"有赡养能力的子女"按照是否存在法定赡养义务进一步予以划分：有赡养能力且有法定赡养义务的子女、有赡养能力但无法定赡养义务的子女，后者是与继父或继母没有抚养关系的继子女。"无赡养能力的子女"的子项，也可以作如此划分。可见，婚姻法第 21 条第 1 款关于"父母对子女有抚养教育的义务；子女对父母有赡养扶助的义务"规定中的两处"子女"，以"能力"为划分标准其字面含义均包含：有赡养能力的子女，无赡养能力的子女；综合"能力"与"义务"标准，则包含：有赡养能力且有法定赡养义务的子女，有赡养能力但无法定赡养义务的子女，无赡养能力但有法定赡养义务的子女，无赡养能力且无法定赡养义务的子女。

---

① 亲生子女按其是否于父母婚内所生，也有婚生子女与非婚生子女之分。而根据婚姻法第 25 条第 1 款的规定，两者在权利与义务上并无二致："非婚生子女享有与婚生子女同等的权利，任何人不得加以危害和歧视。"

（二）宽泛判断

法律语词同以理智立法者立场所作评价的结果相比过于宽泛，是限制解释的前提条件。所以在明确法律语词的含义以及对其进行子项划分之后，就得以理智立法者立场来判断该法律语词是否过于宽泛。判断的方法或途径是多样的。①理智立法者。正常人都知道未成年人和精神病人等不能自立的子女无赡养父母的能力，立法者比一般的人更为理智，因而立法者是绝不会令无赡养能力的子女承担赡养父母的义务的。可见，婚姻法第 21 条第 1 款（前段）关于"父母对子女有抚养教育的义务"规定中的"子女"含义过于宽泛。②和谐解释。婚姻法第 21 条第 2 款规定："父母不履行抚养义务时，未成年的或不能独立生活的子女，有要求父母给付抚养费的权利。"第 27 条第 2 款规定："继父或继母和受其抚养教育的继子女间的权利和义务，适用本法对父母子女关系的有关规定。"依和谐解释规则（或后条限制前条规则），婚姻法第 21 条第 1 款（前后段）中的两处"子女"的含义均过于宽泛。③规范目的。婚姻法第 21 条规定的目的在于"幼有所养，老有所享"，"幼者"尚且人养何以养人？可见婚姻法第 21 条第 1 款后段中的"子女"含义过宽。

（三）文义限缩

经前述判断确定法律语词含义过宽后，就要运用形式逻辑学上的概念限制方法，对该法律语词的含义进行限制。所谓概念限制，就是将属概念的外延缩小到其种概念，或者说对属概念加上限制词使之向其种概念转化。将婚姻法第 21 条第 1 款中前处的"子女"文义限缩为"未成年的或不能独立生活的子女"，后处的"子女"文义限缩为"有赡养能力且有法定赡养义务的子女"。需要指出的是，这种限缩虽是个逻辑过程，但须限缩到哪一程度却需受规范目的或理智立法者立场的指导或由其决定。同理同法，对婚姻法第 21 条第 1 款中的两处"父母"的文义也应予以限缩，即将前处"父母"的文义限缩为："有抚养教育子女能力的父母"，后处"父母"的文义一般也应限缩为"无劳动能力的或生活困难的父母"。

三、问题辨析

除了上面已述及的关于文义性限扩的根据、方法等观点外，还有一个不太好理解的问题需要在这里作进一步的辨析，这就是限制解释的极限与次数。关于限制解释，杨仁寿有"可切割分类"之说："在实务上，如文义可为切割、直接分类时，多采限制解释，将其文义局限于核心部分。"① 按黄茂荣的讲法则有"不损及文义核心"之限。②那么什么叫"切割分类"、怎样才是"损及核心"呢？

对于前者，应当将其限于"分类"。逻辑学上有"分解"（分割）与"划分"（分类）的区分。"分解"是从整体到部分的逻辑过程，就是将事物的整体分割为几个组成部分。比如将"子女"这个整体概念分解为"子"与"女"两个部分，将旅馆分为大堂、走廊、客房等。这些"部分"与"整体"之间不存在"种"与"属"的关系。而"划分"则是按照一定的划分标准将事物（属概念）划为几个小类别，小类与大类之间存在的是"种"与"属"的关系。比如按照是否有赡养父母的能力为标准，将"子女"这个属概念划分为"有赡养能力的子女"与"无赡养能力的子女"两个类别；以旅馆的高级程度或服务质量等级为标准，将旅馆分为五星级旅馆、四星级旅馆等。就逻辑过程上说，限制解释过程不是从整体到部分的"分解"，而是与"划分"一样，都是从"属"到"种"的过程。

"限缩"与"划分"的区别只在于"限缩"是取"种"之一，"划分"所列之"种"（子项）则须穷尽。所以，所谓"切割分类"，在限制解释上不能是"分解"而只能理解为"划分"，而"损及核心"指的就是"分解"。易言之，限制解释的极限是限缩到语词含义（概念）不能再"划分"即止于"分解"。当然这只是讲限缩的最大限度，至于需要限缩到哪一步，起决定作用的是以理智立法者立场所作的评价而不是逻辑。逻辑在这里是被应用的方法，评价则是逻辑应用的限度根据或标准。而限制解释的次数，可能只需一次，也可能要超过一次才能达到所需的限缩。比如将"子女"限缩为"有赡养能力且有法定赡养义务的子女"，实际上是由连续两次限缩而成的。

---

① 杨仁寿：《法学方法论》（第二版），中国政法大学出版社 2013 年版，第 153 页。
② 黄茂荣：《法学方法与现代民法》，中国政法大学出版社 2001 年版，第 397 页。

下　篇　法律皱褶：如何熨平

导　言

当法律文本提供糟糕的答案时，法官该怎么办？美国法学教授弗里德里克·肖尔的回答是："不仅当字面解释荒谬时，而且当字面解释会产生与常识不符、与可能的立法意图不符或与成文法的目的不符的结论时，法官可以基于获得最合理的结果这一目的而偏离字面含义。"[①] 英国的丹宁勋爵更从义务角度指出："如果现有的法律暴露了缺点，法官不能又起手来责备起草人，他必须开始完成找出国会意图的建设性的任务。他不仅必须从成文法的语言方面去做这项工作，而且要从考虑产生它的社会条件和通过它要去除的危害方面去做这项工作。然后，他必须对法律的文字进行补充，以便给立法机构的意图以'力量和生命'。……我想作个简单的比喻，就是，法官应该向自己提出这么个问题：如果立法者自己偶然遇到法律织物上的这种皱褶，他们会怎样把它弄平呢？很简单，法官必须像立法者们那样去做。一个法官绝不可以改变法律织物的编织材料，但是他可以，也应该把皱褶熨平。"[②] 本篇所要讲的法律皱褶的熨平，也就是通常所说的法律漏洞的填补。

一、漏洞特征

由于社会关系具有复杂、多变的特性和人对事物认知和预见能力的局限性，作为由人制定的法律也就不可能周全无缺、包罗万象。在法律应当对特定事项作出规定，因立法者疏忽、暂时沉默或因立法时未预见到将来的情况而规定不当或未作规定，又不能运用解释、推导方法或法律冲突适用规则予以解决，从而导致法律在适用上的困难即构成法律漏洞。理解法律漏洞概念，

---

① ［美］弗里德里克·肖尔：《像法律人那样思考：法律推理新论》，雷磊译，中国法制出版社2016年版，第183页。

② ［英］丹宁：《法律的训诫》，杨百揆、刘庸安等译，法律出版社1999年版，第13页。

需要把握六个要点。其一，法律漏洞发生在现行法律秩序之内，即所缺漏的是对属于法律空间内的事项的调整。其二，法律漏洞是一种"违反计划的非完整性"，即本应规定却规定阙如或不当导致法律皱褶的出现。其三，法律漏洞的表现形式是没有规定或规定不当，导致对本该由法律调整的事项无法调整或调整过限。其四，法律漏洞是立法者疏忽、暂时沉默或未能预见所导致，立法者有意的长久沉默不属于法律漏洞。① 其五，法律漏洞无法用解释、推导或法律冲突适用规则予以解决，能够用这些方法解决的则是所谓的假法律漏洞。其六，法律漏洞导致法律在适用上的困难，体现在法律没有规定，若进行审判则于法无据，而不予审判却违反禁止拒绝审判原则，以及不当规定的适用将导致不正义的结果。

二、漏洞类型

法律漏洞的类型依不同的标准划分主要有四类。第一，以时间因素为标准分为自始漏洞与嗣后漏洞。自始漏洞是法律漏洞在法律制定之时即已经存在；嗣后漏洞则是法律制定之后因社会发展变化产生新问题所导致。第二，以立法者在立法当时的认识为标准分为明知漏洞与不明知漏洞。前者是立法者对某问题的法律调整把握不准有意识地暂时沉默不设置法律规范而形成的法律漏洞；后者则是立法者因疏忽或未能预见而形成的法律漏洞。第三，以法律对系争问题是否设有规范为标准分为明显漏洞与隐藏漏洞。明显漏洞又称公开漏洞，是指依法律的内涵体系及规范目的应对某个法律问题积极设置规定却未加规定；隐藏漏洞则指法律对某个问题虽然已经设有规定，但根据法律的内涵体系及规范目的，必须针对该问题的特殊情况设置限制性的特别规定却付之阙如。第四，以评价计划的标准可以将漏洞主要分成四类。①规范漏洞，即某个法律规定的规范结构不完整，缺少必要的组成部分。②法律漏洞，即从立法者的评价计划来看，在某个法律中缺少必要的规则：有意识

---

① 通常是将立法沉默区分为立法者故意的沉默与疏忽的沉默，并且认为故意的沉默表明法律不予调整，疏忽的沉默构成法律漏洞需要予以漏洞填补。本书认为应该将立法沉默一分为三。一是永久的沉默。即对法律不予调整的事项，立法者保持沉默、不予规定。这种沉默通常是宜用其他的生活规范如习俗来规范而不宜用法律加以调整的"法外空间"或"不管地带"。二是暂时的沉默。有些虽属法律调整的事项，但由于调整条件尚未成熟或基于某种特殊考虑，法律暂时不作出规定。三是疏忽的沉默。即因立法者的疏忽，对本该作出法律规定的却未予以规定。这就产生了法律漏洞，需由司法者结合个案予以漏洞填补。

的和无意识的。③冲突漏洞，即某个法律的两条规则可能涵摄同一个事实，并且因此导致相反的法律效果。④领域漏洞（法漏洞），即法律对某一生活领域完全没有作出规定，而这一领域根据法律往来的结果和法律共同体的期待必须在法律上有所规定。① 此外，还有一种法律漏洞即碰撞漏洞。这是指关于某一事实有不同的法律规定，这些不同法律规定的立法者意图或准立法者意图相互矛盾，而不能依据"后法废止前法"或"特别法优于普通法"等法律原则处理的情形。② 碰撞漏洞又有逻辑碰撞漏洞与目的碰撞漏洞之分：就同一法律事实同时存在着数个不同法律效果的法律规定，并无法化解所造成的漏洞是逻辑碰撞漏洞；而目的碰撞漏洞是指就具有牵连关系的两个不同法律事实同时存在着数个内容不同、彼此具有对抗效力的法律规范，并无法化解所致之漏洞。

三、填补路径

出现法律漏洞（皱褶），就需要司法机关通过个案审理予以填补（熨平）。通过个案审理填补法律漏洞是法官的职责之所在，是法官不得以法律没有规定而拒绝审判的职业要求。法律漏洞填补的方法有三条途径。一是扩张既有规定的适用范围。这是在没有能够直接适用于系争案型的法律规定的情形下，根据规范意旨将因立法者疏忽未被既定规范涵盖但与法定案型存在实质性相同的案型，纳入该法律规范的适用范围予以调整，或者把法律未作规定的系争案型纳入规定与其相类似案型的法律规范予以处理的法律漏洞填补方法。二是限缩既有规定的适用范围。这是在既有法律规定的适用范围过限，将其适用于系争案型将导致不合理乃至不正义的情形下，根据规范意旨真意或者以理智立法者立场的评价结果，在个案上通过"但书"限制既定规范适用范围；进而把本不该纳入某一法律规范调整范围却被纳入的案型排除出该法律规范适用范围，或者司法机关或法官在遇到个别极其特殊的案件，以致严格适用既定法律规范将导致极其不正义，且又无法依规范目的对该法律规范进行限缩时，根据正义或诸如法的总目的等超越法律的正当，对该法律规范进行个案矫正以实现个别公平的一种法律漏洞填补方法。三是续法性建构裁判

---

① 参见〔德〕伯恩·魏德士：《法理学》，丁晓春、吴越译，法律出版社2013年版，第351页。

② 参见张璇：《行政诉讼中应对法律漏洞的理念与方法》，载 http://www.shezfy.com/view.html? id=5484，2017年4月9日访问。

规范。这是在没有一定的既有法律规定且无法以目的性扩张、类推适用等扩大既有规定的适用范围的方法对法律漏洞进行填补的情形下，以政策、习惯、法理乃至学说等来填补法律漏洞。

四、本篇内容

上述三条填补法律漏洞的路径从其具体方法来说，扩张既有规定的适用范围之具体方法主要包括目的性扩张和类推适用，限缩既有规定的适用范围之具体方法则为目的性限缩和衡平性司法。而续法性建构裁判规范的具体方法为参照政策、习惯和判例建构裁判规范，或者根据法律理念、事物本性以及权威学说建构裁判规范。在我国当前的法律制度下，目的性扩张、目的性限缩和类推适用可以运用于民事司法。政策在民法通则中属于准法律渊源，但在民法总则中已被习惯所取代。而在判例方面目前之规定只有最高人民法院发布的指导案例具有强制参照力（2018 年修订的人民法院组织法与人民检察院组织法施行后，应当具有依照之适用力），但其他的生效判例在司法中实际上也存在某种约束力或参考作用。至于司法性衡平和根据法律理念、事物本性以及权威学说建构裁判规范，虽有一些探索但极为鲜见，尤其是在中基层法院。有鉴于此，本篇对目的性扩张、目的性限缩和类推适用作了比较全面详尽的阐述，尤其是在操作规则和相关界限方面。而对判例、习惯和衡平，也进行了一定深度的探讨。至于根据法律理念、事物本性以及权威学说建构裁判规范，因与当前的司法实务距离较远而暂不予涉及。

第五章 目的性扩张：操作规则与相关界限

第一节 概念例说

有些法律规范由于立法者疏忽，对本应涵盖在该法律规范的调整范围内的案型却未予涵盖，以致造成"规范文义与规范目的之间的紧张关系"，如果"拘泥于文字地适用法律不能达到所追求的调整目标"。[①] 这就需要根据规范意旨，把该未被涵盖的案型包括于该法律规范的范围之内，使该法律规范达到原规范意旨之目的。这种根据规范意旨，将因立法者疏忽未被既定规范涵盖但与法定案型存在实质性相同的案型，纳入该法律规范的适用范围予以调整的法律权变方法，就是所谓的目的性扩张。

除采用严格解释的刑法罪刑规定外，在其他的尤其是民法规范中目的性扩张被经常运用。例如，民法通则第 120 条规定公民的姓名权、肖像权、名誉权以及荣誉权受到侵害的，可以要求赔偿，但对其他人格权、隐私权被侵害及以身体被侵害等引起的精神痛苦等精神损害的赔偿问题却未作规定。而该规定的规范意旨（目的）主要在于使公民因人格或身份权被不法侵害，造成精神上的痛苦得以抚慰。依该规范目的，显然民法通则的第 120 条规定所调整的范围过于狭窄，需要以目的性扩张的方法把前述未被涵盖的案型纳入其中予以调整。《最高人民法院关于确定民事侵权精神损害赔偿责任若干问题的解释》将这些案型纳入精神损害的赔偿范围，这就法律方法而言当属目的

---

① ［德］伯恩·魏德士：《法理学》，丁小春、吴越译，法律出版社 2013 年版，第 372 页。

性扩张在抽象司法解释上的成功运用。

在最高人民法院作出上述司法解释之前，现实生活中就有多起此类案件发生，受案法院就以目的性扩张的方法予以公正处理。比如，我国司法界首次成功运用目的性扩张方法的经典案例——北京市海淀区法院审理的贾某人身损害赔偿案：1995年3月8日晚7时许，贾某（中学生，女）与家人及邻居在春海餐厅聚餐。不料餐桌上正在使用的卡式炉燃气罐突然爆炸，导致贾被严重毁容。在本案中，毁容的医疗费用等物质性损失的赔偿有法律的明确规定自不待言。问题是贾因餐厅的燃气罐爆炸导致的毁容难以得到良好的恢复，这将令其以此容貌面对世人和漫漫人生，由此而引起的精神痛苦是显而易见并且是相当巨大的。然而民法通则第120条规定精神损害赔偿的事由并未包含此种情形。如果机械地适用该规定，该少女的关于毁容所致精神损害的诉讼请求势必被法院驳回。可喜的是受案法院能够在相关司法解释出台之前，大胆地运用目的性扩张的方法，支持了该少女的这种诉请，判令肇事餐厅及相关缺陷产品责任人给予少女10万元精神损害赔偿。[①]这个判决符合民法通则第120条的规范目的，极大地体现了司法维护正义的神圣职责。

第二节　操作规则

目的性扩张在司法操作上，应当依次经过目的探求、案型审验、沉默检视、纳入调整这四个步骤。其中"目的探求"已在第三章中作了阐述，这里只谈后三个步骤。

一、案型审验

案型审验包括两个方面的内容：一是拟纳入调整的系争案型与既定规范

---

① 在本案判决书中，此项精神损害赔偿是以当时施行的消费者权益保护法第41条中的"残疾赔偿金"的名义出现于判决主文的。这是因为当时相关司法解释尚未出台，若直接以精神损害赔偿的名义判决，恐引发"这么判法律有规定吗？"与"这么判法律禁止吗？"之类的争论。相关评论赞其为"巧妙地回避了成文法传统下法官造法的禁区"。

的规范目的之关系；二是拟纳入调整的系争案型与法定案型之间的关系。系争案型要纳入某法律规范的调整范围，须合该规范之规范目的。而系争案型与法定案型之间的关系，通常表述为"同属法律规范意旨所应涵盖"；还有两者不存在像个别类推中那样在构成要件上的类似性。也就是说，只要系争案型合规范目的且与法定案型的构成要件不相类似，即可运用目的性扩张将其纳入该法律规范的调整范围予以调整。质言之，就是系争案型与法定案型之间存在的是"案型相异而又同合规范目的"或者说是"形异而神同"的关系。我们通过现实案例对此加以说明。

有这样一例"器官异位"医疗损害案：①原告在多家医院检查，检查的结论是在舌头后面有一个良性肿瘤，于是到被告医院进行肿瘤切除手术。被告医院在手术前的检查确认是良性肿瘤，但是手术的结果却使原告受到严重损害，后来发现是误将甲状腺当作肿瘤给切除了。造成这种医疗损害的一个特殊原因是原告的甲状腺长的位置与常人不同，即所谓"器官异位"。据说这种异位情形的出现比例不到万分之一，国内医院未曾见过。一审法院按照当时施行的医疗事故处理办法第 18 条的规定，判决被告支付一次性经济补偿 4000 元。原告不服一审判决，提起上诉。二审法院适用民法通则第 106 条第 2 款关于侵权责任的规定，判决被告承担全部责任，向原告支付赔偿金 50 万元。医院不服，申请再审。再审法院适用民法通则第 131 条关于过失相抵的规定，改判被告支付 25 万元的损害赔偿金。

民法通则第 131 条规定："受害人对于损害的发生也有过错的，可以减轻侵害人的民事责任。"这里的法定案型是"受害人对损害（侵权）的发生也有过错"，本案的系争案型则为"受害人对损害的发生没有过错，但损害发生的部分原因是由受害人'器官异位'引起"。从受害人"过错"这个构成要件上看，两案型显然存在着"相异"关系；然而损害的发生也不全是侵害人的过错引起，被害人的"器官异位"也是发生损害的重要原因之一。二审法院仅考虑受害人对损害没有过错，显然是不全面的；判决医院承担损害的全部责任，当然也就超出了医院所应承担的因自己的过错造成损害的责任，这对医院是很不公平的。这就需要探究民法通则第 131 条规定的规范目的：使侵害人只承担自己的过错所造成损害的那部分责任，或者说使当事人各自承担自己的原因所导致损害的责任，以保证判决结果的公正性。再审法院正是以目

① 参见梁慧星：《裁判的方法》（第 3 版），法律出版社 2017 年版，第 249～251 页。

的性扩张的方法对本案作出改判的。从本案我们可以看出，目的性扩张中的系争案型与法定案型的关系：构成要件虽相异，但同在规范目的所涵盖之列。

二、沉默检视

需要以目的性扩张方法予以权变的法律规范，是把本该包含其规范目的案型纳入调整范围，由于立法者的疏忽而未予纳入，此为立法沉默的一种。而立法沉默可能是"违反计划性的法律不圆满性"的沉默，也可能是"有意义的沉默"。只有前者才是因立法者疏忽引起的法律漏洞，应当通过目的性扩张等手段予以适用上的权变。后者则是立法者已经预见到诸如系争案型之类的案型，但并不打算对该类案型纳入法律调整，或者立法者已透过沉默表达通过其他途径或者逐步纳入法律调整的意思。"有意义的沉默"即使把其当成"法律的不圆满"状态之一，也不具备"违反计划性"，不能对其进行目的性扩张。"有意义的沉默"的事项通常属于"法外空间"或"不管地带"，如一个人的私人好恶、生活方式、信仰、感情、思想及意见等非人际关系，或者如打招呼、谈天、约会、宴请、友谊等情谊关系、社交关系。此类属于法外空间的生活事实，通常被认为不具有法律上的意义，不能产生法律上的效果。因此这些事项不适宜用法律来规范而构成一个"法外空间"，只能通过其他的生活规范如习俗来规范，也就不属于目的性扩张范围。① 此外，有些虽属法律调整的事项，但由于调整条件尚未成熟或立法者基于某些政治性的考虑予以暂时沉默的，也不属于目的性扩张之列。然而如果此类事项在纠纷发生时，调整时机已经成熟或政治情势已经发生变化不必再作立法时的考虑的，则可予以目的性扩张。不过，如果法律明确规定须由立法予以解决的，则不得由

---

① 恩吉施对法外空间的表述是："除了受法律统治的领域外，还存在着与法律不相干的例如纯思维领域，或信仰领域及社交关系领域。这些领域落入'法外空间'。"参见［德］卡尔·恩吉施：《法律思维导论》（修订版），郑永流译，法律出版社 2014 年版，第 170 页。清华大学法学院的王钢博士对法外空间做了专门研究，认为："法外空间是极具争议的概念。若非坚持传统自然法学说或极端的评价规范说，便应承认存在着法律依其性质无法企及的法外空间。自然现象、野生动物行为、意志无法支配的身体动静等均属其列，时间和空间的限制也会产生法外空间。然而，在现代法秩序背景下，法外空间的成立范围极为有限。日常行为、科学研究、文化艺术等原则上并非法外空间，人们的内心思想与价值观念也在一定范围内受到法律的支配。在刑法中，对生命的紧急避险因符合构成要件而落入法秩序的规制范围，并不属于法外空间。其超出了社会团结义务的限度，无法通过紧急避险合法化，故而违法。自主决定的自杀属于生命权和人格尊严等宪法基本权利的保障内容，是合法行为，亦非法外空间。"参见王钢：《法外空间及其范围——侧重刑法的考察》，载《中外法学》2015 年第 6 期。

司法进行目的性扩张。所以司法上欲对某法律规范进行目的性扩张时，需对系争案型和法律规范详加检视，以判明是否存在立法沉默以及沉默的属性，使目的性扩张不扩至立法有意沉默的领域尤其是"法外空间"。

我国有关法外空间的最新典例是新近（2019 年 7 月 29 日）由山东省莱西市法院裁定驳回起诉的"踢群第一案"（〔2019〕鲁 0285 民初 4407 号）。该案一审认定的事实是："2018 年 5 月 31 日，平度市人民法院立案庭法官于某某建立了名为'五月花号'的微信群，平度市律师、法律工作者通过相互邀请的方式加入该群。律师柳某于 2018 年 5 月 31 日由律师唐某某邀请入群。2018 年 6 月 7 日，于某某邀请该院立案庭庭长刘某加入群聊，后刘某成为该群组的群主。6 月 8 日，刘某修改群名为'诉讼服务群'。6 月 9 日，刘某在群内发布《群公告》，并@所有人，主要内容为：请大家实名入群；群宗旨主要交流与诉讼立案有关的问题；群内不准发红包；群内言论要发扬正能量，维护司法权威；违者，一次警告，二次踢群。该群成立后，群成员之间一直在交流、讨论有关诉讼立案、诉讼退费等事宜，并分享各自的经验，刘某、于某某等立案庭人员亦与群成员之间互动交流。2019 年 1 月 21 日 10 时 03 分，柳某在该群内发布关于某司法鉴定所的视频及相关评论，刘某就此提醒柳某。2019 年 1 月 22 日 20 时 50 分许，柳某在该群内发布其认为公安机关存在执法不规范行为的微博截图，刘某就上述内容再次提醒柳某。但柳某未予理睬，又与群成员何某某发生争执。经刘某提醒后，柳某仍继续发布相关言论。当晚 21 时许，刘某将柳某移出该群。2019 年 2 月 21 日，刘某将该群解散。"

该案一审裁定的核心理由为："本案中，群主与群成员之间的入群、退群、解散群等行为，应属于一种社会交往情谊行为，不产生民事法律关系，可由互联网群组内的成员依照群规和功能设置权限自主进行。在案证据显示，刘某并未对柳某名誉、荣誉等进行负面评价，柳某提出的赔礼道歉、赔偿损失的主张，系基于其被刘某移出群组行为而提起，没有因果关系，不构成可以提起本案侵权民事诉讼的法定事由，不属于人民法院受理民事诉讼的范围，应驳回起诉。"该案一审审判长也称："这仅是一个以侵权之诉名义提出的利益主张，不在民事诉讼法覆盖的受案范围之内，亦无通过司法裁判使本纠纷得以解决的必要性和实效性。""本案群主与群成员入群、退群、移群行为，无须受法律约束，无须缔结法律关系的意图，亦无须支付相应对价，应属于民法学视野中的社会交往情谊行为，即行为人以建立、维持或增进与他人的相互关切、信息与情感交流等为目的的自主行为，概由网民意思自治。"莱西法院相关负责人就该案答记者问时也指出："'群成员被移出群聊'行为本身，很大程度上属于自然人合意自治的范畴，法律和法规不会也不可能作出更多更细的规制。本案中，刘某依据微信群赋予的权限发布群规，在柳某违反群规时，依据权限将其移出群，是依据功能权限对群进行管理的自治行为。"①

三、纳入调整

通过以上几个步骤，确定系争案型符合纳入某法律规范的条件之后，最后一步就是把该系争案型纳入该法律的调整范围，即适用该法律规范处理系争案型。不过需要注意的是，与个别类推一样，目的性扩张不能适用于刑事上的罪刑规定。这是因为刑法实行的是罪刑法定原则，即法无明文规定者不为罪、不处罚。而目的性扩张正是把法律没有明文规定的案型依规范目的纳入某法律规范的适用范围。当然，这并不意味着刑法上的所有规定都不能进行目的性扩张。那些有利于被告的条款诸如自首和立功等是可以适用目的性扩张的方法扩大其适用范围的。例如对于自首，最高人民法院就根据自首、立功的规范目的鼓励犯罪人主动投案，如实交代犯罪事实或检举揭发他人的犯罪事实等，以减轻司法成本，进而更为有利于打击犯罪与教育犯罪人。对刑法中的自首和立功规定的适用范围予以扩大，这在法律方法上说，正是适用目的性扩张。

第三节　相关界限

目的性扩张最易与扩张解释和个别类推以及法律拟制这三种法律方法混淆，因此不论在实务上还是理论上，均需细加区别，以明界限，避免误用。

---

① 依次见山东高院微信号（shandonggaofa）2019 年 8 月 20 日推送的《"踢群第一案"裁定书》《"踢群第一案"审判长：以个案裁判引领时代价值》与 2019 年 7 月 29 日推送的《"踢群第一案"落锤 莱西法院裁定驳回起诉（附答记者问）》。

一、目的性扩张与扩张解释

两者均存在"扩张"，但两者在扩张的对象、原因、依据、方式和程度等方面都有所不同。①扩张对象：前者为法律规范适用的案型；后者是法律规范中的文字含义。②扩张原因：前者为由于立法的疏忽而致法律规范所调整的案型范围过窄，因而使某些符合该规定规范目的的案型未被纳入调整范围；后者是因立法技术上的原因，使法律规范的文字含义按照通常的理解显得过窄。③扩张依据：前者是系争案型符合和被纳入的法律规定的规范目的；后者则主要是法律规范的立法本意和文字含义所能容纳的范围。④扩张方式：前者是将法律规范本未纳入的系争案型纳入其内；后者则是扩大法律规范的文字含义。⑤扩张程度：前者扩张的结果是突破法律规范所规定的法定案型；后者仍在法律规范文字含义的"射程"（预测可能性）之内。在这五个方面的区别中，应该说③和⑤两点是实质性区别，而其他各点的区别似乎只具表面性或言具有交叉性。

法律理论和司法实务上常常出现对目的性扩张和扩张解释的名称误用。例如，民法通则第 93 条规定："没有法定的或者约定的义务，为避免他人利益受损失进行管理或者服务的，有权要求受益人偿付由此而支付的必要费用。"而最高人民法院《民法通则贯彻意见》第 132 规定："民法通则第九十三条规定的管理人或者服务人可以要求受益人偿付的必要费用，包括在管理或者服务活动中直接支出的费用，以及在该活动中受到的实际损失。"对于最高人民法院的这一规定，有的专家认为是扩张解释。[①] 本书认为，民法通则第 93 条中的"支付的必要费用"是一种直接损失，即最高人民法院规定的前段中的"直接支出的费用"。而"实际损失"，按该词本身含义的通常理解，包括直接损失与间接损失两种；与该规定的前段联系起来理解应只指间接损失，即指无因管理人或服务人付出管理或服务劳动所能得到的经济收入。在这里"支出费用"的含义，不能包含"付出劳动"，也不能包含"得到收入"。简言之，把在无因管理中因管理或服务而受到的间接损失之案型，纳入民法通则第 93 条的适用范围之内，已经超出了"支出的必要费用"这一文面含义的"射程"。司法解释之所以将其纳入民法通则第 93 条，是因为"在该活动中受到的实际损失"的案型符合民法通则第 93 条的立法意旨，所以应当属于

---

① 王雷：《见义勇为行为中受益人补偿义务的体系效应》，载《华东政法大学学报》2014 年第 4 期。

目的性扩张而非扩张解释。

二、目的性扩张与个别类推

两者的共通之处在于：都是扩大某一法律规定的适用范围，也即把某一法律规范原本未涵盖的案型用该法律规范进行处理；法理基础均为"相同或相类的案型，该相同处理"；均不能适用于刑法的罪刑规定。两者的关键区别在于：前者所欲纳入的案型，与法定案型之间不是构成要件上的类似关系，属"形异而神同"；后者所欲纳入调整的系争案型与法定案型之间必须存在构成要件的"重要之点"上的类似性，是"形似又神同"并且侧重于或者说首先必须是"形似"。不过在实务上，往往将目的性扩张借个别类推之名予以适用。比如以下两个日本的所谓"个别类推意见代理"的案例就属于此。

例1：本人甲授予代理人乙以不动产为担保借入金钱的权限，而代理人乙自称自己即甲本人，将该不动产出卖给第三人丙。而丙亦误信乙为甲，并与之订立购买契约。法院认为，代理人假称本人为权限外的行为场合，对方相信该行为为本人自身的行为时，并非相信代理人有代理权；但就该信赖值得交易上的保护之点来看，与信赖代理人有代理权的场合并无二致。因此，以信其为本人自身的行为并有正当理由为限，应类推适用日本民法典第110条的规定，使本人对该行为结果负责。例2：代理人乙超越代理权，订立金钱消费借贷契约及以本人不动产设定抵押权的契约，因金额巨大，对方当事人要求本人确认，代理人以第三人冒称本人在契约书上签名盖印。法院认为，本案满足两个要件：其一，代理人有基本代理权；其二，对方相信该第三人为"本人"有正当理由。因此，应类推适用日本民法典第110条，使契约效力及于本人。

上述两例均涉及日本民法典第109条和第110条。日本民法典第109条规定："对第三人表示授予他人以代理权意旨者，于代理范围内，就该他人与第三人之间实施的行为，负其责任。"第110条规定："代理人实施其权限外的行为，如第三人有正当理由相信其有此权限时，准用前条规定。"这两则判例虽名为采类推适用方法，实际上属于以目的性的扩张方法，补充法律对代理人冒充本人及以他人假冒本人案型未设规定的法律漏洞。这是因为代理人冒充本人及代理人以他人冒充本人的案型，与第三人相信代理人有代理权的表见代理案型之间并不存在类似性关系；而在日本民法典第110条之规范意旨，即对交易上的信赖应予保护。①

三、目的性扩张与立法拟制

以目的性扩张方法所扩大适用的案型与被拟制入某一法律规范的案型的共同点在于：两者均与既定的标准案型存在相异关系，同时其所能产生的法律后果与标准案型相同。然而前者是将未被某法律涵盖的现实案型依该法律规范的意旨由司法者执法者纳入规范调整范围的，而后者则是立法者在立法时或立法补充时，把其纳入法律赋予与标准案型相同的法律效果予以调整的。就案型属性来说，前者所要纳入的案型是系争案型，后者的则是既定的法定案型。从纳入的主体来看，前者的纳入主体是司法者或执法者，后者则是立法者本身。就纳入的技术划界来说，前是司法权变的一种方法，后者则是一种立法上的技术。就纳入的原因和依据来说，前者是由于立法的疏忽而将本应纳入的案型未纳入，司法者要依据规范目的把其纳入；后者则是立法者有意地将其与标准案型并列，不存在立法疏忽的问题，社会需要和人民福祉是其直接的依据。从纳入目的性上看，前者的目的在于贯彻立法意旨，后者的目的是制定用于调整社会关系的法律。就面对公民的面目要求上看，前者必须以可以被理解的论证说理表示出来；后者只需以拟制的结果向人民宣示。

从上述区别可知，法院在裁判说理上不能运用立法拟制的方法。"由于法院在裁判中的功能不在于制定法律规范，而在于使人确信法院所持之法律见解以及依之所为裁判是正确的，是故拟制之说明方法的适用，对法院而言，是不正当的。盖它实际上常流为一种说理的幌子，亦即在适用拟制的方式进行说理的情形，法院实际上常常并没有把其真正的法律见解可以被理解地表示出来。因为既云拟制，则被裁判之法律事实必然不属于其所引用之法条所规定之案型。同时也不相类似（否则法院在许可的情形当适用类推适用）。今法院明知其不同，而将之等同处理，必有其所以将之等同处理的理由。这个理由在拟制的情形，依其逻辑，自然被略而不提，于是法院为何为如是之裁判，便不再能够为第三人所探知。"②

---

① 参见梁慧星：《民法解释学》（第四版），法律出版社 2015 年版，第 282～283 页。
② 黄茂荣：《法学方法与现代民法》，中国政法大学出版社 2001 年版，第 168 页。

第六章　目的性限缩：操作规则与配合限缩

第一节　概念例说

　　与目的性扩张是将合乎某一法律规定之规范目的的系争案型纳入该法律规定调整相反，目的性限缩则是将不合于某一法律规定之规范目的之法定案型排除出该法律规定的适用范围。法律对现实案型的规范，一个重要的原则是："相同（或相似）案型相同处理，不同案型不同处理。"因此，除了立法拟制，某一个法律规范所调整的案型，在本质特征上应当是相同或相似的，不应把性质各异的案型置于同一法律规范以同一法律效果予以调整。然而，由于立法者的疏忽等原因，也可能制定出把不合其立法意旨的不同案型纳入同一规范，导致该规范的适用范围失之过宽。[①] 这就需要司法适用时，对该法律规范设置"但书"限制其适用范围，进而把不合该规范意旨、真意或者以理智立法者立场所作的评价结果的案型排除出该法律规范的适用范围。这种根据规范意旨真意或者以理智立法者立场的评价结果，在个案上通过"但书"限制既定规范适用范围，进而把本不该纳入某一法律规范调整范围却被纳入的案型，排除出该法律规范适用范围的法律方法，就是目的性限缩。

　　[①]　这种情形称为规则悖反（隐藏的漏洞），它是目的性限缩的前提。有论者称："规则悖反的实质是规则的适用结果与规则设立的目的相悖逆。""乃法律适用过程中大前提的不完满——法律规则与其后起支配作用的规范目的背离。"参见余军、林淡秋：《规则悖反案件的两种论证模式》，载《浙江学刊》2019 年第 1 期。

一、相关案例

我们来看两个目的性限缩的案例。

（一）诽谤韩愈

20 世纪 70 年代发生在我国台湾地区引发激烈争论的"诽韩案"，就涉及目的性限缩的问题。1976 年 10 月，郭寿华以笔名"干城"，在《潮州文献》第 2 卷第 4 期上发表《韩文公、苏东坡给予潮州后人的观感》一文，有"韩愈为人尚不脱古人风流才子的怪习气，妻妾之外，不免消磨于风花雪月，曾在潮州染风流病，以致体力过度消耗，及后误信方士硫磺下补剂，离潮州不久，果卒于硫磺中毒"等语。因此而引起韩愈第 39 代直系血亲韩思道的不满，向法院自诉郭寿华"诽谤死人罪"。法院审理认为："自诉人以其祖先韩愈之道德文章，素为世人尊敬，被告竟以涉于私德而与公益无关之事，无中生有，对韩愈自应成立诽谤罪。自诉人为韩氏子孙，因先人名誉受侮，而提起自诉，自属正当。"于是判郭寿华诽谤已死之人，处罚金 300 元。郭寿华不服，提起上诉，被上诉法院判决驳回。此判决在台湾学界引起极大的震撼，责之为"文字狱"。而法院人士则著文辩护，认为判决正当公允。①

法院之所以作此判决，其法律依据有三个。①我国台湾地区"刑法"第 312 条第 2 款规定："对已死之人，犯诽谤罪者，处 1 年以下有期徒刑、拘役或 1000 元以下罚金。"②我国台湾地区"刑事诉讼法"第 234 条第 5 款规定："刑法第 312 条之妨害名誉及信用罪，已死之人之配偶、直系血亲、三亲等内之旁系血亲、二亲人等内之姻亲或家长、家属得为告诉。"③我国台湾地区"民法"第 967 条规定："称直系血亲者，谓己身所从出，或从己身所出之血亲。"这里规定的直系血亲并无年代之限制。正是据此，法院认定韩思道有告诉权，郭寿华应被追究刑事责任。而学界则认为"诽谤死人罪"的立法目的应当在于保护后人的"孝思忆念"。若先人过世年代久远，就法律适用的普遍客观而言，后人对之已无孝思忆念，自应不在保护之列，因而主张以目的性限缩方法并参酌中外古今在此方面的规定，把直系亲属区分为"法律上"直系血亲与"观念上"直系血亲两类型，将前者限于以己身始数及上下各四代，

---

① 参见杨仁寿：《法学方法论》（第二版），中国政法大学出版社 2013 年版，第 3 页。

进而剔除后者在"刑事诉讼法"第234条第5项的适用范围之外。①

（二）自己代理

德国曾经发生这样一个案件：一位父亲欲将一笔财产赠与自己未成年的儿子，于是签订了一份赠与合同。这份赠与合同是由这位父亲一手决定，即一方面他作为赠与人，另一方面又作为受赠人的法定代理人。问题是，该份赠与合同是否有效？民法上有禁止自己代理的规则，依该规则代理人以被代理人的名义与自己订立的合同无效。德国民法典规定了这个规则，因而本案中的赠与合同若严格依法将被确认无效。然而，德国著名民法学者拉伦茨教授则认为该赠与合同应该有效。他先分析民法上规定禁止自己代理的规范目的，这个规范目的就是要防止代理人在决合同内容时损害被代理人的利益。因为在通常的合同中双方当事人的立场是相对的，存在利益冲突，因此禁止自己代理有其充分理由。但本案事实是父亲将自己的财产无偿转让给自己的儿子，双方不是商品交换关系，对方不需要支付代价而是纯粹获得利益。在这种情况下，合同双方不存在利益冲突，也就不可能发生代理人在自己代理中损害被代理人利益的情形。可见，对本案的赠与合同严格依照禁止自己代理的规定，并不符合规定的规范目的。拉氏指出因为德国民法典在制定时由于立法者的疏忽，未对禁止自己代理规则设置例外规定，导致该规则的适用范围过宽，才会将诸如本案这样的情形涵盖在内。基于此，拉氏建议根据禁止自己代理规则的规范目的，限制其适用范围，使之仅适用于存在利益冲突的合同案件，而将本案排除在该规则的适用范围之外，进而认定本案赠与合同有效。②

二、相关界限

目的性限缩作为法律填补（权变）的一种方法，与狭义法律解释中的限缩解释的区别相当微妙，也与反面推导有诸多相似之处。此外，需要目的性限缩的法律规定与法律拟制性规定极易混淆。因此，实务上进行目的性限缩时，应当对这些似是而非的情形详加审辨，以求正确运用。

---

① 参见杨仁寿：《法学方法论》（第二版），中国政法大学出版社2013年版，第4～6页。
② 参见梁慧星：《裁判的方法》（第3版），法律出版社2017年版，第255～256页。

（一）目的性限缩与限缩解释

两者虽均为限缩，却有诸多方面的相异之处。其一，两者所限缩的对象各不相同：前者是限缩法律规范所规定的法定案型；后者是对法条中的过于宽泛的文字含义加以限缩。其二，两者的限缩缘由不同：前者是由于立法者的疏忽把本不该由某一法律规范调整的案型未予排除出该规范，其差错是法律规定实质内容上的差错，是涉及规范目的差错；后者则是由于法律规定中所用文字的含义过于宽泛，只存在法律规定表现形式的错差，并无实质内容与规范目的上的错误。其三，两者的限缩目的不同：前者限缩的目的在于把不合该法律规定规范目的之案型排除出该法律规范的适用范围，实际上是给法律规定设定"但书"；后者则是将法条中过于宽涵的文字含义局限于其核心部分，其所解决的是各法律规定的表现形式与其实质内容的矛盾问题。其四，两者限缩的根据不同：前者是以规范目的为限缩根据的，即合规范目的之案型予以保留，不合规范目的之案型予以剔除；后者所根据的是法律规范的立法本意及用语的核心含义，属立法本意和核心含义的是应有的含义，不合立法本意及不属核心含义的予以剔除。其五，两者限缩的方式不同：前者是通过对法律规范所涵盖的案型根据立法目的予以类型化加以区分，进而积极地将不合规范意旨的部分予以剔除；后者则是根据立法本意，把法律规定中的文字含义局限于其核心部分。其六，两者限缩的程度不同：前者损及文义的核心，后者则是止于文义核心。其七，两者限缩的场合不同："在实务上，如文义可为切割、直接分类时，多采用限缩解释，将其文义局限于核心部分。若不能将文义切割分类，则以目的性限缩为之。"①

对于目的性限制与限缩解释的区别，黄茂荣强调的是在限缩程度上是否已损及文义核心上的区别，而且对此举例加以说明。现录两例如下，以资参酌。例1：关于"所得税法"第4条第4款所称之"劳工"，倘认为不包括代表雇主行使管理权之受雇人，或解释为不包括不具备职工会会员资格的受雇人，其见解可认为属于限缩解释的结果。倘进一步认为未实际加入工会者，即非该条款所称之劳工，则其见解显然非该目的性限缩不能获致。盖为雇方行使管理权者，以及根本不具备工会会员之入会资格者，其劳工身份，自劳工立场的观点，固可认为不具备，但对具备入会资格而未实际入会者，在法

———————————

① 杨仁寿：《法学方法论》（第二版），中国政法大学出版社2013年版，第200页。

律上径予否认其实际所具备之劳工身份，便显然迁就财政目的，逾越"劳工法"规范意旨。对从"劳工法"演进而来的用语，在"税捐法"上给予目的性的限缩。例2：在"土地税法"上关于其第9条所指之"自用住宅用地"，在法律明文以设籍为其构成要件之情形下，向内挤压该要件之含义范围，进一步要求"自用人"，除了必须设籍外，尚须"实际居住于该地"，该"实际居住于该地"之新构成要件的附加，对"设籍"所涵盖之范围，也有加以目的性限缩的作用。①

（二）目的性限缩与反面推导

两者都以"相异之事件应为相异之处理"为基本原理，均是将某种案型排除出某一法律规范的适用（调整）范围，但两者的差别还是很大的。其一，系争案型在既定规范中的存在状态。前者的系争案型被既定规范明确规定，是法定案型的一种。后者的系争案型未被既定规范明文，只是暗含于与其相反的法定案型的反面。质言之，前者有明定，后者只暗含。其二，立法者对系争案型的认识。前者是因立法者的疏忽或不及预见，误将原本互不相同的系争案型与其他法定案型，同置于某一法律规范中予以相同的法律后果，导致其所调整的该系争案型与规范目的不合。后者则对系争案型未作明定时立法者的一种有意沉默，即立法者已经预见到该系争案型的存在，只是基于该系争案型与法定案型的"相反"关系，为立法的简洁而所作的一种立法技术处理。其三，系争案型与法定案型的"相异"关系。前者的系争案型与其他法定案型的"相异"侧重于价值判断上的目的矛盾（冲突）；后者则主要从构成要件方面来判断其相异。易言之，前者可能存在"形似"而"神异"；后者则主要考察"形异"，是否"神异"就反面推导方法来说是无法判断的。其四，两者所得结论与规范文义的关系。前者的结论不能于既定规范可能的文义范围内形成，需要依靠规范目的来达成；后者的结论则可自既定规范的文义推导而得。

（三）需要予以目的性限缩的规定与法律拟制法条

两者中的标准案型与系争案型均属相异之列，即均将与标准案型相异的案型纳入同一法律规定予以调整，然两者却存较大的差别。其一，立法者主

① 黄茂荣：《法学方法与现代民法》，中国政法大学出版社2001年版，第397～398页。

观意志：前者是由于立法者的疏忽致使法律规定涵盖了其本不应该调整的案型，属立法失误之列。后者则是基于立法技术等考虑，是立法者有意地把与相异于法律规定所应调整的标准案型的案型纳入其中，属立法者有意把相异案型作相同处理。其二，表现形式：前者是本该设定但书而未予以设定；后者通常使用"视为"的拟制性用语加以表述。其三，系争案型与法律规范所该调整的标准案型的关系：前者以规范目的衡量两案型的相异是本质性的，不能适用同一法律后果。后者的两案型虽在构成上有相异之处，但其所适用的法律后果则是可以相同的。其四，与规范目的的关系：前者的系争案型与规范目的不相符合，后者则是两案型均合乎该法律规范的规范目的。所以，前者在适用上应予以排除，后者却只能依该拟制而适用。

第二节　操作规则

对法律规范的目的性限缩，在具体操作上应当依目的探求、案型区分、沉默检视、"但书"设置为序而进行。其中"目的探求"已在第三章阐述，这里不赘述。

一、案型区分

目的性限缩是要把不合规范目的之案型排除出某一法律规范的适用范围，而保留合乎规范目的的案型，因而需要对该法律规范所调整的案型予以分门别类，即加以类型化。类型化的标准即该规范目的，依此标准把该法律规范所涵盖的案型区分为合规范目的的案型与不合规范目的类型。例如前述"诽韩案"中论及的"直系血亲"的类型区分，以是否合保护后人"孝思忆念"的规范目的为标准，区分为"法律上的直系血亲"与"观念上的直系血亲"两个类型。又如自己代理，即代理人以被代理人名义同自己签订的合同无效。这种规定的规范目的在于避免利益冲突和保护被代理人利益。应当依据该规范目的，把自己代理区分为"存在利益决定和可能损害被代理人利益的自己代理"与"不存在利益冲突和不可能损害被代理利益的自己代理"两个类型。

后一类型有如"代理人单纯赠与物品于被代理人的自己代理"之案型。这是一种虽被该法律规范所涵盖却不合禁止自己代理的规范目的案型，因而应将其排除出禁止自己代理的法律规定之适用范围。

二、沉默检视

以目的性限缩方法对某一法律规范所涵盖的案型进行排除，必须是由立法者的疏忽或未能预见而将本不该纳入的却被涵盖的不合规范目的之案型。法律规范将与其本应涵盖的案型相异的案型纳入调整范围，可能是由疏忽，也可能是有意识的。由于疏忽而把本不该纳入其调整范围的不合规范目的的案型而纳入或未予剔除，司法上就应对其进行目的性限缩。而如果是立法者有意识地把某类不同于某一法律规定所应规范的案型纳入其中，则不得以目的性限缩的方法把其剔除，这种有意的纳入即法律拟制。因法律拟制而纳入的案型与法律规范本应调整的案型之间，虽然存在相异的构成，但在法律效果上相当。而立法者疏忽纳入的或未予剔除的案型与合规范目的的案型或许具某种相似性，但这种相似性只是"形同而神异"，两者在法律后果上是不应相同的。所以在进行目的性限缩时，应当细察立法者的主观状态，区别疏忽涵盖与有意拟制。

三、但书设置

经过了上述步骤，最后一步就是对需要目的性限缩的法律规范设置"但书"，以便将已经类型化而得的不合规范目的之案型排除出该法律规范的适用范围，使不合规范目的类型不适用该法律规定。例如在前述禁止自己代理的规定中设置"但是向被代理人的纯赠与性之自己代理不在禁止之列"，从而使该类自己代理不依法律规定认定其无效，而是认可该赠与合同的效力。当然，对被排除的案型的处理，与既定法律规范中的法律效果将有所不同。但这种"不同"既可能是"相反"的，也可能是其他形式的不同。这需视"两类案型"的差异程度而定，还涉及是刑事还是民事等其他法律部门的问题。比如刑事定罪时，对被排除的案型所作的处理就与既定规范的法律效果相反：不予定罪处刑（宣告无罪），这是罪刑法定原则的本质要求。但在民法部门，对被排除的案型则可能是既不按被目的性限缩的法律规定处理，也不作相反的处理，而是视情采用折中方法予以适当的解决。

第三节　配合限缩①

拉伦茨在其《法学方法论》一书中有这样的一段阐述："假使同一行为既构成违约行为，也构成侵权行为，则相互竞合的不仅是两项法规范，而是两项规整总体。原则上这两个规整总体可以并行适用，其涉及的是一种'重叠的竞合'。这两类规整在一点上相同：原则上，它们都课有责行为以损害赔偿义务。当契约法规定加重的有责性时，其同时包含立法者下述决定：在欠缺这种有责性时，根本不应有损害赔偿请求权发生。假使于此还是坚持要适用侵权行为法的规定，那么立法者的决定就会因此付诸流水了。在此种情形，这两类规整陷于矛盾，通说采用有利于（依埃塞尔及施勒希特里姆之见，首先应限缩解释的）契约法规定的方式来解决。方法论上，这是为了达成立法者在契约法上的决定，对侵权行为法规定的适用范围所作的目的论的限缩。"②拉氏在阐述目的性限缩时也述及："有时是为了使另一法规范的目的得以达成，因必须做目的论的限制。"③ 这里所言的"目的论的限缩"，并非通常所说单一法律规范内的目的性限缩，而是两个法律规范之间的目的性限缩。这是目的性限缩的一种特殊形式——姑且称之为"目的性配合限缩"（简称配合限缩）。配合限缩是化解两个法律规范之间规范目的矛盾的重要方法，然而在法律方法类论著中却鲜被述及。本书基于对拉氏阐述的理解，试对配合限缩方法及其运用予以展开论述，并加以例析。

一、方法概说

通常所称的目的性限缩，"指依法律条文的文义应涵盖某一案型，但依立

---

① 余文唐：《配合限缩：规范目的矛盾化解之法》，载微信公众号"法学学术前沿"，2019 年 7 月 9 日推送。

② ［德］卡尔·拉伦茨：《法学方法论》，陈爱娥译，商务印书馆 2003 年版，第 149 页。

③ ［德］卡尔·拉伦茨：《法学方法论》，陈爱娥译，商务印书馆 2003 年版，第 270 页。

法目的本不应包含此案型，只是由于立法者的疏忽而未将其排除在外，于是为贯彻规范的意旨，将该案型排除在该法律条文适用范围之外。"① 这种定义只是对单一法律规范的目的性限缩所下的，没有包含两个法律规范之间的配合限缩。其实，目的性限缩可区分为自我限缩与配合限缩两种：前者系目的性限缩的普通形式，是为了实现本法律规范的规范目的，而以本法律规范的规范目的为据来限缩本法律规范的适用范围；后者则是目的性限缩的特殊形式，是为了实现他法律规范的规范目的，而以他法律规范的规范目的为据来限缩本法律规范的适用范围。两者都是根据法律规范的规范目的限缩法律规范的适用范围，正是因此两者才都归属目的性限缩。其区别主要体现在三个方面。其一，限缩前提上的不同。前者是在一个法律规范之内以规范目的限缩适用范围，后者则是两个法律规范之间因规范目的冲突而限缩其中之一的适用范围。其二，限缩目的上的不同。前者的限缩是为实现本法律规范的规范目的而限缩本法律规范的适用范围，后者则是为实现他法律规范的规范目的而限缩本法律规范的适用范围。其三，限缩根据上的不同。前者是根据本法律规范的规范目的限缩本法律规范的适用范围，后者则是根据他法律规范的规范目的限缩本法律规范的适用范围。

在相互冲突的两个法律规范之间的配合限缩，与法律冲突的利益衡量和辩证选择有着诸多相似之处。比如其运用前提都是两个法律规范之间存在法律冲突，均须在相互冲突的两个法律规范之间择一适用，均是运用于没有既有的冲突规范可供适用或者不宜适用既有冲突规范的场合，② 因而法律规范的选择根据均非既定的冲突规范。然而，它们之间的区别还是存在的，主要体现在法律规范适用选择的根据之上。如上所述，配合限缩是根据他法律规范的规范目的限缩本法律规范的适用范围，其法律规范的选择根据是处于价值优位的他法律规范的规范目的。利益衡量的实质是对双方当事人的利害关系作比较而权衡利弊、合理取舍，选择最能合理平衡当事人双方利益的法律规

---

① 参见法帮网"法律自科"之"目的性限缩"词条。

② 不宜适用既有冲突规范的场合，指法律冲突虽然可以通过一般规则来选择所要适用的法律规范，但选择适用的结果不具有合理性或正义性的情形。

范予以适用。① 可见，利益衡量的法律规范的选择根据是当事人的利益平衡。所谓辩证选择，是法官借助相互冲突的法律规范之外的法律原则、公共政策、社会需求等因素，通过利益权衡或价值评判，选择符合法的妥当性的法律规范适用于现实案件。也就是说，辩证选择的根据是法律原则、公共政策、社会需求等相互冲突的法律规范之外的因素。概言之，配合限缩中的法律规范的选择根据是优位价值的规范目的，属于法内因素。而利益衡量和辩证选择则是以法外因素作为法律规范的选择根据，前者侧重于当事人利益的平衡，后者则着眼于社会因素的考量。

二、操作规则

在配合限缩的具体操作方面，拉伦茨在前揭一书中并未加以提炼概括，只是在阐述因违约责任与侵权责任之间的规范目的矛盾而运用配合限缩时，引用埃塞尔及施勒希特里姆的观点："只有在契约法上减轻责任的规定，其目的的确是在免除所有的赔偿责任时，减轻责任的规定才对侵权行为的请求权亦得以贯彻。""债务人的行为所影响的，恰好是债权人对审慎履行契约给付的利益，与此情形才可对侵权行为法规定的适用范围予以目的论的限缩。假使影响的是债权人保有其他法益的利益或者说受影响的是他的保护利益，则不得与侵权行为请求权中亦主张应减轻责任。在违反契约上的保护义务时，对于任何有责行为均应负责。即在违反保护义务的情形，则应对契约法规范进行目的论的限缩。"② 依笔者之见，若更为全面地概括出运用配合限缩的基本条件，则可从四个方面予以揭示：一是配合限缩所涉的两个法律规范依其文义不存在复数解释，也即两个法律规定的字面含义明晰而无歧义；二是配合限缩所涉的两个法律规范之间存在法律冲突，或言两个法律规范在同一个案件上出现适用竞争；三是配合限缩所涉的两个法律规范的规范目的相互矛盾，也即两个法律规范之间的法律冲突系因规范目的的矛盾所引发；四是配合限

---

① 谢晖对利益衡量的界定应是广义的："法官根据案情，结合已有的、冲突的法律规范，以案件的实质合理为法律适用的目的而适用法律、处理案件的方法。""就是当法官面对一个案件，而与此案件相关联的法律出现冲突时，法官根据案件事实权衡冲突的法律适用于当下之案件事实的利弊情形，选择适用法律或者综合适用法律的活动。"谢晖：《法律哲学：司法方法的体系》，法律出版社 2017 年版，第 193 页。

② 参见 [德] 卡尔·拉伦茨：《法学方法论》，陈爱娥译，商务印书馆 2003 年版，第 148～149 页。

缩所涉的两个法律规范的规范目的存在价值上的优劣等次，或言被限缩规范之规范目的在价值上处于较低的位次。

由于配合限缩是因规范目的矛盾而为了使另一法律规范的目的不致落空，而以该另一法律规范的规范目的为据限缩拟被限缩的法律规范之适用范围，所以探寻两法律规范的规范目的并对其进行价值优劣比较是至关重要的。同时，既然配合限缩是目的性限缩的特殊形式，当然也应与普通目的性限缩一样须以存在立法疏忽为其要件。鉴于此，配合限缩在操作步骤上可以具体分为四个阶段。首先，规范目的探寻。应当明确所涉两个法律规范的规范目的是什么，也就是探明两个法律规范各自所要保护的利益或价值之所在，为下一步的规范目的评判做好准备。其次，规范目的评判。在探明所涉两规范目的的基础上，进而对该两规范的规范目的是否存在矛盾加以评判，并对其价值进行比较，以判断有无进行配合限缩的必要和确定被限缩的法律规范。再次，立法疏忽判断。立法疏忽在普通目的性限缩中主要体现为本法律规范的规范目的与字面含义相脱节，而于配合限缩中则体现在所涉两个法律规范的规范目的相矛盾。因而确定两法律规范的规范目的相矛盾，也就可以认为存在着立法疏忽。最后，适用范围限制。就是根据所涉两个法律规范之中价值位次更高因而更值得实现的规范目的，对拟予以限缩法律规范的适用范围进行限缩；或言将与价值较高的规范目的不相符合的案型，剔除出规范目的价值较低的法律规范之适用范围。

三、国内适例

比如，税收征收管理法第 45 条第 1 款后段规定与企业破产法第 109 条及第 113 条第 1 款规定，符合上述配合限缩的基本条件。其一，在税收与后担保物权孰先孰后的问题上，两者之间出现适用上的冲突，只能择一适用而不能同时予以适用。其二，两者依其文字均不存在复数解释：若依前者，则只有税收先于后担保物权执行一种解释结论；若依后者，则只有税收劣后于担保物权而不论担保物权成立于税收发生之前还是之后一种解释结果。其三，两者的规范目的相互矛盾：前者的规范目的在于保障国家税款的顺利征收，后者的规范目的在于维护市场交易的安全和稳定。其四，两者的规范目的存在价值等次：市场交易是国家税收的主要来源，市场交易的安全和稳定是国家税收安全的保障。可见，市场交易的安全和稳定的价值，先于且高于国家税收安全的价值。因此，化解税收优先与担保物权优先的法律冲突，实现企业破产法第 109 条及第 113 条第 1 款的规范目的，就需要以该两规范的规范目的来限缩税收征收管理法第 45 条第 1 款后段规定的适用范围，即把税收征收管理法第 45 条第 1 款后段的适用限于非破产清算场合。易言之，在破产清算场合应是担保物权优先于税收，非破产场合才可税收先于后担保物权执行。

　　又如，合同法第 122 条规定："因当事人一方的违约行为，侵害对方人身、财产权益的，受损害方有权选择依照本法要求其承担违约责任或者依照其他法律要求其承担侵权责任。"该规定对受害人的选择请求权没有作出任何限制，其规范目的在于尊重受害人的意愿和权利，保障受害人能够充分行使其权利。而合同法第 374 条则规定："保管期间，因保管人保管不善造成保管物毁损、灭失的，保管人应当承担损害赔偿责任，但保管是无偿的，保管人证明自己没有重大过失的，不承担损害赔偿责任。"这一规定的规范目的显然是为了免除不存在重大过失的无偿保管人的全部责任，而不仅仅是免除其违约责任。如果现实案型符合该无偿保管规定，那么依这一规定应予责任免除。问题在于，这一规定是合同法的规定，债权人选择追究无偿保管人的违约责任，自当得不到支持。但是如果严格按照合同法第 122 条请求权竞合的规定，那么当事人是可以选择侵权法请求无偿保管人的侵权责任的。而这样一来，合同法第 374 条的规定就会归于徒然。因此，为实现合同法第 374 条的规范目的，只有根据该规定的规范目的，对合同法第 122 条请求权竞合的规定加以限缩：将无偿保管且保管人没有重大过失而保管物毁损、灭失的案型，剔除出合同法第 122 条规定的适用范围，当事人不得选择侵权法而请求赔偿。

第七章　类推适用：个别类推与整体类推

第一节　类推概说

一、类推及相关概念

（一）类推、类推适用

"类推"一词，根据《辞海（缩印本）》和《现代汉语词典（修订本）》的界定，是指"依照某一事物的道理推出同类其他事物的道理"[①]。日本学者我妻荣主编的《新法律学辞典》把类推概念解释为："扩充法律上规定的事项以推及类似的情况。"[②]　前者是日常意义上的类推含义，后者法律领域的类推概念。

法律领域的类推也即"类推适用"。我国台湾地区学者对此讨论颇多，例如，李宜琛认为："类推适用者，就法律所未规定之事项，适用类似事项之规定者也。"[③]　黄茂荣认为："所谓类推适用，系指将法律明文之规定，适用到非

[①]　《辞海（缩印本）》，上海辞书出版社 1980 年版，第 1931 页；《现代汉语词典（修订本）》，商务印书馆 1998 年版，第 766 页。

[②]　［日］我妻荣主编：《新法律学辞典》，董舆等译校，中国政法大学出版社 1991 年版，第 984 页。

[③]　李宜琛：《民法总则》，台北正中书局 1977 年版，第 24 页。转引自屈茂辉：《类推适用的私法价值与司法运用》，载《法学研究》2005 年第 1 期。

该法律规定所直接加以规定，但其法律之重要特征与该规定所明文规定者相同之案型。"① 黄建辉认为："法律上之类推适用，系指法无明文之系争事件，比附援引与其类似性质之案型规定。"② 杨仁寿认为："类推适用，系就法律未规定之事项，比附援引与其性质相类似之规定，以为适用。"③ 王泽鉴认为："类推适用，乃比附援引，即将法律于某案例类型（A）所明定的法律效果，转移适用于法律未设规定的案例类型（B）之上。"④ 这些说法尽管表述各异，但其内涵基本一致。

德国的著名法学家拉伦茨对类推适用做了这样的阐述：将法律针对某构成要件（A）或多数彼此相类的构成要件而赋予之规则，转用于法律所未规定而与前述构成要件相类的构成要件（B）；转用的基础在于：两个构成要件——在与法律评价有关的重要观点上——彼此相类，因此，二者应作相同的评价，易言之，系基于正义的要求——同类事务应作相同处理。⑤

（二）类比推理与类推适用

类比推理与类推适用的关系很是微妙：理论上有认相同者，也有认相异者，还有认从属者。在日常用法中，类比推理是根据两个或两类对象的某些属性相同从而推出它们在另一些属性方面也相同的推理，是一种基于相似而进行的论证或推理。从逻辑学的角度看，类比推理是与演绎推理、归纳推理并列的一种推导方式。演绎推理强调从一般到特殊，归纳推理强调从特殊到一般，而类比推理遵循的是从特殊到特殊的运行思路。

法律领域的类比推理，是法律推理的一种重要形式。在司法实践中，如果案件之间有质或量上的相同属性或关系，这些相同的属性或关系是相关的而且对于该问题而言是重要的，并且这些相同点比案件之间的差异点重要，那么通过类比推理我们就认为这些案件是"相似的"，从而得出可以适用某种规范的结论。⑥ 从这个角度而言，类比推理是遵循先例和案例指导所运用的法律方法。

① 黄茂荣：《法学方法与现代民法》，中国政法大学出版社 2001 年版，第 393 页。

② 黄建辉：《法律漏洞·类推适用》，台湾地区蔚理法律出版社 1988 年版，第 77 页。

③ 杨仁寿：《法学方法论》（第二版），中国政法大学出版社 2013 年版，第 194 页。

④ 王泽鉴：《民法思维：请求权基础理论体系》（最新版），北京大学出版社 2009 年版，第 200 页。

⑤ ［德］卡尔·拉伦茨：《法学方法论》，陈爱娥译，商务印书馆 2003 年版，第 258 页。

⑥ 参见余涛：《类推的性质与司法实践活动中的类比推理》，载《法律方法》2013 年第 1 期。

雍琦教授则把法律领域的类比推理分为两种情形：类推适用和案例类推。类推适用如前所述，其逻辑形式是：M 法律要件有 P 法律效果（大前提），S 与 M 法律要件类似（小前提），故 S 亦有 P 法律效果（结论）。案例类推是类比推理的典型情形，就是把待处理案件与已处理的案件进行类比，然后根据两起案件在基本性质、事实特征等方面的相同或相似性，推知它们在适用的法律原则和处理结果方面也相似的推理。[①]

本书与雍琦教授一样采用从属论，但在概念的位序上则持相反的看法。主张将类推适用区分为法律类推与案例类推（类比推理）两类，即法律类推和案例类推是类推适用的下位概念（种概念）。两者在法律领域均属于司法方法，都以案型之间的相似性为其本质特征，都存在着案型相似度比较。其区别在于：法律类推是将法律规定适用于与其规定的法定案型相类似的现实案件，是法定案型与系争案型之间的相似性比较；案例类推则是将前案判决（先例）的裁判规范适用于与其相类似的后案。

（三）类推解释与类推适用

类推解释是个争议较大的概念，有人将其与类推适用通用，有人则区别两者。例如，郑玉波先生采通用说："所谓类推解释，指对于法律无直接规定之事项，而择其关于类似事项之规定，以为适用，故亦称类推适用。"[②] 杨仁寿则采区别说，认为类推解释系属狭义的法律解释之一种，仅在文义之可能范围内阐释法律之含义。[③] 日本学者碧海纯一认为："类推解释为体系解释的范畴，而类推适用则是法律漏洞的补充方法，二者应予区别。"[④]

其实，"类推解释"这一称谓本身就是不科学的："类推"属于"续法"而"解释"只是"释法"，将两者糅杂在一起显得不伦不类。正如石田穰先生所指出的：法律解释指明确法律意义内容的作业；而类推适用则是将经法律解释明确了意义内容的作业，与"同样事物应同样处理"的法则，进行组合判断的作业。[⑤] 因此，若将"类推解释"限于狭义的法律解释之列，应当属于

---

① 参见雍琦：《法律逻辑学》，法律出本社 2004 年版，第 297～298 页。
② 转引自梁慧星：《民法解释学》（第四版），法律出版社 2015 年版，第 274 页。
③ 杨仁寿：《法学方法论》（第二版），中国政法大学出版社 2013 年版，第 208 页。
④ 转引自余涛：《类推的性质与司法实践活动中的类比推理》，载《法律方法》2013 年第 1 期。
⑤ ［日］石田穰：《法律解释学的方法》，第 36 页。参见梁慧星：《民法解释学》（第四版），法律出版社 2015 年版，第 275 页。

体系解释/同类解释或相当解释；若将其看成是漏洞补充之法，则已有类推适用之称谓。总而言之，不论是将其限于"释法"还是"续法"，该称谓都是多此一举。

二、类推适用的分类

类推适用除了上述的法律类推与案例类推外，还有如下的单一说、二分说和三分说之争。

（一）单一说

德国学者卡拉里斯认为整体类推的推论不合乎类推适用的"自特殊到特殊"的推论方式，因而反对将其归类为类推适用。其认为这是由多数个别法律规定抽象归纳出一项适用于其他类似事实的案件，属于"由特殊到一般"的推论，从而应当认为是"归纳"。另外有学者则认为这是不完全的归纳法的应用，而不必特别称之为"整体类推"。从多数个别法律规定抽象出一般法律原则颇具"归纳"之外观，似乎并不是"特殊到特殊"的类推适用。[①]

（二）二分说

学者们将类推适用在实务中的运作过程归类为"个别类推"和"整体类推"。个别类推指就某个别法律规定进行类推适用。整体类推指就多数同类法律规定进行类推适用。整体类推的方法是通过回归到所有个别规定的法律理由上，形成一般的法律原则，所以又称"回归法律所包含的原则"的方法。[②]或称："整体类推原理在于通过对诸多法律规范的归纳，总结出法律所包含的原则，并将该原则适用于法律未明白规整的事实，在该事实中不存在例外不得适用该原则的理由。"[③] 个别类推与整体类推应该就是所谓的"制定法类比"与"法类比"："这两类类比的区别与类比推理的出发点——前提——有关。制定法类比从某个具体的法律条文出发，而只要选择多个法条作为出发点，涉及的就是法类比。"[④]

---

① 王俊：《简析类推适用制度方法及分类》，载《职工法律天地》2014年第11期。
② 王俊：《简析类推适用制度方法及分类》，载《职工法律天地》2014年第11期。
③ 纵博：《论刑事诉讼法漏洞填补中的类推》，载《法学论坛》2011年第1期。
④ ［德］乌尔里希·克鲁格：《法律逻辑》，雷磊译，法律出版社2016年版，第151页。

（三）三分说

三分说是在二分说的基础上，增加一种授权式类推。① 授权式类推适用是指由法律明文授权法院将某案件的法律规定适用到另一个类似的案件上。② 依其功能又可分为两种具体的形态。首先，避免烦琐的重复规定。这一形态的规范，一般在文字上清楚明白地写明。法律常以拟处理的案件与拟引用的法条所规定的案件的相同与否及其类似性的高低为标准，分别使用不同的字眼表现其间之引用的关系。③ 其次，避免挂一漏万的规定（例示规定）。在立法上常常会遭遇到对拟规范的事项难于穷举或其穷举太烦琐，但又有不愿挂一漏万地加以规定的难题。这时立法技术上通常是在作适当的例示后，紧接着用概括规定来加以穷尽的涵盖。④

对于上述的不同分类，需要明确三点。首先，个别类推应为类推适用的普通形态或称标准形态。其次，整体类推从归纳多个同类法律规定形成一般的法律原则阶段来看，的确属于归纳推理。而类推适用是将既有规范适用于类似案件，其本质特征是类似性。从多个法律规定归纳获得的一般法律原则，适用于未规定的"相似案件"属于演绎推理。然而，毕竟该一般法律原则是从多个法律规定归纳而得到的，而该多个法律规定却没有涵盖与其相类似的系争案型，因而将整体类推归属于类推适用也并无不可。"特殊到特殊"，只是遵循先例（案例指导）中以一个先例为基点判例的案例类推的特征而非整个类推适用的特征，⑤ 因而不应以此类否认整体类推的类推适用性。最后，授权式类推的第一种形态似应属于立法拟制范畴；而第二种形态则应是"同类解释"之列，不宜归入属于漏洞填补的类推适用。

---

① 详见纵博：《论刑事诉讼法漏洞填补中的类推》，载《法学论坛》2011年第1期。
② 黄茂荣：《法学方法与现代民法》，中国政法大学出版社2001年版，第292页。
③ 黄茂荣：《法学方法与现代民法》，中国政法大学出版社2001年版，第139页。
④ 黄茂荣：《法学方法与现代民法》，中国政法大学出版社2001年版，第309页。
⑤ 古典逻辑学说的代表人之一的奇恩认为："即使是类比推理也存在从一般到一般的过程。"克鲁格对此的评论是："但无论如何，类比不是从一般到个别，或相反，从个别到一班的推理，因而古典逻辑理论都赞成，类比是奇恩所称的'水平推理'。这让人联想到它的属性：即总是停留在一个'水平面'上，要么是特殊性的'水平面'，要么是一般的'水平面'。"参见［德］乌尔里希·克鲁格：《法律逻辑》，雷磊译，法律出版社2016年版，第157～158页。

三、类推适用的特点

类推适用之运用，依德国学者库鲁格在 1951 年所著《法律的逻辑》一书中的观点，具三项特点。日本学者碧海纯一另加一特点，计为四项。第一，类推适用为间接推论，而异于直接推论。直接推论是：凡 M 是 P，S 是 M，故 S 是 P。类推适用是间接推论：凡 M 是 P，S 类似于 M，故 S 是 P。第二，类推适用为由特殊到特殊，由个别到个别的推论，既非由一般到个别的演绎，亦非由特别到一般的归纳。第三，类推适用所得出的结论非绝对真实，仅具有某种程度之盖然性和妥当性。第四，类推适用之操作媒介为"类似性"。[①]另有论者从类推适用的优缺点角度概括其特点："类推适用最大的优点在于能够无须借助完整的理论而达成共识，解决纠纷，使得法官达成一种'理论不全的共识'。而相应的，其最大的缺点也就在此：并未提供一套发现'类似性'的让人信服的理论指导，因而有可能会被滥用之虞。"[②]

第二节　个别类推：适用条件与相关界限

一、概念例说

个别类推是指把法律未作规定的系争案型纳入规定与其相类似案型的法律规范予以处理，或者反过来说，是把某一既定法律规范扩大适用于与该规范规定案型相类似的系争案型。即规范 N 规定法律事实（法定案型）T1 法律后果 R，现有法律未规定的系争案型 T2，而 T2 在法律上的重要之点与 T1 相同，依该规范目的应当给予与 T1 相同的法律后果 R，因而把 T2 纳入 N 的调整范围或者说把 N 扩大适用于 T2。

[①] 杨仁寿：《法学方法论》（第二版），中国政法大学出版社 2013 年版，第 196～198 页。另见梁慧星：《民法解释学》（第四版），法律出版社 2015 年版，第 274～275 页。
[②] 王俊：《简析类推适用制度方法及分类》，载《职工法律天地》2014 年第 11 期。

　　例如，设某一法律规范为："国有单位的职员优惠购买本单位公房的，其转卖所得的升益30％归单位。"现有某甲为乙单位（国有）的职员，其向乙单位以职员优惠价购买的公房被拆迁，拆迁单位给甲一套新房，经计算该房屋升值4万元。问：乙单位能否主张4万元升益的30％？如果严格按照法律规范的文字规定，转卖与被拆迁安置当然不同，乙单位不得主张30％的升益部分。然而，本案的房屋确实有升益，且本案拆迁安置是以房换房，这又与转卖有着相似之处。先来分析所设规范：法律后果为"单位可得升益的30％款项"；构成要件是：①主体——购买本单位公房的职员；②前行为——以优惠价购买本单位公房；③后行为——转卖该公房；④结果——该公房有升益。所设系争案型在①②④上与所设规范的构成要件相同；在③上却具有相似性：法定案型中的"转卖"即把职员优惠价购买后的公房所有权让与他人而从他人之处取得价款；系争案型拆迁安置中的以房易房，也是把该公房的所有权转让与他人，只是所获的对价不是款项而是新房，且新房与价款均是该公房的对价，只是表现形式上的不同。而所设规范之所以规定如是的法律后果，其主要理由在于"优惠"，即购买公房中有福利补贴。可见不论从法定案型的总体构成要件上看，还是从"后行为"的实质上说，系争案型与法定案型的相同点更为重要，其不同点是次要的。因此，按照个别类推，乙单位有权主张该公房拆迁安置的以房易房之升益。[①]

　　在我国，个别类推有着悠久的历史。荀子《王制》中就有"其有法者以法行，无法者以类举"的说法。秦汉决狱时的"比附援引"，至唐时遂成定制，之后历代相沿不断。清朝在大清律中规定"律无正条，比引科断"，还编制了一系列比附成例供审判时遵循，如遗失京城门钥匙比照遗失印信论罪。新中国仍广泛运用个别类推。1979年刑法明确规定了刑法类推制度，但该制度已被1997年刑法废除。至此个别类推主要在民商法领域得以运用。至于行政法领域可否适用个别类推，则是个很有探讨价值的问题。依本书之见，行政处罚实行处罚法定，因此起码在对相对人的行政处罚方面是不应适用个别类推的。推而广之，根据公权法定原则，个别类推似乎也不宜适用于行政领

---

　　① 不过，优惠房拆迁时是以房易房，这所易之房仍由某甲居住，似乎仍可属于优惠（为解决国有单位职工住房问题而优惠）之列。这一点与专卖优惠房的区别应该是重大的。所以，文中分析作为说明个别类推的例子尚可，若是司法判决则有进一步斟酌的必要。

域。然而，利民之举则须另当别论，理由在于人民政权为人民这个政治大道理。① 照此，有利被告的刑法类推也并非不可。

二、适用条件

个别类推是扩张法律规范适用范围，并且是适用争议较大的一种法律适用的方法。所以在以此方法进行法律权变时，要求有严格的适用条件，其条件主要有以下几个方面。

（一）案型未规性

个别类推是在法律适用中将法律没有规定的系争案型，纳入规定与该案型最相类似案型的既定规范予以调整的一种法律权变方法。因此其运用的第一个条件就是系争案型必须是法律规范未予规定，存在规范的公开法律漏洞。法律对系争案型未作规定，也就是系争案型不能被既定规范的文义射程或调整范围所涵盖。能被涵盖或者法律明确规定予以参照适用的，不属个别类推之列。这种未规定属于法律的公开漏洞，而不是领域漏洞或隐蔽漏洞。隐蔽漏洞是应设限而未设限的漏洞，是目的性限缩或司法衡平所要解决的问题；而领域漏洞则需要以超越法律的方法进行法律续造才能解决。

（二）要件类似性

个别类推首先强调的是系争案型与法定案型具有类似性。至于以何标准判断相似性，法学家们有不同的回答。①构成要件类似说。该说认为以法定案型的构成要件为标准，系争案型与法定案型的共同特征越多则越类似，并且这些共同的特征在法律评价上对两案型均在"法律评价上有意义"。所谓"法律评价上有意义"，即对于拟个别类推之法律规范规定的法律后果有决定性的意义。这些特征也称为"重要之点"，有此"重要之点"的相同即为具有类似性。②实质一致说。此说主张类似性的认定应以系争案型与法定案型在

---

① 有论者对行政法领域的类推适用进行研究，提出两点。1. 行政法领域类推适用的范围：（1）绝对法律保留事项不得类推适用；（2）相对法律保留事项原则上允许类推适用；（3）非属法律保留事项均得类推适用。2. 行政法领域类推适用的类型界定：（1）行政处罚与行政强制不得类推适用；（2）行政处罚与行政强制以外的侵害行政禁止不利类推；（3）给付行政允许类推适用。详见周公法：《论行政法领域的类推适用》，载《行政法学研究》2012 年第 3 期。

实质上具有一致性为标准。然而何为"实质一致",该说却没有指出具体的标准。③同一思想基础说。该说要求比较系争案型与法定案型问题的思想基础,即两者须具有"同一利益状态",才可认定其为"类似性"。①

德国法学家拉伦茨持第一种观点,认为:"二案件事实彼此相类似,此意指:两者在若干观点上一致,其余则否。……有关的案件事实既不能相同,也不能绝对不同,它们必须恰好在与法评价有关的重要观点上相互一致。……法定构成要件中,哪些要素对于法定评价具有重要性,其原因何在,要答复这些问题就必须回归到该法律规整的目的、基本思想,质言之,法律的理由上来探讨。"②美国法学家伯顿提出家族式类似的观点:"归入一个法律类别的案件是相似的,正如一家人也很是相似一样。大多数家庭的两个成员并非在所有的方面都相像,大多数家族的任何两个成员也并不必须在任何独特方面都相像。在核心的家庭中,父母亲通常并没有任何共同的外部身体特征,以至于这些特征的存在标示他们在同一家庭的关系。但这对夫妇所生的同胞兄弟将可能与父母每人都有些共同的特征,而且他们之间也有些共同特征。尽管这四个人之间没有任何显著的共同特征,但还是承认他们是一家人。家族式关系可以如下模型化:甲与乙有共同特征;乙与丙有共同特征;甲与丙无任何显著的共同特征。甲与丙可属同一类。"③

学者对于相似性问题也是见解不一。有主张应探求某项法律规定的规范目的者,④ 有主张应采构成要件相似与规范意旨结合者。还有学者认为,相似性是指"待决案件之内涵特征与法定案型之内涵特征既非同一亦非歧义,而系就法律评价上有意义之事项上,彼此具有相同之内涵特征"。相似性的认定"除应注意系争法条之规范意旨,以之为系争案件与法定案型构成要件类似之情形是否属于法律评价上重要因素之评判标准外,仍需注意系争个案之评价、利益衡量,盖类似性之判断本即系价值评判活动而非纯系事实分析比较"⑤。

---

① 参见贾焕银:《类比推理与家族相似:对类比推理关键点的分析》,载陈金钊、谢晖主编:《法律方法》(第九卷),山东人民出版社 2009 年版,第 71 页。

② [德]卡尔·拉伦茨:《法学方法论》,陈爱娥译,商务印书馆 2003 年版,第 258 页。

③ [美]史蒂文·J. 伯顿:《法律和法律推理导论》,中国政法大学出版社 2000 年版,张志铭、解兴权译,第 96 页以下。

④ 参见王泽鉴:《民法学说与判例研究》(8),中国政法大学出版社 1998 年版,第 61 页。

⑤ 黄建辉:《法律漏洞·类推适用》,台湾地区蔚理法律出版社 1988 年版,第 115~116 页。转引自贾焕银:《类比推理与家族相似:对类比推理关键点的分析》,载《法律方法》2009 年第 2 期。

王利明教授认为，"类似性"的认定应当从构成要件和立法目的两个角度进行。① 另有学者则认为确定"类似性"，"应综合考虑，而不应有所偏废。这些方法并不是完全对立的，在大多数情况下它们可以共同发挥确定类似性的功能。"②

本书认为，个别类推的逻辑基础是类比推理，而类比推理的一个重要规则是进行类比的两事件相同点越多类似性越强。所谓相同点，则是以可观察到的外观特征而言的。因此，以类比推理为逻辑根据的个别类推之类似性，首先也应是外观上的特征之部分相同。当然，个别类推的结果是把系争案型纳入与其有类似性案型法律规范，适用该规范所规定的法律后果。因此，在法律评判上要求类似性有重大意义，即相同点为"重要之点"。构成要件说对"类似性"与"重要之点"这两个方面均已加以关注。而实质一致说和同一思想基础说抛开可以观察的构成要件这种外观特征的比较，仅强调"实质一致"与"相同思想基础"或"同一利益状态"。这些标准一则难以把握，二则也难以区分个别类推与目的性扩张以及当然解释（当然推导），因为后两者的要求也应同此。另外，后两说的要求实际上也被构成要件类似说的第二方面，即"法律评价上有重大意义"（重要之点）所包括。基于此认识，本书认为还是以构成要件类似说所主张的标准作为"类似性"判断标准为宜。

（三）立法疏忽性

未被既定法律规范规定的"类似"案型即系争案型，应该为立法者疏忽或没有预见所致，因而出现价值判断的矛盾。法律没有规定的案型，或者是由于立法者在制定法律规定时的疏忽所致，或者是由于社会生活的变化发展而新出现的案型，也有可能是立法者基于某种公共政策等的考虑而有意的沉默。一般而言，只有在前两种情形下，才有个别类推的可能；而最后一种情形基于立法权归立法者的权力分配，司法者不得进行个别类推。除非系争的类似案型已达相当重要程度，不予调整将导致"极不正义"而不得不予纳入调整而进行司法衡平。不过，立法者对系争案型究竟是有意沉默还是疏忽导致未予规范，通常很难加以判断。如果是立法者在其法律文件中明确规定把系争案型排除在其规范之外，自不必言。否则，就需要通过查阅相关立法资

---

① 王利明：《法律解释学》（第二版），中国人民大学出版社 2016 年版，第 364 页。
② 贾秀琴：《论法律推理大前提的确定》，载《广州大学学报（社会科学版）》2004 年第 6 期。

料，包括立法草案、立法报告等予以判断探明。而如果无从查考立法者沉默的有意或疏忽，在技术上就应通过分析该规定的规范目的和价值取向等来判定。

（四）目的符合性

所谓个别类推的目的符合性，就是将与法定案型相类似的系争案型纳入既定规范调整，必须与该既定规范的规范目的相符合而不能相背离。任何法律规范均有其特定的规范目的，个别类推以及其他法律漏洞填补方法（权变），只有在符合所被填补的既定规范之规范目的的情境下才有得以运用的可能。如果将与法定案型相类似的系争案型纳入既定规范调整与该规范的规范目的相背离，那么从表面上看就是系争案型与法定案型再相类似也不能运用个别类推予以纳入。这实际上也就是前述"重要之点"的要求。王泽鉴构思一个个别类推的例子：在某市立公园入口处，悬有告示"狗与猪不得携入公园"。某日，某一游客携一画眉入内，管理员微笑欢迎，未加盘问。随后，有一游客携一老虎欲进入公园，管理员大惊，即阻止之，因而展开如下的对话：管理员："老虎不得入内。"游客："请问为何前面游客得携鸟入内？"管理员："鸟非狗，亦非猪，不在禁止之列，自可入内。"游客："诚如所云，鸟非狗，亦非猪，不在禁止之列，故可进入。虎非狗，亦非猪，当亦不在禁止之列，何以不得进入？厚鸟而薄虎，殊失公平。"管理员：啊！（为之语塞）。管理员之女（肄业某大学法律系一年级）乃出面谓："鸟无害于公园的安全卫生，故可入内。虎有害游客安全，犹胜于狗！自不可入内。"游客深以为是，欣然携虎离去。[①]该管理员之女所言当属当然推导，虎与猪狗在损害公园的安全卫生方面不但同质而且更甚。借此发挥，假设第三个游客携的是一只乖顺可爱的绵羊，它与狗和猪均为四脚动物，可谓相类似。然而若将其个别类推于禁止入公园，则为不当类推。因为绵羊于游客安全公园卫生无碍，该个别类推与该禁止规范的目的相背离。

（五）适用限定性

通常认为个别类推不能适用于刑法，而民法乃至行政法等均可适用个别

---

① 王泽鉴：《民法思维：请求权基础理论体系》（最新版），北京大学出版社 2009 年版，第 201～202 页。这是个很有趣且饱含法律方法的构想，不过若将其作为当然推导的例子则更为确切。

类推而扩大规范的适用范围。本书则认为应当具体问题分别对待。一方面，并非刑法都不能进行个别类推。虽然刑法主要是规定犯罪和刑罚的规范，但个别类推的结果并不都是导致对被告人不利后果。比如从轻、减轻或免除的情节，如果系争案型与这些法定情节相类似，进行个别类推没有不利于被告，似应许可。① 反之，民法、行政法等非刑事法律，却可能因适用个别类推而导致当事人遭受有害的追诉。这种有害追诉主要指受国家的惩罚，应当与刑法一样适用"法无规定不处罚"的原则。因此，另一方面，并非民法、行政法都能进行个别类推。国家对行为人的惩罚，比如定罪判刑、行政处罚和民事制裁，不应适用个别类推。而适用个别类推对行为人没有不利后果甚至有利于行为人的则应当予以允许，只要符合个别类推的上述诸条件。

三、适用技术

（一）个别类推之步骤

对于个别类推的步骤，史蒂文·J. 伯顿提出三部曲：一是识别一个适当的基点，即借以个别类推的判断或制定法的法律规范；二是描述基点情况与问题情况，即在确定的基点情况和一个问题情况之间识别事实上的相同点和不同点；三是判断重要程度，即决定在某种情形下两种情况问题在事实上的相同点更重要，还是不同点更重要。② 孙斯坦提出五段论：其一，某种事实模式 A（来源案件）有特征 X、Y 和 Z；其二，事实模式 B（目标案件）有特征 X、Y 和 M，或者 X、Y、Z 和 M；其三，A 在法律中是以某种方式处理的；其四，在思考 A、B 及其相互关系的过程中建立或发现了一些能解释为何 A 那样处理的原则；其五，因为 B 与 A 相似，所以 B 也应得到同样的处理。③

---

① 孙光宇博士甚至认为，类推适用在刑事案件中"能够以隐性的方式得以适用"，"禁止类推更多的是一种修辞功能的表达，满足了现代社会中民众对刑法保护人权的心理预期。"同时坚称："在实体层面上，类推从未在刑事审判领域中真正地被完全禁止，相反，几乎每个刑事案件中或多或少地带有类推的因素。"其重要的例证是最高人民法院指导案例 11 号。详见孙光宁：《中国司法的经验与智慧：指导性案例中法律方法的运用实践》，中国法制出版社 2018 年版，第 176～182 页。

② 参见 ［美］史蒂文·J. 伯顿：《法律和法律推理导论》，张志铭、解兴权译，中国政法大学出版社 2000 年版，第 31～32 页，第 49 页。

③ ［美］凯斯·H. 孙斯坦：《法律推理与政治冲突》，金朝武等译，法律出版社 2004 年版，第 77 页。

布鲁尔提出"A—W—R"模式：其一，从所选择的先例中溯因推理出一个规则；其二，通过反思均衡来确证或否证由类比保证的规则；其三，将由类比保证的规则通过演绎适用到目标案件中去。① 日本的石田穰主张的步骤为四步："（1）明确法律某项规定订立之际，立法者或准立法者预想事件的利益状况；（2）然后解明立法者或准立法者最重视其中的什么利益要素，而赋予法律效果；（3）分析待处理案件的利益状况，将其与上述法律规定中立法者或准立法者预想事件的利益状况作对比；（4）如待处理案件的利益状况包含了立法者或准立法者预想事件最重要的利益要素，则准用该法律规定处理待处理案件。须加注意的是，假如立法者或准立法者预想事件最重要的利益为复数，则只在待处理案件的利益状况全部包含此最重要利益的情形，始得进行个别类推。"②

杨仁寿提出另外的三步曲："首须就法律所未设立之规定，确认其究为有意的不规定，抑系立法者之疏忽、未预见或情况变更所致，……其次，必须探求法律规范意旨，觅出彼此相似之点，建立可供比附援引之共通原则，而后将某一类型之法律后果，适用于另一类型之上。"③王泽鉴所讲的步骤与此相似："1.确认关于某案例类型（B），法律未设规定，系属法律漏洞。2.寻找相类似的案例类型（A），探求其规范意旨，以发现同一法律理由。3.将A案例类型的法律效果，转移适用于B案例类型之上。"④王利明教授提出的类推适用步骤包括：①漏洞的判断；②类似规则的选择；③类似性的判断。⑤

本书借鉴整合诸说，将个别类推的步骤以下列六个环节予以描述。①检视系争案型：确认系争案型属于未规定案型，且非立法者的有意沉默所致。②寻找类似规定：查找规定与系争案型最相类似案型的法律条文，初定用于个别类推的既定规范。③探求规范目的：对拟作个别类推的法律规范的规范意旨进行分析揭示，以保证个别类推在符合该规法目的之下进行。④比较案型异同：比较系争案型与法定案型在构成要件方面的相同点与不同点。⑤判断重要程度：判断相同点与不同点的重要程度，进行孰轻孰重的比较评判。

---

① 转引自孙海波：《破解类比推理难题：成因、类别和方法》，载《甘肃政法学院学报》2013年第6期。

② ［日］石田穰：《法解释学的方法》，转引自梁慧星：《民法解释学》（第四版），法律出版社2015年版，第275～276页。

③ 杨仁寿：《法学方法论》（第二版），中国政法大学出版社2013年版，第195页。

④ 王泽鉴：《民法思维：请求权基础理论体系》（最新版），北京大学出版社2009年版，第200页。

⑤ 详见王利明：《法律解释学》（第二版），中国人民大学出版社2016年版，第362～367页。

⑥转适法律效果：若两种案型的相同点比不同点更为重要，则可将拟予个别类推的既定规范中的法律效果适用于系争案型之上。

（二）重要程度之判断

重要程度的判断是个别类推的一个核心环节，因此这里着重谈谈重要程度的判断问题。"判断重要程度就是判断在案件的许多事实中哪些事实可以说明把该案归于一法律类别。"① 然而，"事实太多了！每个事实本身只不过是一个事实而已。任何事实都可能重要或者不重要。只有一个事实远较其他事实重要，它才引起特别注意；而只有它的价值远不止于它的真实性时，它才远较其他事实重要。要是某一事实恰好与有关法律要做什么的规范性理论恰好地相吻合，那么该事实就具有这种价值。"② 伯顿的这一"绕口令"式的论述道出判断重要程度的标准：该事实的价值大小，而判断一个事实的价值大小的标准是该事实是否与有关法律要做什么的规范理论恰好地相吻合。换言之，也就是该事实能否决定该法律规范所规定的法律后果得以适用，而且这种适用是否符合该规定的规范目的。

弗里德里克·肖尔在阐释相似性的确定时认为："法律中的类比论证包含这样的论证，即，哪些相似性具有或应当具有法律上的相关性，哪些差异性具有或应当具有法律上的相关性。"③ 同时指出："在决定轮船更像旅馆而不是火车卧铺车厢时，法院并没有首先根据政策或原则来设想出最佳规则，然后据此来决定相似性。确切地说，它是看到了这两种可能性，然后按照'看到'其中一种方向比另一种更相似。在理论上，这也许可以被还原为某个规则，但法官辨别出相似性时，他们在思维中并没有有意识地感觉到这个规则的存在，所以实际上对于法官来说，辨别相似性是首要的精神活动。"④

---

① ［美］史蒂文·J.伯顿：《法律和法律推理导论》，张志铭、解兴权译，中国政法大学出版社2000年版，第117页。

② ［美］史蒂文·J.伯顿：《法律和法律推理导论》，张志铭、解兴权译，中国政法大学出版社2000年版，第117～118页。

③ ［美］弗里德里克·肖尔：《像法律人那样思考：法律推理新论》，雷磊译，中国法制出版社2016年版，第105～106页。

④ ［美］弗里德里克·肖尔：《像法律人那样思考：法律推理新论》，雷磊译，中国法制出版社2016年版，第109～110页。

四、相关界限

在个别类推的相关界限方面，需要辨明的主要是个别类推与当然推导的区别。此外还有必要明确个别类推与类推解释、比照适用以及法的类推关系。

（一）个别类推与当然推导

关于个别类推与当然推导的关系，我国台湾地区学者杨仁寿认为两者之间的分辨"极为机微"，日本的我妻荣更是把当然推导作为个别类推的一种。[①]本书认为两者虽有可能相混之处，但其区别却是显然的。

首先，从案型比较上看。两者虽均需考量既定规范的目的，但前者须以法定案型与系争案型在构成要件上的类似性为前提；后者则侧重于两案型在适用理由上的衡量，即进行系争案型更有适用既定规范的理由判断。一般而言，构成要件上具有相似性且相似点的重要程度高于相异点的，可考虑个别类推；而构成要件不具相似性，或虽具相似性，但系争案型更有适用既定规范的理由，则应运用当然推导。

其次，从立法旨趣上看。杨仁寿指出："二者之区别，恒须审视是否在立法旨趣预测可能性范围之内。"[②] 也就是说，前者是因立法者的疏忽、未预见或情势变更而致系争案型未得规定，将系争案型纳入既定规范调整超出立法旨趣预测可能性范围；后者对系争案型未作规定，是立法者基于"不言而喻"为法律规定简洁的技术性要求之有意而为，系争案型实际上在立法旨趣之内，以既定规范适用于该案型仍在立法者可能预测的射程内。

再次，从基本原理上看。前者是基于平等原则，以"相似案型应作相同处理"为其基本原理，强调的是公平合理；后者则基于系争案型更为适合以既定规范调整，其基本原理为"此论正确彼论更为正确"，即所谓"举轻而明重，举重而明轻"，其法理依据为规范目的衡量以及事理或情理上的当然之理。

最后，从适用范围上看。前者须受"法无规定不为罪""法无规定不处罚"这种罪刑法定或责罚法定原则的限制，不得适用于刑罚等制裁性场合，

---

① 参见杨仁寿：《法学方法论》（第二版），中国政法大学出版社 2013 年版，第 159～160 页、第 243 页。

② 杨仁寿：《法学方法论》（第二版），中国政法大学出版社 2013 年版，第 219 页。

即不得因运用个别类推而致刑事被告人、行政相对人以及民事被制裁人不利；而后者所欲适用的系争案型由于是在立法旨趣可能预测范围内的不言而喻的事项，因而不论在刑事、民事还是行政方面，也不论是"更轻"或"更重"，均可运用。正是最后这一区别，使得区分个别类推与当然推导不仅具有理论上的意义，而且更具实践上的必要性。

（二）个别类推的其他界限

1. 个别类推与类推解释

有论者将个别类推与类推解释相区别，认为个别类推是以最相似的法律规定解决未规定案件，而类推解释是以其他条款中的措辞含义来解释待解释条款措辞的含义。[①] 本书没有采用类推解释这个概念，因为"类推"前提是"类"，即相类似。而以其他条款中的措辞含义来解释待解释条款措辞的含义并非以相类似为其前提，它应属于体系解释中的相同解释；如果该"其他条款"是定义性法条，则为立法解释。而且如本章第一节所述，"类推解释"这一称谓本身就是不科学的："类推"属于"续法"而"解释"只是"释法"，将两者糅杂在一起显得不伦不类。

2. 个别类推与比照适用

比照适用有两种规定方式：一是个别类推的制度性规定，即如原刑法规定对刑法没有规定的犯罪可以比照刑法分则最相类似的条文定罪量刑；二是既定事项的准用性规定，即具体规定某种行为或事件比照适用其外的某个条款的法律效果。前者是个别类推的立法授权而非个别类推本身；后者的确与个别类推有着一定的相同之处，就是被纳入的案型与所要适用法条中规定案型存在一定的相似性。然而其区别也是相当明显的：个别类推中的系争案型是法律所未作规定的，并且这种未规定是由于立法者疏忽或未预见所导致，它是在法律适用过程中的一种填补漏洞的法律权变方法；而比照适用中被纳入适用的案型本身就是一种法定案型，是将此法定案型纳入规定彼法定案型的法条而调整，即法律已明确规定移用彼法定案型的法律后果于此法定案型。可见，这种比照适用实际上是一种立法上的拟制，立法者在这里并没有因疏忽而沉默，因而不应把它与立法疏忽沉默而在适用上对法律予以权变的个别类推相混同。

---

① 杨仁寿持此说。参见杨仁寿：《法学方法论》（第二版），中国政法学出版社 2013 年版，第 208 页。

3. 个别类推与法的类推

广义的法律类推包括个别类推与法的类推两种。比如俄罗斯法理学家 B. B. 拉扎列夫就称："消除民事法律关系中产生的争议、特别程序案件和来自行政法律关系中的争议的空白的手段，是个别类推和法的类推。个别类推是指在调整与被审理的关系相似的关系的法律基础上对案件作出判决。法的类推是指在法律基本原则和意思基础之上判决。"[①]我国学者孙国华等也采广义说。[②]本书采狭义说，即个别类推不包括法的类推。法的类推实际上是一个含义非常广泛的概念，概括条款的价值补充、目的性扩张以及法理运用等都可以包括在其含义之内。

五、指导性案例

最高人民法院指导案例 15 号：徐工集团工程机械股份有限公司诉成都川交工贸有限责任公司等买卖合同纠纷案（最高人民法院审判委员会讨论通过，2013 年 1 月 31 日发布）。最高人民法院对该案概括的裁判要点为：①关联公司的人员、业务、财务等方面交叉或混同，导致各自财产无法区分，丧失独立人格的，构成人格混同；②关联公司人格混同，严重损害债权人利益的，关联公司相互之间对外部债务承担连带责任。

该案涉由实际控制人王永礼的三个公司：川交工贸公司、川交机械公司、瑞路公司。其中川交工贸公司拖欠徐工机械公司货款 10916405.71 元。徐工机械公司认为该三公司人格混同，三个公司实际控制人王永礼以及川交工贸公司股东等人的个人资产与公司资产混同，基于此起诉请求判令：川交工贸公司支付所欠货款 10916405.71 元及利息；川交机械公司、瑞路公司及王永礼等个人对上述债务承担连带清偿责任。徐州中院（一审）支持了徐工机械公司的部分诉讼请求，判令川交工贸公司于判决生效后 10 日内向徐工机械公司支付货款 10511710.71 元及逾期付款利息，川交机械公司、瑞路公司对川交工贸公司的上述债务承担连带清偿责任，但驳回徐工机械公司主张实际控制人王永礼以及川交工贸公司其他自然人股东、出纳会计承担连带清偿责任的诉讼请求。江苏高院（二审）维持一审法院的判决。

---

① ［俄］B. B. 拉扎列夫：《法与国家的一般理论》，王哲等译，法律出版社 1999 年版，第 197 页。
② 参见孙国华主编：《法理学》，法律出版社 1995 年版，第 369 页。

　　法院认定川交工贸公司与川交机械公司、瑞路公司人格混同的事实根据为："关联公司的人员、业务、财产等方面交叉或混同，导致各自财产无法区分，丧失独立人格的，构成人格混同。"具体地说，包括三个方面的混同。一是三个公司人员混同。三个公司的经理、财务负责人、出纳会计、工商手续经办人均相同，其他管理人员亦存在交叉任职的情形，川交工贸公司的人事任免存在由川交机械公司决定的情形。二是三个公司业务混同。三个公司实际经营中均涉及工程机械相关业务，经销过程中存在共用销售手册、经销协议的情形；对外进行宣传时信息混同。三是三个公司财务混同。三个公司使用共同账户，以王永礼的签字作为具体用款依据，对其中的资金及支配无法证明已作区分；三个公司与徐工机械公司之间的债权债务、业绩、账务及返利均计算在川交工贸公司名下。

　　法院判决在法律适用上运用了个别类推。公司法第 20 条第 3 款规定："公司股东滥用公司法人独立地位和股东有限责任，逃避债务，严重损害公司债权人利益的，应当对公司债务承担连带责任。"从该规定的文义来看，其规制的对象是股东，行为主体和责任主体都是股东。然而，关联公司人格混同的原因多是由于股东滥用公司法人独立地位和股东有限责任，否认关联公司各自的独立人格，将关联公司视为一体，对其中特定公司的债权人请求承担连带责任，实质上就是将滥用关联公司人格的股东责任延伸至完全由其控制的关联公司上。因此，法院认为三公司人格混同的行为本质和危害结果与公司法第 20 条第 3 款规定的情形相当，故类推适用公司法第 20 条第 3 款的规定，川交机械公司、瑞路公司对川交工贸公司的债务应当承担连带清偿责任。①

---

　　① 　美国在法人人格法理上有"企业整体说"，即："股东如果设立若干公司经营同一事业，或各公司之间存在着经营业务、利益和权属的一致性时，这些公司实质上为同一企业的不同部门而已，法院可以无视各个公司法律主体的独立性，而将它们视为一个企业实体或经济上的统一体来追究企业整体的责任。"参见朱慈蕴：《公司法原论》，清华大学出版社 2011 年版，第 45 页。

第三节　整体类推：操作规则与相关界限

一、概念例说

整体类推（法的类推）是指由多数——针对不同的构成要件赋予相同法律效果的——法律规定得出"一般的法律原则"，该原则在评价上也同样可以适用到法律未规整的案件事实上。[①]换句话说，就是从一系列构成要件不完全相同，但却在一个较抽象、广泛的角度下也能算是具有相同意义、主题的法律规定中，去归纳出一个一般的法律原则，并且将该原则适用于虽未被法律规整但与该原则具有相同意义、主题的案件。概括地讲就是：用存在于多个法律规定中的共通法律理由，去解决未被法律规整的同类案件。王泽鉴将整体类推称为总体类推："指就多数同类法律规定而为类推适用，由此抽出的一般法律原则，又称法律类推。"[②]王先生的这一概念只是指出整体类推中前半部分——归纳一般法律原则，而未揭示整体类推的后半部分——将归纳出的一般法律原则适用于类似的案件。而且，将整体类推等同于法律类推未必准确，因为个别类推也应属于法律类推。质言之，法律类推是整体类推和个别类推的上位概念（属概念）。郑永流教授有个较为完整的说法："法的类比是从一系列具体法律规定出发，通过归纳推理建立一般原则，并将之适用到制定法未规定的案件上。"[③]

整体类推的例子如："在各种不同的持续性的债的关系中，一系列的法律规定都明定，双方当事人基于'重大事由'均有终止契约之——不容限制的——权利。由此可以抽象出这样的一般法律原则：在所有持续性的债的关系中，均有此种契约终止权存在。"[④]在缔约过失责任制度被法律确认之前，

---

① 参见［德］卡尔·拉伦茨：《法学方法论》，陈爱娥译，商务印书馆 2003 年版，第 260 页。
② 王泽鉴：《民法学说与判例研究》（8），中国政法大学出版社 1998 年版，第 66 页。
③ 郑永流：《法律方法阶梯》（第二版），北京大学出版社 2012 年版，第 172 页。
④ ［德］卡尔·拉伦茨：《法学方法论》，陈爱娥译，商务印书馆 2003 年版，第 260 页。

民法中就有许多涉及当事人在契约缔结阶段存在过失要承担损失赔偿的责任的规定。例如，无权代理却以被代理人的名义与他人订约后遭被代理人否认、订立以不能给付为标的之契约、故意不告知出卖物的瑕疵、赠与时故意隐瞒权利瑕疵等。就这些法律已规定行为的构成要件之细节来看，它们是各不相同的；但是以一个较抽象、广泛的角度上来看，它们都是指"一方当事人在缔结契约阶段就已有过失（过错）行为"。而且，法律对这些行为都作出由过错方向非过错方承担损害赔偿责任的规定。这样，法官在遇到"一方当事人在缔结契约阶段就已有过失（过错）行为"的未规定行为时，就可将上述法律规定中的两个共同点（案型性质和法律效果）加以整合，建构出一个"一般法律原则"："一方当事人在缔结契约阶段有过失（过错）行为，应当向非过错方承担损害赔偿责任。"进而将该原则适用于手头的未规定行为。

"借'整体类推'获取一般性的法律原则，其基础在于下述认识：所有被援引的个别规定，其共通的'法律理由'不仅适用于被规整的个别事件，反之，只要某特定要件存在（例如：当涉及的法律关系质属持续性的债之关系时），其即得以适用。"[①] 就方法论上说，它是一种归纳与演绎相结合的法律方法，即先从若干个在某个角度上看具有相同性质的法律规定抽象出一个一般的法律原则，然后通过涵摄技术将该原则适用于具体的系争案型。当然，在这个过程中尤其是在确认一般法律原则时所作的"反例检视"这种"额外的考量"阶段，需要法官评价的介入，因此整体类推不完全是一个逻辑的过程。

对于整体类推，还有一种阐述摘录于此供参酌：整体类推的方法是通过回归到所有个别规定的法律理由上，形成一般的法律原则，所以又称"回归法律所包含的原则"的方法。显然，整体类推是依法律的逻辑，在适用一系列规范包括整个法律体系的一般原则的框架内进行的，其基础在于：法律没有明确规定的案件事实，也切合该原则，而例外不适用该原则的情况并不存在。对整体类推而言，具有决定作用的是回归到所有个别规定共通的法律理由，因此必须详细审查其事实上是否确实可以一般化以及可否因特定案件类型的特性而有不同的评价。[②]

---

① ［德］卡尔·拉伦茨：《法学方法论》，陈爱娥译，商务印书馆 2003 年版，第 260 页。
② 王俊：《简析类推适用制度方法及分类》，载《职工法律天地》2014 年第 11 期。

二、操作规则

拉伦茨针对持续性的债的关系契约终止权的整体类推，认为其思考过程的个别阶段为：①对于一系列的债之关系，法律强制规定有——基于"重大理由"的——即时终止契约的权利；②这些债的关系都是持续性的；③持续性的债之关系是指："严重介入当事人的生活之中，或者将导致特殊的双方利益交错，因此，双方当事人个人的合作、善意的谅解及彼此的信赖是不可或缺的，持续较久的法律关系。"④法律规定的理由，正存在于持续性债之关系的此种特质；⑤因此，这项"法律理由"不仅适用于法律所定的，而且可适用于全部的持续性债之关系；⑥由是，在法秩序中有下述的一般法律原则：在所有持续性债之关系，均得基于"重大理由"终止其关系。[①]而从整体类推总的方面来说，本书认为将其操作过程可以大体区分为两个大的阶段：一是从多个个别法律规定归纳出并确认一般法律原则的阶段；二是以所归纳确认的一般法律原则涵摄系争案型，或者说将该一般法律原则适用于系争案型。后者是一个演绎（逻辑三段论）的过程，当属业内常识，这里只讲前者。从多个个别规定归纳出确认一般法律原则包含以下阶段。

（一）案型评价

即对系争案型进行法律评价。所谓法律评价是在判断案件争议事项真伪的基础上，对已作认定的真实事项即案件事实的法律意义和特征所作的评价，其作用在于明确案件事实的法律性质。法律评价的作业内容包括：案件事实的法律意义评价、法律特征评价。对案件事实法律意义的评价，目的在于剔除案件事实中不具法律意义的成分，认定其中能够引起一定法律后果的法律事实。对案件事实的法律特征的评价，是指在剔除无法律意义的事实后，按照一定的标准（构成要件）对具有法律意义的案件事实进行分析、归纳，使不规则的甚至是凌乱的案件事实条理化，并且加以案型化，以为下一步的规定查询打下基础。在这个阶段，实际上已初步指向所欲查寻的若干个别规定或其大致范围，甚至目光已在"事实与规则之间往还流转"。由于需通过整体类推才能建构出裁判规范的系争案型是法律未规定的案型，也就是没有现成

---

① ［德］卡尔·拉伦茨：《法学方法论》，陈爱娥译，商务印书馆 2003 年版，第 260 页。

的单一的完全性"规则"供其作为评判准据，因此更多的是依靠法律适用者的法律知识背景即所谓"前见"而作总体评判。

（二）规定查询

即查寻含有共通"法律理由"的个别法律规定。如上所说，由于需通过整体类推才能建构出裁判规范的系争案型没有现成单一的完全性"规则"供其作为评判准据，因此这里的规定查寻也就不像已规定案型那样可以通过案型比对来进行，而是需要紧紧抓住经过法律评价的系争案型的法律性质，极力寻找所有与其具有同类法律性质的法律规定。比如，如果经法律评价认为系争案型属于持续性的债之关系，那么就要极力找出所有关于持续性的债之关系的法律规定：合伙、雇用、委托、寄存等的规定。又如，前述在缔约过失责任被确立为法律制度之前，遇到一方当事人存在缔约过失的未规定案件时，就要紧紧抓住"缔约过失"这个特性，去寻找所有有关"缔约过失"的法律规定：被拒绝追认的无权代理行为、订立以不能给付为标的之契约、故意不告知出卖物的质量瑕疵、故意隐瞒赠与物的权利瑕疵等。

（三）原则归纳

在规定查寻之后，就要从所查得的具有同类法律性质的法律规定中归纳出一般法律原则。这种一般法律原则，是由已寻找出的多个法律规定之共通的法律理由和相同的法律效果组成的一个全称法律命题。比如，关于持续性的债之关系的契约终止权的整体类推，已寻找出的合伙、雇用、委托、寄存等法律规定的共通法律理由是"持续性债之关系"；其共同的法律效果是"可以基于重大理由主张终止其契约"；将两者整合就成为这样的一般法律原则：在所有持续性债之关系中（S），当事人都可以基于重大理由主张终止其契约（P）。又如，在缔约过失责任的整体类推中，已寻找出的被拒绝追认的无权代理行为、订立以不能给付为标的之契约、故意不告知出卖物的质量瑕疵、故意隐瞒赠与物的权利瑕疵等法律规定的共通法律理由是"在缔约时存在过失"；法律赋予这些行为的相同法律效果是"向非过失方承担损害赔偿责任"；将两者整合而成的一般法律原则就是："一方当事人在缔结契约阶段有过失（过错）行为，应当向非过错方承担损害赔偿责任。"原则归纳的逻辑结构形式可表示为：S1 是 P，S2 是 P，S3 是 P，……Sn 是 P，所以，凡 S 是 P。

（四）反例检视

对于整体类推的程序而言，具有决定性的是回归到所有个别规定共通的"法律理由"及其一般化。于此必须详细审查，其事实上是否确可一般化以及可否因特定事件类型的特征而有不同的评价。卡纳里斯一再指出：于此必须以再审查，是否有其他法律规定足以质疑此"一般法律原则"的假定，假使肯定有此"一般的法律原则"存在，是否有其他相反的法律原则足以限制前者的适用范围。[①] 可见，归纳出一般法律原则，并不意味着已经大功告成，不能于此就停步。应当进一步看看有没有反例及法律性质相类而法律效果相异的特殊规定存在。如果没有反例当然好办，可以直接对归纳出的一般法律原则加以确认。而如若出现了反例，依本书之见并不意味着就要完全否认已归纳的一般法律原则。应当深究法律作出该反例规定的理由，也即究问反例与含有共通"法律理由"的多数个别规定中的案型之间，究竟有何种本质区别而足以导致法律对其当作反例。在此基础上，再进一步考察或判断未规定案型（系争案型）是与反例更为相近，还是与含有共通"法律理由"的多数个别规定更属一类。若为后者，应当确认该一般法律原则为"特称的普遍法律原则"[②]，从而承认它的类推适用性，因为它仍具有高度盖然性。只有在前者的情形下，才应推翻已归纳的一般法律原则或否认该一般原则对于系争案型的适用性。

三、相关界限

整体类推与个别类推通常都被以法律类推或类推适用称之。我国台湾地区学者林立对两者的关系作过这样的一段论述："'整体类推'和'个别类推'的原理完全相同，都是基于既有的法律对某案件的规范透露了某种法律理由，而对未被法律文义所涵盖、却具有相同法律理由的案件，在基于平等原则下加以类推适用。'整体类推'只不过是有较宽广的基础罢了，即表示我们可以更加有据、有信心地认定法律对'这类'事态的确是抱着这种一贯的立场。

---

① 转见〔德〕卡尔·拉伦茨：《法学方法论》，陈爱娥译，商务印书馆2013年版，第261页。
② 所谓"特称的普遍法律原则"，指该原则虽未得到全部具有共同理由的法律规定却为绝大多数此类规定的支持。其中"特称"指该原则未得到全部具有共同理由的法律规定的支持；"普遍"讲的是该原则为绝大多数具有共同理由的法律规定的支持。

但事实上，即使只有一条法规为基础，我们在探知其理由后，对于将来凡是蕴含此同一理由、而其事态却未被此法规的文义涵盖的众案件，一样皆可类推适用。"①这种观点当然自有其道理，在此不予深究。不过需要指出的是林立先生所称的"个别类推"是广义的，即包含着"目的性扩张"。也就是说，其对"类似"所持的是"实质一致说"而非"要件类似说"。②

本书所讲的个别类推首先是要看其构成要件是否类似，而后才有其要件上重要之点的评价，这是其与目的性扩张和整体类推的重要区别之一。后两者不以要件相似为其考虑的因素，而是直接或侧重于法律目的或理由上的相同或共通评价。个别类推与整体类推更为直观的区别，当为前者是就某个个别法律规定而为类推适用，而后者则是就多个法律规定而为类推适用。从思维方向或过程上的特征来说，前者是"从个别到个别"的类比推理，后者则是"从个别到一般再从一般到个别"的归纳演绎或归纳类比推理。③不可否认，一般法律原则并非一定要借整体类推才能发现，整体类推相对于个别类推的确有较为宽广的基础。但是，一般法律原则也并非都是仅一条法律规定所能发现，整体类推的运用也并不仅仅是因为要增加更为宽广的基础，使人们更加有据、更有信心认定法律的立场。对于一般法律原则，有些时候还非得通过"整体"发现不可；反之，有些场合则只有"个别"发现的可能。所以，依本书之见，整体类推与个别类推尽管有着诸多相同之处，但是它们的相互区别和独特作用不宜抹杀。

---

① 林立：《法学方法论与德沃金》，中国政法大学出版社 2002 年版，第 99 页。
② 林立先生反对要件类似说并不主张区分类推适用与目的性扩张的观点可参阅林立：《法学方法论与德沃金》，中国政法大学出版社 2002 年版，第 95～96 页。
③ 这里的"归纳类比"与前述"特称的普遍法律原则"相对应。在出现个别特殊反例时所归纳的法律原则不是"全称"的一般法律原则，不能以演绎大方法涵摄系争案型，而只能是"特称的普遍法律原则"对系争案型的类比适用。

第八章　判例、习惯与衡平

第一节　判例的效力与借鉴

《最高人民法院关于案例指导工作的规定》（法发〔2010〕51号）第7条规定："最高人民法院发布的指导性案例，各级人民法院审判类似案例时应当参照。"《最高人民法院关于案例指导工作的规定实施细则》（法〔2015〕130号）第9条规定："各级人民法院正在审理的案件，在基本案情和法律适用方面，与最高人民法院发布的指导性案例相类似的，应当参照相关指导性案例的裁判要点作出裁判。"第10条进一步规定："各级人民法院审理类似案件参照指导性案例的，应当将指导性案例作为裁判理由引述，但不作为裁判依据引用。"第11条第1款更是强调："在办理案件过程中，案件承办人员应当查询相关指导性案例。在裁判文书中引述相关指导性案例的，应在裁判理由部分引述指导性案例的编号和裁判要点。"从这些规定来看，最高人民法院发布的指导性案例具有强制性参照力已经明确。为避免被认为指导性案例具有法源性，将指导性案例限定为只能作为裁判理由引述而不作为裁判依据引用。既然我国当前建立的案例指导制度只是如此，实践中也就应当照此办理。不过，如此情形在法院组织法和检察院组织法于2018年10月26日修改后已经改变。而作为理论探讨，本节所称的判例不限于指导性案例。

一、判例概念

判例，在英美法系也叫先例，通常是指一项已经判决的案件或者法院的裁决，它被认为是为一个后来发生的相同或类似的案件或者相似的法律问题，提供了一个范例或权威性的依据。这种意义上的判例，其特点有三个。首先，司法裁判。判例须为一定级别的法院所作出的生效裁判。其他部门比如行政机关、仲裁机构对案件的处理或裁决不能成为判例，这是因为只有法院才拥有最终裁决权。其次，内含规范。这个规范是法官新创的，其组成包括本案事实和与该事实相伴随的裁判后果两个部分。最后，先例遵循。与先例事实在重要之点上相同或相似的后案，须按照先例所含的规范之裁判后果而裁判。

在我国，与判例称谓相关联的名称是案例。案例的内涵含糊不清，外延相当广泛，只要是已处理的案件（含案件事实与处理结论等）都可以冠以案例之名，并且不限于法院裁判的案例。本书对案例与判例的界定是：判例是案例，但案例不全是判例，两者存在的是从属关系。即案例是判例的上位概念，判例是案例的下位概念。判例一般可以泛指由法院作出裁判的案例，但在这里则特指以法律及政策外规范素材建构裁判规范而作出的，并且对后案的裁判具有借鉴意义或必须遵循的法院裁判案例。首先，必须是法院的裁判案例，法院级别及生效与否除必须遵循的之外在所不论；其次，必须是对后案的裁判具有借鉴意义的案例，无借鉴价值的不属此列；最后，必须是以法律及政策外规范素材建构裁判规范所作出裁判的案例，仅对法律的适用或政策的运用具有一般指导意义的案例不属于本节所要论述的判例。不过需要指出的是，在我国当前建立的案例指导制度中的指导性案例，有许多是以法律及政策规范为依据而作出裁判的案例。①

从推理角度来看，判例借鉴（案例推理）与法律类推（规则推理）的区别主要在于推理的大前提（出发点）：前者的大前提是从先前判例（一个或多个）通过抽象或归纳获得的裁判规范，后者的大前提是从法律规范（一个或多个）通过解释或归纳获得的裁判规范。此外，在基点判例和基点规范只有一个的场合，或许还存在这样的区别：个别判例推理的推理过程是"特殊到

---

① 正如王利明教授所指出的："就指导性案例而言，它不限于漏洞填补情形下的指导，还包括各种事实认定、法律适用的典型案件的指导。只要在认定案件事实和适用法律方面存在典型性，都可以成为指导性案例。"王利明：《我国案例指导制度若干问题研究》，载《法学》2012 年第 1 期。

特殊"的类比推理，而个别规则类推的推理过程是"一般到特殊"的演绎推理。然而，正如雅普·哈赫所指出的："在案例推理和规则推理之间仅仅具有形式上的差异，而且，这些差异也并不必定会导致实际案例的裁决结果会有任何差别。在运用案例推理的法律体系中能够成为可能的情况，在运用规则推理的法律体系中也同样是可能的。"[①]

二、判例效力

在我国究竟可否在案例指导制度的基础上进一步建立判例制度，有诸多问题长期存在争议。其中，对于判例的效力属性问题的争议，结论尤其难下。究竟应当赋予判例对于其后同类案件的审判以什么样的效力？应该是强制约束力、说服示范力，还是其他什么性质的效力？如果赋予判例强制约束力，其效力根据又是什么？如此是否意味着是在全盘照搬英美法系的判例法制度？而恰当定位判例效力的属性，是判例能否成功建立的重要条件；如果不能很好地解决判例的效力属性问题，试图以判例制度促进司法统一的设想就难以成为现实。因此，本节仅就判例效力属性问题，在判例制度与统一司法的论旨下予以讨论。

（一）指导内涵的约束性

在案例指导制度将要建立之前，专家们对指导性案例的效力进行了研究：这种"指导"应该怎么去理解？它是否带有强制性？对此，有论者认为，案例指导的效力就是："适当地承认先例的拘束力，首先是不能像英美法那样赋予判例正式的法律渊源地位，不承认其具有法律规范那样的约束力，而更主要的是赋予其说服力或者示范力。"然而，"说服示范"怎么能算是"拘束力"呢？如果判例没有强制性遵循的拘束力，那我们还要判例制度做什么？法官平时也时不时地在以先例为范例而参考借鉴先例办案。应该说，任何称得上"制度"的东西，都应当含有强制约束力在其中。否则，仅仅靠人们的自觉遵守，最终结果是可想而知的——在绝大多数的情况下，制度将只能是束之高阁。

因此，有必要改变对"指导"的习惯性理解，不再将其仅仅解释为不具

---

① ［荷兰］雅普·哈赫：《法律逻辑研究》，谢耘译，中国政法大学出版社 2015 年版，第 339 页。

强制性的指引导向或说服示范，而用"制度"来对案例指导制度中的"指导"的含义予以进一步挖掘。有学者指出："实行案例指导制度，是一个折中的制度选择，它表达我们所欲实行的是一种'案例'指导制度，而不是完全的'判例'指导制度，同时也表明我们同过去有不同，要将'案例'上升为能够'指导'以后法院审判工作的地位，而不像过去那样仅仅起到'参考'的作用。"① 这里将"指导"与"参考"相区别，应该是隐含着"指导"具有一定的约束力。那么这是一种什么样的约束力呢？许多学者将其称为"事实上的约束力"而与"法律上的约束力"相区别，意指它是一种客观上存在的约束力，而不含"法律"因素。比如，下级法院基于担心或惧怕其所判的案件被上级法院改判，而对上级法院的生效同类裁判的遵守，这样的"约束力"便是所谓事实上的约束力。

但是，这种事实上的约束力只是审级监督关系等派生出来的"副产品"，还不具有"制度"上的强制性。所谓制度上的强制性，应该是必须一体遵行的，是以对违反制度的行为一律予以责任追究或制裁为其后盾的。所以，"事实上的约束力"尚不足以准确表述或周延概括判例制度中的判例效力属性。依本书的看法，案例指导制度中的"指导"效力，当然含有"说服""示范"的性质。正是基于此，判例才具有吸引人们的魅力，才是法官愿意去参照、去借鉴的智慧源泉。但是不应仅仅限于此，要使得判例在之后的同类案件审判中得以一体遵行，还需要含有权力强制或制裁性质的效力，这就只能是判例的强制约束力。而且，欲取得一体遵行的效果，这种强制约束力还必须是"制度上"而不仅仅是"事实上"的。②

（二）约束根据的管理性

讲到判例的强制约束力，人们总是要将其与法律强制力或法律上的约束力相等同。比如，有学者称："在我国，法院仅有司法权，一个区法院无权立法，更无权确认判例为法律渊源。若认为'应当遵守先例'，则违反了现行司

---

① 刘作翔、徐景和：《案例指导制度的理论基础》，载《法学研究》2006 年第 3 期。
② 有的学者认为判例制度不应渗透权力，而应靠判例的合理来支撑。然而，这需要判例实践的长期积淀，对于我国的判例制度建立来说，似乎是过于理想化的主张。为尽快通过判例制度解决司法不统一的问题，权力的适当干预应该是必要的。

法制度。"① 本书认为，此类质疑和指责着实陷入了认识误区。一是建立具有强制约束力的判例制度，并非照搬英美法系的判例法制度。英美法系的判例法制度是以判例为其主要法律渊源，制定法则居于次要地位；而且在判例法国家，普通法判例的效力高于依据制定法作出的判例。而我国所要建立的判例制度是在成文法制度下以"法律为主、判例为辅"为原则的一种制度，是"例以辅律，非以破律"的。所以，它并不改变我国的法律制度、不动摇我国的法律根基。即使依本节下述主张最高人民法院确立的判例具有"法律上的约束力"，可以列入法律的正式渊源（不等于是法律），也只是作为次要的法律渊源，其效力仍然低于全国人大及其常委会制定的法律。二是具有强制约束力的东西不只是法律，只要在其背后站着"责任"或者"制裁"这一"巨人"的，都具有强制约束力。判例的强制约束力也不一定必须靠上"法律约束力"或"法律上的约束力"，也可以有其他方面的约束力。如上所述，判例制度既为制度，必定含有其"制度上的约束力"，而制度上的约束力必然是具有强制性的。如果我国的判例制度得到法律上的明确规定，依法确认的判例自然就具有法律制度上的约束力；在被法律规定之前，判例制度作为一种统一司法尺度的制度，可以被理解为一种司法审判管理制度，因此起码可以说判例具有"管理制度上的约束力"。各级法院都有司法管理的权责，而司法审判管理本身包含着强制性。正是基于此，各级法院按照规定程序确立的判例才具有在各自管辖的范围内的强制约束力。②

（三）判例效力的多元性

判例的管理上的约束力只应算是判例效力的一种，我国的判例效力应当是多元的。北京高院的《北京知识产权法院案例指导工作实行办法（草案）》第 7 条将先例的效力等级从高到低分为以下九级：最高人民法院指导性案例、最高人民法院年度案例、最高人民法院的其他先例、高级法院典型案例、高级法院参阅案例、高级法院的其他先例、中级法院先例、基层法院先例。蒋惠岭认为："判例的效力可概括为'前后左右上下'原则，即法院判决要遵循上级法院和本院的先例，在后判决要遵循在前的先例，同级法院之间要互相

---

① 井长水、张惠君、张胜利、曹媛媛：《先例判决推广价值有多大》，载《法制日报》2005 年 10 月 20 日。

② 地方各级法院确立判例，可能出现司法不统一，发生所谓"方言岛"现象，但这可以通过判例等级等途径加以防止和解决。

尊重先例。具体而言，最高人民法院的裁判具有正式的法律拘束力，其他法院的裁判均不具有正式的法律效力。但在实践中，级别越高的法院，其作出的判例就越权威，拘束力也就越大。如果下级法院不遵循上级法院的判例，就会面临被推翻的风险。"① 依本书的观点，我国判例的效力可以区分为强弱有序的五种，即法律上的约束力、制度上的约束力、管理上的约束力、事实上的约束力和方法上的借鉴力。② 这五种判例效力的强度依次递减，构成强弱有序、有机统一的判例效力体系。

其一，法律上的约束力。2018 年修订的法院组织法第 18 条第 2 款、第 37 条第 2 款规定"最高人民法院可以发布指导性案例""最高人民法院……发布指导性案例，可以由审判委员会专业委员会会议讨论通过"；2018 年修订的检察院组织法第 23 条第 2 款、第 31 条第 2 款规定"最高人民检察院可以发布指导性案例""最高人民检察院……发布指导性案例，应当由检察委员会讨论通过"。鉴于此，指导性案例取得了法源地位，应当具有法律上的约束力。这种法律约束力的根据类似于司法解释。按照我国法律规定，法院系统只有最高人民法院有权作出具有法律效力的司法解释，而最高人民法院发布的判例实际上是类似于司法解释的一种形式或载体（判例式司法解释），自然也就具有与条文式司法解释相似的法律上约束力而成为法律渊源之一种。

其二，制度上的约束力。《最高人民法院关于规范上下级人民法院审判业务关系的若干意见》（法发〔2010〕61 号）第 9 条第 1 款规定："高级人民法院通过审理案件、制定审判业务文件、发布参考性案例、召开审判业务会议、组织法官培训等形式，对辖区内各级人民法院和专门人民法院的审判业务工作进行指导。"据此，高级法院发布的参考性案例，具有制度上约束力的判例，也即具有应当参考的强制参考力。判例具有制度上的约束力，也即具有制度上的强制性，今后同类案件的审判必须参考该判例，否则应当与指导性案例类似，可以作为上诉、抗诉和再审的理由。

其三，管理上的约束力。除了上述指导性案例具有法律上的约束力和参

---

① 蒋惠岭、杨奕：《以先例判决指导审判工作制度的创新实践》，载《法制日报》2016 年 4 月 6 日。

② 笔者在 2006 年参加"完善法律统一适用机制国际研讨会"（最高人民法院中国应用法学研究所与联合国开发计划署联合举办）作主题交流的论文中，只提出并论证判例的四种效力：制度上的约束力、管理上的约束力、事实上的约束力和方法上的借鉴力。当时论证的制度上的约束力是与法律上的约束力合二为一或曰混用的。鉴于 2018 年修订的人民法院组织法与人民检察院组织法已赋予最高人民法院和最高人民检察院发布指导性案例的职权，使得指导性案例获得法源地位，其效力名正言顺地加入法律上的约束力之列，所以这里将指导性案例法律上的约束力独立出来。

考性案例具有制度上的约束力之外，各级法院经过审委会讨论确立的判例对本院及其下级法院的今后同类案件审判具有管理上的约束力。管理上的约束力体现在：下级法院在今后同类案件的审判中不遵循该判例的，可以作为上诉、抗诉和再审的理由；本院法官不遵循的，构成违反审判纪律，并可以作再审的理由。管理上约束力的根据是上下级法院的审判监督关系或者审委会对本院审判工作的管理权力。

其四，事实上的约束力。未经规定程序予以判例确立的上级法院作出的生效裁判，对下级法院的今后同类案件的审判具有事实上的约束力。事实约束力表面上是源于上下级法院的审级监督关系，但实质性的原因是基于对案件被改判的担心。这种审级上的监督关系本来只是对本案而言的，并不涉及今后的同类案件审判。但为防止被上级法院改判，下级法院通常会遵循此类判例，才使得此类判例形成事实上的约束力。

其五，方法上的借鉴力。仅仅具有方法上借鉴力的判例包括两类：一是未经规定程序确立为正式判例的本院生效裁判；二是不具有上下级或审级监督关系的其他法院确立的判例或生效裁判。这类判例由于未经规定程序确立，或者作出判例与运用判例的法院不具有审级监督关系，因此并不具有必须遵循的强制效力。但如果这种判例是典型的，具有强说服力，就有在今后同类案件的审判中被参考、借鉴的可能。[1]

需要进一步斟酌的是最高人民法院确立的填补性判例，尤其是涉及填补领域漏洞的判例之效力性质问题。[2]《全国人民代表大会常务委员会关于加强法律解释工作的决议》第 2 条规定："凡属于人民法院在审判工作中如何具体应用法律、法令的问题，由最高人民法院进行解释。"立法法第 104 条前段规定："最高人民法院、最高人民检察院作出的属于审判、检察工作中具体应用法律的解释，应当主要针对具体的法律条文，并符合立法的目的、原则和原意。"2018 年修订的人民法院组织法第 18 条第 1 款规定："最高人民法院可以对属于审判工作中具体应用法律的问题进行解释。"这样，填补法律漏洞尤其是领域漏洞的填补性判例，似乎不属于司法解释的范围。因此，从司法解释

---

① 雷磊博士认为司法裁判有三类权威理由，即"制度性权威、事实性权威和说服性权威"，并指出："与前两类权威的不同之处在于，说服性权威是法院自己选择，而不是由制度或事实来强加。"参见雷磊：《法律体系、法律方法与法治》，中国政法大学出版社 2016 年版，第 162 页、第 164 页。

② 领域漏洞（法漏洞）是指法律对某一生活领域完全没有作出规定，而这一领域根据社会交往的现实需要必须在法律上有所规定，也就是我们常说的"法律空白"。

方面论证其对同类案件的法律上的约束力也就显得逻辑力不够强。然而，法律漏洞的填补也须根据法律原则或法律精神进行，如果将这也纳入司法解释范围（实际上最高人民法院也不时这样做了），那么最高人民法院确立的填补性判例具有法律上的普遍约束力也就顺理成章了。不过，最高人民法院确立的填补性判例对今后同类案件的审判具有约束力是肯定的，而不论这种约束力是"法律上"的还是"管理上"的。

三、判例正名①

指导性案例制度自 2010 年创立之后，无疑在统一司法尺度、指导司法裁判等方面发挥了相当大的作用。然而毋庸讳言，因其创立毕竟只有最高人民法院和最高人民检察院的相关规定为依据，其功能发挥自然也就被大打折扣。正所谓："名不正则言不顺，言不顺则事不成。"值得庆幸的是，2018 年 10 月 26 日修订的法院组织法和检察院组织法分别赋予最高人民法院、最高人民检察院发布指导性案例的职权。② 自此，指导性案例"不具有正式的法律效力，不属于正式的法律渊源，不能被裁判文书直接援引"③的时代宣告结束，而新时代中国特色的"以例辅律"法律制度正式确立。也就是说，正名之后的指导性案例，具有正式的法律效力，获得正式的法源地位，各级法院、检察院在审判或办理类似案件时应当予以适用并将其作为裁判依据引用。或者说，指导性案例自此有了三个方面的升级：由并非法源升级为正式法源，由应当参照升级为应当依照，由理由引述升级为依据引用。以下对此"三个升级"逐一加以阐释。

（一）法源地位上的变化：由并非法源升级为正式法源

关于指导性案例的法源地位，学界虽有准法源、辅助型的规范性法源乃

---

① 参见余文唐：《指导性案例的法源确认与效力升级》，载法学学术前沿（微信号：frontiers-of-law），2019 年 5 月 1 日推送。

② 法院组织法第 18 条第 2 款、第 37 条第 2 款规定："最高人民法院可以发布指导性案例"，"最高人民法院……发布指导性案例，可以由审判委员会专业委员会会议讨论通过"；检察院组织法第 23 条第 2 款、第 31 条第 2 款规定："最高人民检察院可以发布指导性案例""最高人民检察院……发布指导性案例，应当由检察委员会讨论通过"。

③ 此"三不"引自胡云腾、罗东川、王艳彬、刘少阳：《〈关于案例指导制度的规定〉的理解与适用》，载《人民司法·应用》2011 年第 3 期。

至具有法源地位等多种探讨，[①] 然而体现最高人民法院司法观点的说法则是不属于正式的法律渊源甚至直截了当地说即不具有法源地位。[②] 法源是法律渊源的缩称，其基本含义是法的来源或法的栖身之所。"我们大体可以将法源等同于'裁判依据'，它要解决的是法官去哪里寻找法律决定之大前提的问题。"[③] 易言之，凡可以作为裁判依据的规范，都具有法源地位。[④] 而论证指导性案例是否具有法源地位的主要进路有两个。一是法官是否将其作为裁判依据。比如，彭中礼博士认为："要证明判例是不是法律渊源，只要证明法官是否将判例作为司法裁判的裁判依据的来源之一就可以了。"[⑤] 二是法律是否认可其作为裁判依据。比如，雷磊教授认为："由于'先天不足'，司法案例无法作为一类独立的法源而在中国语境中存在，指导性案例要想成为法源，就必须借由制定法来获得效力。"[⑥] 两者的立足点不同：前者基于司法立场，以司法上对指导性案例的实际运用做判断；[⑦] 后者则是基于立法立场，以法律是否许可为依据。

本书倾向于后一种进路，认为在我国的成文法语境之下，指导性案例是否具有法源地位，须视其是否获得法律的认可。这是因为我国是成文法国家，案件的裁判规范需从法律上寻找依据，此即"以法律为准绳"。这一原则还可以从政策和习惯在我国的法源地位的变化来印证。在民法通则时代，政策具有法源地位，习惯则不具有法源地位；而在民法总则时代，则是习惯具有法

[①] 认为指导性案例为准法源、辅助型的规范性法源以及具有法源地位的观点，依次见雷磊：《指导性案例法源地位再反思》，载《中国法学》2015 年第 1 期；章程：《论指导性案例的法源地位与参照方式》，载《交大法学》2018 年第 3 期；彭中礼：《法律渊源论》，方志出版社 2014 年版，第 321 页。

[②] 指导性案例不具有法源地位之说法见刘铮：《指导性案例的适用效力》，载《人民法院报》2017 年 7 月 19 日。对于正式法源与非正式法源这种传统的"二元论"的法源理论，王彬博士认为："在法律论证的理论框架下，作为裁判依据的法律渊源并不是以'全有或全无'的方式支持裁判结论，而是表现出分量的面向。法律渊源不再以正式或非正式、有效或无效的方式呈现，其效力呈现出光谱式的存在。"参见王彬：《案例指导与法律方法》，人民出版社 2018 年版，第 83 页。

[③] 雷磊：《指导性案例法源地位再反思》，载《中国法学》2015 年第 1 期；雷磊：《法律体系、法律方法与法治》，中国政法大学出版社 2016 年版，第 183 页。

[④] 佩策尼克基于"分量式的法源理论"，将法源划分为"必须法源""应当法源""可以法源"三个效力层次。参见［瑞典］佩策尼克：《法律与理性》，陈曦译，中国政法大学出版社 2015 年版，第 209 页。

[⑤] 彭中礼：《法律渊源论》，方志出版社 2014 年版，第 322 页。

[⑥] 雷磊：《指导性案例法源地位再反思》，载《中国法学》2015 年第 1 期。

[⑦] 从论者所举的例证来看，其所称的"裁判依据"实则为将指导性案例"作为裁判理由引述"甚至只是参考而非指"作为裁判依据引用"。参见彭中礼：《法律渊源论》，方志出版社 2014 年版，第 322～323 页。本书认为，仅仅作为裁判理由引述或参考，尚不足以证明指导性案例具有法源地位。

源地位，政策不具有法源地位。之所以是这样，就是因为在两者可否作为处理民事案件的依据上，民法通则只认可政策而未认可习惯，而民法总则则只认可习惯而未认可政策。① 因此，在 2018 年人民法院组织法和人民检察院组织法修订之前，指导性案例只有最高人民法院和最高人民检察院司法性文件的规定而未得到法律的认可，也就不具有法源地位。2018 年修订的人民法院组织法第 18 条第 2 款、人民检察院组织法第 23 条第 2 款分别赋予最高人民法院、最高人民检察院发布指导性案例的职权，因而在 2018 年修订的人民法院组织法和人民检察院组织法施行之后，原先不具有法源地位的指导性案例，由于获得法律的认可而升级为具有法源地位的指导性案例。

（二）适用效力上的变化：由应当参照升级为应当遵照

《最高人民法院关于案例指导工作的规定》第 7 条规定："最高人民法院发布的指导性案例，各级人民法院审判类似案件时应当参照。"《〈最高人民法院关于案例指导工作的规定〉实施细则》第 9 条进一步规定："各级人民法院正在审理的案件，在基本案情和法律适用方面，与最高人民法院发布的指导性案例相类似的，应当参照相关指导性案例的裁判要点作出裁判。"这里的"应当参照"，按照最高人民法院胡云腾专委等法官的权威解读，是指"各级法院的法官在审理同类或类似案件时，必须充分注意经最高人民法院审判委员会讨论通过的指导性案例；如果没有充分理由而背离指导规则，法官将有可能面对来自上级法院审判监督与本院审判管理的双重约束。"② 易言之，指导性案例具有事实上的拘束力。③ 在本书看来，之所以指导性案例只能是"应当参照"而不是"应当依照"，只具有"事实上的约束力"而不具有"法律上

---

① 民法通则第 6 条规定："民事活动必须遵守法律，法律没有规定的，应当遵守国家政策。"而民法总则第 10 条规定："处理民事纠纷，应当依照法律；法律没有规定的，可以适用习惯，但是不得违背公序良俗。"

② 胡云腾、罗东川、王艳彬、刘少阳：《〈关于案例指导制度的规定〉的理解与适用》，载《人民司法·应用》2011 年第 3 期。对于"应当参照"，雷磊博士基于其"法源双层结构论"做了另一种理解："'应当'指向的是指导性案例的法源性质，而'参照'指涉的则是它的法源分量。"参见雷磊：《法律体系、法律方法与法治》，中国政法大学出版社 2016 年版，第 207 页。谢晖教授则对"应当参照"的提法加以质疑："'应当'与'参照'的规范属性不同因而无法搭配。"参见谢晖：《"应当参照"否议》，载《现代法学》2014 年第 2 期。

③ 参见胡云腾、罗东川、王艳彬、刘少阳：《〈关于案例指导制度的规定〉的理解与适用》，载《人民司法·应用》2011 年第 3 期；刘峥：《指导性案例的适用效力》，载《人民法院报》2017 年 7 月 19 日。

的约束力"，皆因指导性案例在 2018 年修订的人民法院组织法和人民检察院组织法出台之前未能从法律上获得依据。[①] 在 2018 年两法修订后已经于法有据了，就获得了"法律上的约束力"，也就可以升级为"应当遵照"。

笔者注意到最高人民法院司改办冯文生法官从指导性案例的运用技术角度，认为案例指导的"应当参照"属于"先例式参照"："'应当参照'暗示了指导性案例具有一种区别于法律规范和司法裁决的独特效力类型、司法技术、运用目的。""法律规范的适用技术体现了从抽象到具体、从一般到个别、从普遍到特殊、从思维到事实的具体化、特定化和客观化关系，形式上表现为'司法三段论'推理技术，具体结构为：规范－事实－结论。""先例式参照的技术特征是'异同比对'，具体结构为："事实：事实＝结果"。[②] 诚然，法律适用是个从一般到特殊的涵摄过程，而先例遵循是从个别至个别的类比推理。然而，根据《〈最高人民法院关于案例指导工作的规定〉实施细则》第 3 条和第 9 条规定，裁判要点是指导性案例组成部分，应当参照的也只限于裁判要点。最高人民法院郭锋等法官指出："指导性案例与判例的区别就在于有无明确的裁判要点，指导性案例所确立的裁判规则集中概括在裁判要点中，这也是我国案例指导制度的特色。"[③] 可见，异同比对只是是否运用指导性案例的一个基础阶段。就裁判要点的运用而言，指导性案例的运用与法律适用并无二致。因此，不宜以"先例式参照"排斥"应当依照"。

（三）具体运用上的变化：由理由引述升级为依据引用

最高人民法院在多个司法文件中指出，指导性案件应当作为裁判理由引述而不作为裁判依据引用。其一，《〈最高人民法院关于案例指导工作的规定〉实施细则》第 10 条规定："各级人民法院审理类似案件参照指导性案例的，应当将指导性案例作为裁判理由引述，但不作为裁判依据引用。"其第 11 条

[①] 胡云腾认为："在案例指导制度的司法解释中，参照的法律含义就是'参考比照'，而非'参考按照'或者'参考依据'。因为指导性案例毕竟不是法律法规，它本身没有独立的法律地位，没有独立的规则效力，其本质是对法律法规条文或者法律规范的一种解释，最多是对法律法规进行一定程度的补充，而不是修改或新立，故不能独立作为司法裁判的规则或者准据，亦不能像对待立法那样使用'按照'或者'依照'。"参见胡云腾：《指导性案例如何适用》，载《法律适用·司法案例》2018 年第14 期。本书认为，若依此说，司法解释也只能是"参照"而非"依照"。

[②] 冯文生：《审判案例指导中的"参照"问题研究》，载《清华法学》2011 年第 3 期。

[③] 郭锋、吴光侠、李兵：《〈《关于案例指导工作的规定》实施细则〉的理解与适用》，载《人民司法·应用》2015 年第 17 期。

第 1 款更是强调："在办理案件过程中，案件承办人员应当查询相关指导性案例。在裁判文书中引述相关指导性案例的，应在裁判理由部分引述指导性案例的编号和裁判要点。"其二，《人民法院民事裁判文书制作规范》"理由"项下第 7 点规定："正在审理的案件在基本案情和法律适用方面与最高人民法院颁布的指导性案例相类似的，应当将指导性案例作为裁判理由引述，并写明指导性案例的编号和裁判要点。"而其"裁判依据"项下第 6 点规定："指导性案例不作为裁判依据引用。"其三，《最高人民检察院关于案例指导工作的规定》第 3 条也规定："人民检察院参照指导性案例办理案件，可以引述相关指导性案例作为释法说理根据，但不得代替法律或者司法解释作为案件处理决定的直接法律依据。"

　　之所以规定指导性案例不作为裁判依据引用，按照最高人民法院的权威解读是因为："考虑到指导性案例不是我国法律渊源"①，或言"既无法律依据，也容易引起争议"②。那么，在 2018 年人民法院组织法和人民检察院组织法使得指导性案例有了法律依据、获得法源地位之后，将指导性案例作为裁判依据加以引用也就顺理成章、无可厚非了。另一方面，根据《最高人民法院关于裁判文书引用法律、法规等规范性法律文件的规定》第 5 条、《最高人民法院关于适用〈中华人民共和国行政诉讼法〉的解释》第 100 条第 2 款规定，只具有参照效力的合法规章乃至被认为不属于法范畴但合法有效的其他规范性文件就可以作为行政案件裁判依据引用，而法律效力可以与司法解释比肩的指导性案例作为裁判依据引用更是理所当然。胡云腾专委新近也改变指导性案例只能作为裁判说理依据引用的看法，提出："既然指导性案例是最高人民法院审判委员会讨论确定的，裁判要点是最高人民法院审判委员会总结出来的审判经验，因此，可以视为与司法解释具有相似的效力。在司法实践中，指导性案例的裁判要点既可以作为裁判说理依据引用，也可以作为裁判依据引用。"③

　　①　郭锋、吴光侠、李兵：《〈《关于案例指导工作的规定》实施细则〉的理解与适用》，载《人民司法·应用》2015 年第 17 期。
　　②　胡云腾：《一个大法官与案例的 38 年情缘》，载《民主与法制》2017 年第 20 期。
　　③　胡云腾：《指导性案例如何适用》，载《法律适用·司法案例》2018 年第 14 期。

四、判例借鉴

（一）判例借鉴之理由

为何要借鉴判例建构裁判规范？其一，当然是法律空缺。法律有空缺，法官又不能以法律没有规定而拒绝审判，这就需要用法律外的规范素材来填补，其中也就包括存在于判例之中的规范素材。其二，从判例本身来说，是因为在它之内包含着可以被借鉴的规范素材，这就是该判例的裁判规范。其三，现实中存在着许多相同或相似的问题案件（潜在或待判案件），给判例提供了被借鉴的机会。其四，公平裁判的要求。相同或相似案件应作相同或相似处理是公平原则的题内之义，前后案相同或相似却作出迥然不同裁判的司法随意性是公平、公正原则所不能允许的。其五，审案效率的需要。在法律空缺的情况下，每案都从头全新建构裁判规范这种重复劳动、浪费司法资源自当尽量避免。其六，就我国司法实践上看，借鉴以往判例的做法其实是司空见惯的，只是在案例指导制度建立之前长期没有上升为制度要求而已，法律对此存在的是默许而非禁止。

正如最高人民法院胡云腾专委所指出："案例指导作为一种法律现象，它在我国的存在与发展早已是不以人们主观意志为转移的客观现实，案例指导工作在当前也已不再是一个理论层面上是否能够做的认识问题，而是必须做以及如何做得更好的实践性问题。""在我国长期的审判实践中，最高人民法院、各高中级人民法院定期或不定期地总结和发布了很多典型案例，用以指导审判工作。无论是哪一级法院审结的案件，一旦被最高人民法院或者上级人民法院确认为典型案例，该案例对于下级人民法院审理同类型案件就具有指导作用，并实际产生一定的约束力。"[①] 蒋惠岭也指出："判例的作用在于当法律规定不明时，解释法律；当法律规定有漏洞时，补充法律；当法律规定有冲突时，协调法律；当法律没有规定时，创设规则。""事实上，法官不得不考虑和遵守先例，偏离先例只能成为例外，即判例具有'事实上的约束力'：在被识别为'同类案件'的前提下，与前案判决明显冲突的后案判决可能成为当事人上诉的理由及上级法院改判的理由，或者成为提交审判委员会

---

① 胡云腾、于同志：《案例指导制度若干重大疑难争议问题研究》，载《法学研究》2008 年第 6 期。

决定或提起再审的事由。"①

（二）判例操作之步骤

在"个别类推"一节中，笔者曾将个别类推的步骤划分为六个环节。判例借鉴与个别类推就其逻辑方法上说，都是以类比推理为其主要方法的。然而两者作为类比推理的既存规范毕竟不同，自然使其在操作步骤上有某些差异。这里将判例借鉴的步骤分为六个阶段。

1. 案型检视（检视系争案型）

与个别类推不同，这里对系争案型的检视不仅要确认系争案型属于未规定案型且非立法者的有意沉默所致，在我国还需进一步确认是否没有政策可运用，甚至需要考虑是否有习惯可供认可。如上所述，我们这里所称的判例是以法律、政策外的规范素材建构裁判规范的法院裁判案例，讲白了就是其裁判规范主要是以法理建构而成的。从法源的序列地位上说，它与法理基本上是处于同一阶位的。这从属于大陆法系的瑞士民法典及我国台湾地区"民法"以法律、习惯、法理为序而无明示判例的法源序列规定可见一斑。根据我国的有关规定及司法实践，民事方面的法源序列应该是：法律、政策、习惯、法理（判例）。当然，判例毕竟经过前人对法理的建构或再建构，运用起来比对原本法理的运用简便高效。实行判例制度的国家或地区，判例的法源序列地位当然会挪前。至于挪到哪一步，则主要看制度的许可程度，不过在现代顶多只能紧挨法律之后。顺带指出，即使是在英美法系国家，判例的法源序列地位也是在制定法之后的。通说中的所谓英美法系以判例法为主、制定法为辅的讲法应从其在法源中所占量的比例上理解而不应包括法源序列地位，制定法在适用上仍然是优于判例法的。

2. 判例识别（选定合适基点）

在案型检视后认为确实需要以法理来建构裁判规范的，如果审案法官掌握或者寻获与手头的问题案件相同或类似的既判案件即判例，就可以将其拿来作为本案的裁判规范生成基点。② 基点是否适合于本案，在这时只是从案型

---

① 蒋惠岭、杨奕：《以先例判决指导审判工作制度的创新实践》，载《法制日报》2016 年 4 月 6 日。
② 王利明教授认为指导性案例运用中的类似性应当具有如下几个特点：1. 案件基本事实类似；2. 法律关系类似；3. 案件的争议点类似；4. 案件所争议的法律问题具有相似性。而法官参照指导性案例审理案件时，首先要求当事人的诉讼主张与欲参照的指导性案例具有相同性或相似性。详见王利明：《我国案例指导制度若干问题研究》，载《法学》2012 年第 1 期。

总体上做粗略的判断，判断的熟练度和准确率则主要取决于审案法官自身的知识功底与平时的经验积累。这个难度比起法律查寻中的法条预测高得多，所以最好是由有关部门像汇编法律一样对此类判例进行适时汇编，以便于法官参阅查找，从而提高法官的判例识别效率。至于基点判例选定的范围，可区分两种情况来讨论：一种是技术需要的，即基点判例只是一般地供法官生成本案裁判规范作借鉴系，也就是对本案的裁判规范之生成只具有法理性的参考意义而无约束力，那么此时的基点判例无须受判例作出的法院级别以及判例生效与否的限制；另一种是制度要求的，就是前例必须遵守，这时的基点判例就需受一定的范围限制，比如说必须是上级法院或者本法院的生效判例。目前我国已经建立起的制度性的判例遵循原则是：指导性案例有应当参照的效力；最高人民法院的判例以及经最高人民法院审委会讨论同意后发表在最高人民法院公报上的判例具有准遵循性质的参考性效力；上级法院的生效判例实际上对下级法院也具有事实上的约束力；有的法院为保证在本院内的相同或相似案件作出相同或相似的公平裁判，还采用了非制度性的先例遵循要求。还须指出，判例识别有的只需一个判例基点，有时还可能要对相关的几个判例经过筛选、整合或者归纳而成为合适基点。为了增强判例借鉴的可靠度和说服力，也需要多个相关判例为基点判例。

　　3. 异同比较（比较事实异同）

　　基点判例确定之后，就要进一步对基点判例与问题案件的事实异同进行具体的比较。这个过程是两个案件的案型比较，也叫作事实区别。"如果将判例这种事实上的区别同法典相比，那么可以看出，法典虽然也规定事实内容，但主要是用一种抽象、概括的语言来说明案件事实。相对于法典来说，判例所给出比法律所给出的法律适用情景要具体得多。简言之，法典的事实是一种'拟制'的事实，它通过典型化的情景假设，来设定相关法律适用的前提条件；而判例中的事实是一种'具体'的事实，它通过前后两个案件中的主体、行为、后果等方面的比较，来确定事实上是否存在关联，存在多大的关联。"[1] 这是一步需要进行细致分辨的重要步骤，其任务是为下一步的重要之点判断打好基础。杨仁寿指出："从法学上言，鲜有两个案例完全相同，其人、时、地、事、空间或法律状态（包括犯罪情状）设有一不同，仅能曰'类似'，而非'完全相同'，故援用'判例'时，苟将'事实'置之不顾，又

---

① 胡玉鸿主编：《法律原理与技术》，中国政法大学出版社 2002 年版，第 358 页。

何能援用？"① 所以，在异同比较的过程中，应当仔细分辨和列出基点判例与待决案件之间在事实上的所有有说服力的相同点和不同点。当然，这样做并非机械地在前后案件的既有描述中找出一些同样或不同的陈述，而是应当发现和揭示掩盖在过分技术或过分草率的描述之下的事实歪曲，洞察和把握事实之间的内在联系。这个作业实际上要求对前后两案按照统一模式分别予以案型化，以清晰地显示出两案在事实构成上的相同点与不同点。

4. 价值判断（判断重要程度）

这是在对基点判例与待决案件的事实异同点比较的基础上，决定基点判例能否最终被借鉴的关键性一步。美国学者伯顿将这个过程称为"判断重要程度"，即"决定在某种情形下两种情况间在事实上的相同点更重要，还是不同点更重要。"② 而对于谁更重要的判断，要看基点判例与待决案件在"重要事实"上是"相似"还是"不同"。"当一个判例的事实与一个问题案件的事实相似到要求有同样的结果时，我们就说一个法官或判决依照判例（除非这个早先的判决被否决）；而当一个判例的事实不同到要求有不同的结果时，我们就说一个法官或案件区别判例。"伯顿所指的重要事实是指那些"具有本案特色的""可能在该判例和一个问题案件之间成为重要的相同点或不同点的事实"。然而，"判断哪些事实更为重要，却仍然是一项难以理解的活动。"③ 这样似乎没把问题讲清楚，总觉得有点绕圈圈（循环）。那就换一种讲法：事实可分为必要事实、非必要事实和假定事实。所谓必要事实（在法定案型中也称要件事实），就是能够佐证裁判结论的必不可少的基础事实。一般而言，待决案件的事实与基点判例的必要事实相同或相似就可以为判例借鉴，否则就拒绝借鉴。问题是必要事实仍然有多个因素，那么"相似"应到何种程度才可借鉴？这就要在必要事实之内进一步确定"重要因素"，重要因素相同者借鉴，不同者拒绝。至于重要因素相同的判断，英美法系国家的法官"恒先从目的论上考量，若认援用的判例所获结论合乎法律目的，即强调量案件事实之'重要之点'相同，反之，则不然。"④ 大陆法系国家法官以法律容许性与

① 杨仁寿：《法学方法论》（第二版），中国政法大学出版社 2013 年版，第 282～283 页。
② ［美］史蒂文·J. 伯顿：《法律和法律推理导论》，张志铭、解兴权译，中国政法大学出版社 2000 年版，第 38 页。
③ ［美］史蒂文·J. 伯顿：《法律和法律推理导论》，张志铭、解兴权译，中国政法大学出版社 2000 年版，第 35 页、第 45 页、第 49 页。
④ 杨仁寿：《法学方法论》（第二版），中国政法大学出版社 2013 年版，第 285 页。

目的论上之妥当性为判断两个案例是否类似之不可或缺的要素。这就需要通过价值判断来进行，需要法官的主观裁量来判定。① 判定的恰当与否，不仅涉及法官个人的法哲学修养和对法律目的的了解，甚至与法官的人生观也有关联。

5. 规范探寻（探寻既存规范）

判例之所以能够被参照或被遵循，就其本身来说就在于它包含着针对该案的裁判规范。这种裁判规范或者比较明朗，或者比较隐晦。是前者当然好办，对于被确认为与其相同或相似的待决案件，可以采取拿来主义拿来就是。而如果属于后者，则需进行探寻作业。后者寓于法官意见（裁判理由或裁判说理）的叙述之中，而法官意见往往包含着"无须在案件中决定的关于法律点的陈述"即附带意见；在实行少数意见公开制度的裁判述中，还可能包含反对意见或补充意见。② 只有法官的主议意见才能决定判例的裁判结果，其中所包含的裁判规范才是须予遵循或所要借鉴的。这就需要辨别不同种类尤其是主议意见与附带意见，进而从主议意见终归纳出判例的裁判规范。由于主议意见是决定判例裁判结果的法官意见，因此识别主议意见可以采用裁判结果反观的方法而进行。这是单一基点判例的规范探寻。如果是多个判例形成的判例基点，则需综合该多个判例中的主议意见，从中抽象（归纳）出基点判例的裁判规范。据伯顿介绍，通常认为从主议意见中归纳判例意见或基点意见的过程本身，并非单纯探寻先前在判例中阐明的既存规则的逻辑结果，它同时也是建构待判案件的裁判规范的过程。爱德华·H. 利瓦伊所说的"规则随着其使用而改变。更为重要的是，规则产生于一个过程，这一过程在比较事实的同时，创制了这些规则，随后又加以适用"，正包含着这个意思。③本节另有下列的效果转置阶段，因此规范探寻阶段只限于探寻基点判例的裁判规范。

---

① 孙海波博士认为："判断重要程度就是挑选出那些足以将该案置于某一法律类别下的事实，这是一个需要仅仅立足于案件事实构成，尤其是先例判决中所涉及的重要和相关事实的描述，同时要以判决理由来检讨先例案件与争议案件在事实上的相似性与不同点，最终通过价值判断和目的考量得出是事实上的相似性更为重要还是不同点更为重要，以决定遵循先例还是区分先例。"参见孙海波：《破解类比推理难题：成因、类别和方法》，载《甘肃政法学院学报》2013 年第 6 期。

② 少数意见是指参加案件审判的少数法官不同意多数法官的裁判结论或理由的意见。其中对裁判结论及理由均不同意的称为反对意见，只对裁判理由不同意的叫作补充意见。

③ 参见［美］史蒂文·J. 伯顿：《法律和法律推理导论》，张志铭、解兴权译，中国政法大学出版社 2000 年版，第 43 页。

6. 效果转置（转置裁判后果）

效果转置就是将基点判例裁判规范中的裁判后果转置于待决案件。这是一个最终生成待判案件裁判规范的司法作业。其生成过程是一个三段推理：①大前提是基点判例的裁判规范，用符号表示为：ABCD—a；②小前提是待决案件的事实视同（相同或相似）于基点判例的事实，用符号表示为：ABEF＝ABCD；③结论是待决案件的裁判规范，用符号表示为：ABEF—a。本阶段的整个推理过程用符号表示就是：〔ABCD—a，ABEF＝ABCD〕—〔ABEF—a〕。这里需要注意两个方面。一方面，基点判例裁判规范的裁判后果转置于待决案件只是"质"上而非"量"上的转置。比如，如果在消费者权益保护法出台之前司法实践上超越民法通则规定的范围，对因消费方面的原因而身体受到严重损害的受害人判给精神损害赔偿，那么，以此为基点判例向待决案件转置裁判效果的，只应转置此类案件"应当支持精神损害赔偿的诉讼请求"这种裁判效果，而不应转置赔偿多少数额的裁判结果。前者就是"质"上的效果转置，后者则属于"量"上的问题，只能根据待决案件的具体情节而另行裁量。另一方面，这个效果转置的结果似乎具有必然性，因为其所用的推理是必然推理的演绎三段论。但是，由于其小前提是待决案件的事实部分"视同"于基点判例的事实构成，甚至"视同"还包含着法官的价值判断在其内，因此效果转置的结果，尤其是两案的事实构成只具"相似"的情形下，实际上只是或然的。

（四）判例推理之性质

对于判例借鉴所用的推理，究竟是类比推理、归纳推理，还是"归纳的类比推理"？是形式推理还是实质推理？这里面存不存在演绎推理？如果有的话是在哪一阶段？对于诸如此类的许多问题，现在是各家有各家的讲法。本节总的观点是：判例借鉴的逻辑基础仍应为类比推理，而在整个借鉴的过程中还有归纳、演绎以及价值判断（实质推理）等多种推理夹杂在其中。以下简略谈谈判例借鉴中的类比推理和归纳推理。

1. 类比推理

类比推理是判例借鉴总的逻辑基础，其他各种推理在这里都是为实现类比推理服务的，或者说其他推理是在类比推理观念指导下发挥作用的。因此可以说，无类比推理就无判例借鉴。但是类比推理并不是在整个判例借鉴的每个阶段都存在，它主要是在识别基点判例阶段起着奠基性的作用。在识别基点判例阶段，只有初步认为待决案件与某个判例相同或相似，应当予以相同或相似裁判这种逻辑观念，才可能去探寻先前判例来为待决案件提供借鉴规范素材，才有判例借鉴这一说。判例借鉴的首先思维是：判例的事实要件（ABCD）与待决案件的事实要件（ABCD 或 ABEF）相同或者相似，因此判例的裁判规范裁判效果也就能够转适于待决案件。因此，反过来以待决案件的事实为出发点，去寻找或选择事实要件与其相同或相似的判例，作为生成待决案件的裁判规范的基点判例。

2. 归纳推理

归纳推理在判例借鉴中的运用主要体现在两个阶段：一是选定基点判例阶段，二是探寻判例规范阶段。在前一阶段对基点判例予以案型化即归纳事实构成或者以多个判例为基点判例增强判例借鉴的可靠度和说服力，以及后一阶段在判例规范隐晦的情形下要抽象出一个基点判例的裁判规范，都需要应用归纳推理。基点判例案型化的推理过程是：A 事实决定裁判效果 a，B 事实决定裁判效果 a，C 事实决定裁判效果 a，D 事实决定裁判效果 a，其他事实与裁判效果无关；所以，ABCD 是判例基点的构成要件。以多基点判例增强判例借鉴可靠度和说服力的推理过程为：T1 判例的裁判效果是 a，与 T1 相类似的 T2、T3 等判例的裁判效果也是 a；所以，T1 或 Tn（整合）判例可以作为基点判例。而要抽象出判例规范所进行的推理过程，与基点判例案型化的推理过程一样，只是其结论应当为：ABCD 的裁判效果是 a（ABCD－a）。以上三个推理虽然各有各的特点，然而它们均属于归纳推理，即从多个相类似的具体前提推出一个较为一般的结论，或者印证、强化基点前提。

第二节　习惯的认可规则与司法适用

将习惯规定为法律渊源，国外早已有之。例如，瑞士民法典第 1 条规定："本法有规定的法律问题，适用本法；无规定者，以习惯法裁判；无习惯法，依法官提出的规则；同时应遵循既定学说和传统。"我国台湾地区"民法"第1 条也规定："民事，法律所未规定者，依习惯；无习惯者，依法理。"其第 2条还规定："民事所适用之习惯，以不背于公共秩序或善良风俗者为限。"我国民法总则第 10 条规定："处理民事纠纷，应当依照法律；法律没有规定的，可以适用习惯，但是不得违背公序良俗。"在民法总则施行之后，习惯就成为我国民事法律渊源的一种（补充性法源）。本节就来谈谈习惯的认可规则与司法适用的有关问题。

一、习惯概念与类型

从文字含义上说，习惯即所谓"习久惯之"，是指因经常为之而成为通常的做法乃至成为一种难以抗拒的力量。比如，经常吃夜宵的人就形成吃夜宵的习惯，如有一夜不吃夜宵就感到肚子饿或不自在，这是个人习惯。而从行为规范而言，《中国大百科全书·法学卷》中的定义是："习惯是社会生活中，长期实践而形成的为人们共同信守的行为规则。"[①] 理论上还有表述为：习惯是在国家法之外，人们在长期的生产和生活中逐渐形成，并为某一区域或者整个社会普遍遵从的行为规则的总称。[②] 这一习惯定义内的要点有三个方面。第一，习惯存在于国家法之外。习惯不同于国家法律，也不同于经国家立法认可而上升为法律的习惯，其本身只是一种被社会共同体承认的、受到社会成员遵守、具有一定规范效力的行为模式或准则。第二，习惯是在人类交往过程中逐渐形成的。习惯不是有人们有意识地制定出来的，只能在长期的生产、生活或交往中逐渐形成。第三，习惯的实施由社会成员保障。习惯虽然在一定范围内被社会群体普遍遵从，但不具有法律的强制效力，只能靠社会共同体保障。

通常所讲的习惯主要是指民间习惯，而与民间习惯概念相关的还有习惯法和民间法两个概念。民间习惯、习惯法和民间法都属于国家制定法之外的

---

① 《中国大百科全书·法学卷》，中国大百科全书出版社 1984 年版，第 45 页。
② 参见赵全能：《论民俗习惯之司法适用》，载《中国法治》2014 年 4 月 18 日。

行为规范，因而三者有时被混用。① 而理论上通常认为，习惯法与只能依靠社会成员保障实施的民间习惯不同，是经"认可"的具有一定法律强制力的行为规范。"习惯法何以取得法律效力，学术界主要有国家认可说和社会公认说两种观点。大陆法系国家学者持国家认可说为多，英国、美国的学者则多持社会公认说。规范法学派持国家认可说，社会法学派持社会力量说。"② 在习惯与习惯法的关系方面，按照德国学者的意见，两者不是一个概念：前者是事实，为社会所通行，须当事人自己援用；后者则为法律、国家所承认、为审判官所适用。而法国学者则认为两者并无区别。③ 民间法则被认为是"独立于国家法和习惯法之外，自发形成的并有社会权威管理和约束的，总结某些习惯性规范并内涵有统一权利义务观念的行为规范。民间法是介于国家法和习惯法之间的一种类法律规范。"④ 本书的观点为：在我国民间习惯是自发形成而未经国家认可的行为规范，习惯法是经过国家认可的民间习惯，而民间法只包括未经国家认可的民间习惯但不包括习惯法。⑤

此外，理论上还有习惯、习俗和惯例这种更为细致的概念界分。例如韦森先生认为：习惯是指"个人行事与活动中所呈现出来的事态中的一致性，或者说重复出现的个人活动的一种'单元事态'"；习俗是指"'连续存在的群体'的行动所呈现出来的诸多'单元事态'中的普遍性、同一性与延续性"；

---

① 有论者指出："民间法研究的核心概念无疑是习惯和习惯法。不幸的是，中国学界在这对概念的梳理方面至今没有达到条分缕析、释疑解惑的程度，反而像一团乱麻一样令人找不到头绪。多数研究者往往只是把不同语境中的定义拿来罗列一番，并不深究它们在原来语境中的原初含义，就匆匆地得出一个结论了事。于是乎，我们只是得到了一些表面上一模一样的语词和符号。结果不仅未能解决已有的困惑，而且有创新癖和定义癖者还会增加一些新定义，使得本来已经很混乱的局面更加混乱。"并认为："学界对习惯的界定有两个落脚点，即'行为模式'和'行为规范'，对'习惯法'也存在'社会认同'与'国家认可'这两种进路的界定。着眼于'行为模式'所界定的'习惯'实为'惯例'，着眼于'行为规范'所界定的'习惯'与'社会认同'进路界定的习惯法是同一的，可称为'习惯'。而国家通过司法吸收习惯，就形成以判例形式存在的习惯规范，可称为'习惯法'；而国家通过立法以指引性规范赋予习惯以法律效力，即'准用习惯'。"参见王林敏：《论习惯和习惯法的概念界分》，载《湖南警察学院学报》2011年第4期。
② 周永坤：《法理学——全球视野》，法律出版社2000版，第42页。
③ 参见胡长清：《中国民法总论》，中国政法大学出版社1997年版，第29页。
④ 王青林：《民间法基本概念问题探析》，载《上海师范大学学报（哲学社会科学版）》2003年第3期。
⑤ 民间法的表现形式可以是不成文的民间习惯，也可以是民间组织制定的成文规定，比如乡规民约、企业内部的规章制度等。有论者认为："民间法也具有极其多样的形态，它既包括一定社会区域和行业中的人们在长期的生产和生活中所形成的习惯法，也包括民间的非官方组织依据本行业、本区域的具体情况而制定的行会法、宗族法、村落法、社团法等，还包括一定区域社会的风俗人情、道德礼仪等。"刘旺洪：《论民间法及其与国家法的关系》，载《江海学刊》2007年第4期。

而惯例则是指"在人们的社会生活与交往中（尤其是在市场经济的运行过程中）较长时间驻存，并对人们行为有较强约束、规制与调控力的一种显俗"；"无论是在人类历史上的任何一个文明社会中，还是在当代任何一个社会中的即时即地，均实际上进行着或者说发生着从个人的习惯到群体的习俗、从习俗到惯例、从惯例到法律规则这样一种动态的内在发展行程。"① 对此，有论者指出："从习惯、习俗、惯例到法律制度，构成了韦伯式的规则生成道路，但这种西方语境下的话语无法遮蔽中国问题的特殊性。"② 而事实上，当代中国制定法中的"习惯"概念是广义的，"习俗""惯例"只是其不同的文字表达方式罢了。③

依本书之见，作为行为规范的习惯，首先可以依其形成于官方还是民间，区分为官方习惯与民间习惯两大类。官方习惯是在执法、司法等官方活动中长期形成的习惯，比如行政习惯、司法习惯。民间习惯则形成于民间，比如民俗习惯、交易习惯和专业习惯。此外，习惯还可从评价上予以区分，比如恶习与良俗。恶习是被作否定性评价的习惯，而被作肯定性评价的习惯即为良俗。民法总则第 10 条规定作为法源的习惯，限于民间习惯，且须为良俗起码是不违反良俗。民间习惯主要有民俗习惯与商事习惯。民俗习惯是指普通人在日常生活当中经过了长久的时间，通过大家慢慢接受而形成的习惯。商事习惯即交易习惯，④ 就是商人在从事某一个商事活动的时候共同遵守的一种惯常做法，包括国内和国际商事领域的商事习惯。此外，专业习惯也应属于民法总则第 10 条规定的习惯。律师事务所的律师、审计师事务所的审计师和会计师等专业人士他在为委托人提供专业服务的过程当中所形成的习惯就是专业习惯。⑤

---

① 韦森：《经济学与哲学：制度分析的哲学基础》，上海人民出版社 2005 年版，第 168 页、第 174 页、第 196 页。

② 李保平：《从习惯、习俗到习惯法——兼论习惯法与民间法、国家法的关系》，载《宁夏社会科学》2009 年第 2 期。

③ 详见高其才：《当代中国法律对习惯的认可》，载《政法论丛》2014 年第 1 期。

④ 《最高人民法院关于适用〈中华人民共和国合同法〉若干问题的解释（二）》第 7 条第 1 款规定："下列情形，不违反法律、行政法规强制性规定的，人民法院可以认定为合同法所称'交易习惯'：（一）在交易行为当地或者某一领域、某一行业通常采用并为交易对方订立合同时所知道或者应当知道的做法；（二）当事人双方经常使用的习惯做法。"需要注意的是，这里的交易习惯含义比通常理解的广泛，包括"当事人双方经常使用的习惯做法"。

⑤ 参见张民安：《我国民法学者和法官眼中的〈民法总则〉第十条——〈民法总则〉讲座》，载民安教授说民法微信公众号，2017 年 12 月 15 日推送。

二、认可途径与效力

某种习惯要成为习惯法而具有法律强制效力，在我国必须经过国家认可。通常认为国家认可有立法认可与司法认可两条路径。立法认可包括宪法、法律、行政法规、地方性法规、民族区域自治法规、政府部门规章、中国缔结和参加的国际条约对习惯的认可，赋予习惯以法律地位，确认习惯法在我国正式法律渊源中次要、补充的法律渊源地位。有论者认为，当代中国法律对习惯认可的方式主要包括四种。①采取授权性条款认可习惯。该种方式主要用于处理尊重中外民族风俗习惯、在民族地区变通执行国家法律法规和政策等问题。②采取概括条款（一般条款）处置习惯。该种方式主要用于处理民事行为遵循公序良俗等问题。③采取概括条款处理辖区内原有习惯的效力问题。④采取具体条款（特指式立法）处置民间习惯。该种方式主要用于处置民事习惯与国家法律之间的关系协调问题。① 本书认为，所谓习惯认可，应该是对某种具体习惯的认可，立法上概括规定习惯法源地位的授权性认可，不属于本节所称的习惯认可。② 司法认可系由司法机关对习惯的认可，主要包括个案裁判认可、指导性案例认可和司法解释认可三种类型或称三个梯次。

民法总则第 10 条关于"法律没有规定的，可以适用习惯"的规定属于立法授权认可。而其所称的"习惯"须经"认可"才可以"适用"，因而这里的"认可"应该只是指司法认可而不应是立法认可。这是因为经过立法认可的习惯，已经从习惯上升为"法律"（广义）。而上升为"法律"的习惯本身就是"法律"，成为制定法，不应该又是制定法的补充性法源。制定法虽为人为制定，但却不全是人为创造出来的，相当大的一部分法律规范是从包括民间习惯在内社会规范中吸纳而来的。可以这样说，民间习惯是制定法的重要源泉。某种习惯被立法认可就成为制定法的组成部分而不再是补充法源，无须再经过司法认可就应当予以适用。因此，民法总则第 10 条中作为补充法源的习

---

① 详见高其才：《当代中国法律对习惯的认可》，载《政法论丛》2014 年第 1 期。

② 按照德国学者的总结，民间规范转变为法律规范大体上有三条路径：（1）"立法的选择"，就是通过立法者的立法行为而转变为普遍性的法律规范；（2）"立法的授权"，就是通过立法者指引某些作为"准法律"的习惯，由法律适用者在个案中加以具体阐释而转变为正式的法律规范；（3）"司法的选择"，就是通过法官、法院系统对某一民间习惯的司法识别和适用而转变为法律规范。参见吴敬华、李卫杰：《习惯成为法律的第三条路径——评王林敏〈民间习惯的司法识别〉》，载《山东警察学院学报》2013 年第 3 期。

惯，不包括已被立法认可而上升为法律的习惯，而只是指通过司法认可的习惯。而通过司法认可的并非都成为习惯法，只有司法解释认可、最多包括最高人民法院公布的指导性案例认可的习惯具有这种资格。个案裁判认可的习惯成不了习惯法，只能是具有事实预决力的事实——存在可被后案直接认定但可被反证推翻的习惯规范之事实。

杨仁寿称："习惯一经法院适用，认其具有'法的效力'，即为习惯法。"① 另有论者认为："在习惯的司法适用中，应当区分习惯和习惯法在认定程序上的不同。在先前案件中，如果某个特定的习惯经过法官以公序良俗标准检验后予以适用，则该习惯即实质上具备了规范效力属性，可以作为裁判依据直接适用于同类型的其他案件。"② 本书认为，这或许在承认判例为法律渊源的国家是如此，在我国仍难以完全说得通。因为在我国目前还没有把不是指导性案例的法院判决作为法律渊源，法院在判决中对习惯的认可只适用于该判决的具体案件，不具有普遍适用性，因而其他法院或法官没有义务遵循该认可。而作为"法"的习惯法，则是必须具有普遍适用力的。本书之所以将经法院适用即个案裁判认可的习惯排除在习惯法之外，而只将其作为只具有事实预决力的习惯事实对待，原因就在于此类认可的习惯在非实行判例法的我国没有普遍适用性。而司法解释认可的习惯则具有普适性，指导性案例认可的习惯具有的是普遍参照性乃至应当依照之适用力。③

至于习惯与法律之间的效力关系，日本学者石田穰把其区分为三种情形："其一，既不违反法律强行规定，也不违反任意规定的习惯，与法律有同一的效力；其二，不违反法律强行规定，而违反任意规定的习惯，以当事人认可为条件，有与法律同一效力；其三，违反法律强行规定的习惯，无与法律同一的效力。"④ 黄茂荣则称："已演变为习惯法者，其位阶应与制定法相同，是故其间如有竞合的情形，应依关于法律竞合有关的原则处理之，亦即主要应引用'后法优于前法'和'特别法优于普通法'等原则决定其适用之顺位。"⑤ 石田穰是将未经国家认可的习惯效力与制定法比较，显然是以前述英美学者

---

① 杨仁寿：《法学方法论》（第二版），中国政法大学出版社 2013 年版，第 269 页。

② 肖明明：《民法总则中"习惯"的体系性解释与适用》，载《人民法院报》2017 年 12 月 13 日。

③ 2018 年 10 月 26 日修订的人民法院组织法和人民检察院组织法分别赋予最高人民法院、最高人民检察院发布指导性案例的职权。因此本书认为，指导性案例自此有了三个方面的升级：由并非法源升级为正式法源，由应当参照升级为应当依照，由理由引述升级为依据引用。详见本章第一节。

④ 转引自梁慧星：《民法解释学》（第四版），法律出版社 2015 年版，第 272 页。

⑤ 黄茂荣：《法学方法与现代民法》，中国政法大学出版社 2001 年版，第 520 页。

的"社会公认说"为其理论基础的，与我国采用的"国家认可说"不同。而黄茂荣论述中的"习惯法"，只有将其限在"立法认可"方面，才可在一定程度上适合我国的习惯认可制度。在我国，法律（狭义）比司法解释的位阶效力高，因而经司法解释认可的习惯若与法律相抵触，只能适用"上位法优于下位法"规则，而不能以"特别法优于普通法"和"后法优于前法"来解决两者的冲突问题。

三、习惯认可之规则

如上所述，习惯的司法认可有司法解释认可、指导性案例认可和个案裁判认可三种途径。司法认可习惯必须遵循特定的规则。这里仅谈习惯的个案裁判认可规则。[①]

首先，须出现"无法可依"的情形。民间习惯植根于民间，在民间有很强的影响力或规范力，甚至被卢梭称为"铭刻在公民们的内心里"，"形成了国家的真正宪法"。[②] 但是在现代法治社会中，民间习惯在未被国家认可（司法解释认可）之前，没有法律上的效力，不能对抗国家制定的法律（但当事人可约定依民间习惯排除任意法的适用）。因此，民法总则第 10 条只是将其规定为"候补法源"或称补充性法源，即只能是在"法律没有规定"的情形下才"可以适用习惯"来填补法律空缺。这里的"法律没有规定"应当是既无法律可依也无司法解释可依，而无法律可依包括没有法律明文规定且经对法律进行扩张解释和对法律原则的价值补充后仍无裁判依据。[③] 甚至更广义地

---

① 王利明教授将习惯法的适用（填补法律漏洞）分为程序与规则两个方面：程序方面包括确定漏洞、找寻习惯、审核习惯和论证说理四个步骤；规则方面有遵循法律的强制性规定和公序良俗、习惯需经审查才能成为漏洞填补的依据、习惯从严解释和习惯应具有特定的适用范围四项内容。详见王利明：《法律解释学》（第二版），中国人民大学出版社 2016 年版，第 400～405 页。

② 参见 [法] 卢梭：《社会契约论》，何兆武译，商务印书馆 2003 年版，第 70 页。完整的表述为：在政治法、民法和刑法之外，"还要加上一个第四种，而且是一切之中最重要的一种，这种法律既不是铭刻在大理石上，也不是铭刻在铜表上，而是铭刻在公民们的内心里；它形成了国家的真正宪法；它每天都在获得新的力量；当其他的法律衰老或消亡的时候，它可以复活那些法律或代替那些法律，它可以保持一个民族的创制精神，而且可以不知不觉地以习惯的力量代替权威的力量。我说的就是风尚、习俗，而尤其是舆论。"

③ 正如有论者所指出的："理解'法律没有规定'，应当从法律的适用均经过解释的角度出发。"参见茆荣华、徐卓斌：《〈民法总则〉法律适用问题研究》，载庭前独角兽（上海高院主办），2017 年 9 月 25 日推送。

理解"法"，民间习惯还要在没有国家政策裁判依据时才有认可的可能，尽管民法总则不再像民法通则那样将政策规定为法源。这是因为，国家政策是一种国家意志的体现，民间习惯仅是民间意志的体现，而国家意志是优位于民间意志的。然而在涉外法律关系上，国家政策与国际惯例的关系则应为国际惯例优先。

其次，拟予以认可的民间习惯须具备一定的条件。杨仁寿称："实务上一向认为，习惯法之成立要件有四：①人人有确信以为法之心；②于一定期间内，就同一事项反复为同一之行为；③法令所未规定之事项；④无背于公共秩序及利益。"[1] 其中，第①项与第②项两项属于民间习惯认定的条件，"人人有确信"主要指在该习惯生活（交易）圈内的人对该习惯的法律观；第③项为认可民间习惯的前提条件；第④项是民间习惯被认可的最为核心的条件。如前所述，习惯有恶习与良俗之分。法院只能认可良俗，若经审查判断认为民间习惯有违公序良俗，则不得以其裁判规范。对此，我国台湾地区"民法"第2条明确规定："民事所适用之习惯，以不违背公共秩序或善良风俗者为限。"有判例称："习惯法则应以一般人所共信不害公益的要件，否则从属旧有习惯，亦难认为有法的效力。"[2] 又有判例称："亲房拦产之习惯，不惟旧律有明文禁止，且足长亲房把持挡勒之风，于社会经济毫无实益，不能认为有法之效力。"[3] 民法总则第10条也规定：适用习惯"不得违背公序良俗"。[4]

再次，原则上须当事人援用并负举证责任。经司法解释认可的习惯已成习惯法，具有普遍的适用力，法官应当主动予以适用；对指导性案例认可的

①　杨仁寿：《法学方法论》（第二版），中国政法大学出版社2013年版，第269页。

②　参见刘作翔：《传统的延续：习惯在现代中国法制中的地位和作用》，载《法学研究》2011年第1期。

③　参见杨君仁：《民法概要》，载 http://www.docin.com/p-292704710.html。

④　王利明教授认为，能够作为民法渊源的习惯应当具备两项条件。1. 积极条件，包括：（1）具有长期性、恒定性、内心确信性；（2）具有具体行为规则属性；（3）具有可证明性。2. 消极条件，包括：（1）不违反法律的强制性规定；（2）不违反公序良俗。详见王利明：《论习惯作为民法渊源》，载《法学杂志》2016年第11期。

习惯，法官也有参照的义务。而个案裁判认可习惯，原则上应由当事人援用：[①] 或当事人双方约定，或由当事人一方提起（申请）。这是因为习惯虽为规范范畴，但其存在与否则属于事实范畴。正是由于习惯的存在与否属于事实范畴，如当事人一方主张认可和适用某种习惯，主张者对该习惯的存在负有举证责任。《最高人民法院关于适用〈中华人民共和国合同法〉若干问题的解释（二）》第 7 条第 2 款就规定："对于交易习惯，由提出主张的一方当事人承担举证责任。"我国台湾地区判例的阐述更为具体："习惯法则之成立，以习惯事实为基础，故主张习惯法则以为攻击防御方法者，自应依主张事实之通例，就此项多年之惯行，为该地方之人，均认其有拘束其行为之效力之事实，负举证责任。如不能举确切可信之凭证，以为证明，自不能认为有此项习惯之存在。"[②]

最后，司法的审查认可。黄茂荣指出："'司法机关'不但必须就事实上惯行的存在加以认定，而且必须就该事实上之惯行的内容是否足堪引为补充法律漏洞的依据加以评价"，[③] 若适用民间习惯的目的在于"补充解释"债务契约，则尚须审查"当事人就该习惯于缔约时是否已认知并愿以之为其债务契约的规范基础"。[④] "对于尚未经由司法程序进行效力评价的习惯事实而言，其具体适用于个案裁判时则涉及事实的认定和规则的发现两个程序。……在规则发现程序上，则需要公序良俗原则的介入，由法官在已认定的习惯事实基础上评估该习惯的内容以及具体适用后的效果，即是否违背公序良俗的价值要求。如果案涉习惯不悖于公序良俗和法律强制性规定，则法官可以将其确认为习惯法并作为本案及后续同类案件裁判的依据。"[⑤] 王林敏教授认为："从司法技术角度来看，法官识别民间习惯主要涉及方法和标准两个方面的问

[①] 之所以是"原则上应由当事人援用"，是因为尚需发挥法官在习惯发现上的主动性："在习惯和习惯法的发现与适用程序上，还应注重发挥法官依职权调查机制的作用。习惯事实的证明较为困难，将全部举证证明责任交由当事人负担，在裁判结果上难谓公正。尤其对于那些地域性或专业性较强的地方风俗习惯、行业交易习惯，当事人的举证成本和难度更大，更需合理配置案件事实的证明责任。由于现行法对于法院依职权调查取证的范围采取了完全列举模式，故可以从解释论的角度，将关于习惯事实存在及其内容的证据作为'当事人及其诉讼代理人因客观原因不能自行收集的其他证据'，以当事人申请调查取证的方式解决习惯事实的查证认定问题。"参见肖明明：《民法总则中"习惯"的体系性解释与适用》，载《人民法院报》2017 年 12 月 13 日。

[②] 转引自王泽鉴：《民法总则》，中国政法大学出版社 2001 年版，第 57 页。

[③] 黄茂荣：《法学方法与现代民法》，中国政法大学出版社 2001 年版，第 520 页。

[④] 黄茂荣：《法学方法与现代民法》，中国政法大学出版社 2001 年版，第 521 页。

[⑤] 肖明明：《民法总则中"习惯"的体系性解释与适用》，载《人民法院报》2017 年 12 月 13 日。

题，其内容则包括规范识别和合法性检验两个层面。……法官要站在习惯的外部立场，以作为法律精神原则的社会主流价值观和制定法对民间习惯设定的要求进行检验。"①

四、习惯冲突之适用

梁慧星教授讲了这么一个习惯冲突的例子：在某边远地区，有一个妇女结过两次婚。她第一次结婚生育了子女；丈夫去世后改嫁，同后夫也生育了子女。后夫去世后，这位母亲好容易把子女养大成人。后来她生病死了。这位母亲一死，马上发生了纠纷。她前后两婚所生子女争抢其遗体，目的是要将母亲的遗体与父亲合葬。双方互不相让，起诉到法院。法院受理后遇到的问题是我国关于遗体继承没有具体规则，在考虑按照习惯判案时却又遇到习惯冲突。按照前夫所在地的习惯，一个妇女无论改嫁多少次，死后必须与前夫合葬；而按照后夫所在地的习惯，则是一个妇女无论改嫁多少次，死后必须与最后一个丈夫合葬。梁教授的建议是：本案应尽量进行调解；实在调解不成就判决分割遗体骨灰，各得一半。理由是：遗体是特殊物，不许分割、转让、抛弃，这是出于对人类尊严的维护；但遗体一旦变成骨灰，就成为可分物。②

分割骨灰的确巧妙。这是调和折中的办法，可能达到兼顾相互冲突的两地习惯的效果，同时又合乎遗体火化的政策，可谓达到了政策效果与社会效果的统一。但是我们接着假设：①该地区属于边远的闭塞山区，当地民众观念不能接受遗体火化，火化政策也不强求在当地推行；②案中母亲是与前夫离婚后改嫁；或者③前夫去世后改嫁，但两地不属于同一法院辖区。如果是这样，恐怕通过司法是不好调和折中的。这时要是调解达不成协议，在兼备第①和第②两种情形下，似应判决遗体由其与后夫所生子女领葬。因为遗体不可分割，或其生前就与前夫解除了夫妻身份关系，死后再合葬不合情理。当然，两造子女均不应拒绝对方对母亲的缅怀祭祀。要是在兼备第①第③两种情形下，那么能否按照受案法院地的习惯来判？笔者认为不行。因为若如此，同一件事在不同法院就会作出不同的判决，那是不可思议的。或许可以

① 王林敏：《民间习惯的司法识别》，中国政法大学出版社2011年版，内容简介。
② 参见梁慧星：《裁判的方法》（第3版），法律出版社2017年版，第239～242页。

质问：法院要保一方平安，法官也要服从当地习惯，不接受案法院地的习惯反而依对方所在地习惯来判，行得通吗？

答案可能是：法院是国家的法院而非地方的法院，地方法院是国家设在地方的法院而非属于地方的法院，因此法院应站在全局的立场上来保平安而非仅仅保辖区内的平安；法官服从当地的习惯，但更重要的是要考虑大局，让所裁判的案件不仅仅经得起当地习惯的考验。笔者认为在本案相互冲突的两地习惯均不与公序良俗相违背的情况下，仍然应当按照后夫所在地的习惯裁判。因为该母亲再婚时与后夫产生的新的夫妻关系就取代了其与前夫的旧夫妻关系，何况前夫去世后再婚是法律赋予妇女的自由，再婚的选择本身也就包含着死后与后夫合葬的意思。当然，该母亲生前有与前夫合葬遗嘱的，说明她用遗嘱这一后意愿改变了自己再婚时的前意愿，不论是两造子女还是受案法院自应当尊重其不违法的后意愿（遗嘱）。说该遗嘱不违法，是因为其死后与前夫合葬并不会与其后婚构成重婚。尤其需要注意的是，在这种情形下不应该以当地习惯去否决该母亲的意愿，独立人格之下的不违法意愿相对于民间习惯是更应当受到法律的保护的。不过，要是后夫还在世则应听取其意见。因为这毕竟关涉夫妻感情，除非该妇女生前已与后夫感情破裂。

上面仅是就案论案式的发挥。还需要指出的是，习惯有通行于全国的一般习惯（全国习惯）与只通行于某个地方的地方习惯，以及一般人所遵循的普通习惯与特殊身份或特殊行业所遵循的特别习惯之别。后者与"特别法优于普通法"一样，对于特别身份或行业的人而言，应该是"特别习惯优于普通习惯"。但是前者的习惯冲突却不能一律是"全国习惯优于地方习惯"，反之原则上应该是尊重地方习惯，尤其是诸如少数民族之类特殊地方的地方传统习惯。这是保护少数（弱势）群体利益的现代要求。比如不论在哪里，与少数民族的人交往应当尊重该少数民族的习惯。在有些情况下还应根据纠纷行为的不同而区别对待：纠纷行为地有地方习惯的，应当侧重考虑地方习惯；纠纷行为地只有一般习惯的，则需侧重考虑一般习惯。所谓"入乡随俗"正是这个意思。不用说，这里所讲的习惯，都是限定在不违背法律和公序良俗的范围内的。当然，最为理想的还是应当进行利益衡量，平衡双方的利益。①

那么，现实生活中还存在古俗与新风的冲突，是否要参照适用"新法优于旧法规则"？在本书看来，这里虽涉新旧习惯之冲突，但更重要的判断标准应是公序良俗。在两者均不违背公序良俗的前提下，则应考虑公众对新旧习惯接受程度。这里摘录一论者的观点作为参考："在继承传统文化风俗习惯的同时，也应该对那些与现代生活有矛盾冲突的风俗习惯和仪式进行必要的限制。凡事都要有度，即使是古老文化民俗，在与现代人的生活有了矛盾冲突时必须考虑与时俱进，及时改良。""那些古老风俗习惯，虽然深深为广大群众接受认可，但这些风俗习惯只有在经过现代文明的洗礼，融入现代文明、现代社会、现代生活之后，在不侵害公共和他人的利益的前提下，才能不断传承，历久弥新。也只有这样，我们才能创造文明的环境，美好的生活。"②

第三节　司法衡平：基本法理与操作规则

与民间习惯须在"无法可依"的前提下才可以作为法源予以认可适用不同，司法衡平则是在"有法可依"情形下对"恶法"的矫正乃至拒绝。这在绝对的"立法中心主义"之下绝对不允许，而在"司法中心主义"则是被允许而且是一种良心而高超的司法。我国目前主要是"立法中心主义"，正所谓"有法必依""严格司法"。然而即便是如此，也不能过于迷信法律、僵化司法。毕竟与"严格司法"并行的还有"公平司法"原则，还应当以"公平司法"原则来调适"严格司法"。正如论者所指出的："其实，古今中外任何社会对法律的施行都不可能绝对严格以致僵化到不折不扣的地步。在遵循合法性原则的基础上根据社会正义观念对法律规则的适当变通实际上是为大多数

---

① 正如有的论者所指出的："在选择解决交易习惯冲突的途径的时候必须充分考虑平衡交易双方当事人的利益，在尊重合同法的基本精神的前提下，以社会经济的和谐为宗旨，提出解决交易习惯冲突的立法途径与司法途径，从而不仅达到有利于交易习惯功能的发挥的目的，兼顾当事人的公平利益，同时符合合同法鼓励交易、尊重当事人的意思自主及诚实信用的原则。"参见李红：《合同法适用中的交易习惯冲突研究》，南京师范大学 2012 年硕士学位论文。

② 浮生梦里人：《传统风俗习惯与现代生活的冲突思考》，载 http：//www.ahqy.cn/thread－789461－1－1.html。

统治者允许的，也为一般民众所欢迎。"① "'司法衡平'技术并不是某个国家或社会的'专利'，相反它具有一定的普适意义，是司法官为适应当时社会的实际需要而采取的灵活而必要的救济手段。"② 鉴于此，本书试对司法衡平的基本法理加以分析探究，在此基础之上辅以我国的实践范例印证司法衡平在我国存在的现实和践行价值。

一、司法衡平之概念内涵

衡平一词具有多种意义，"惟衡平作为一种法律概念，具有一定的含义和机能。"③ 此意义上的衡平，由古希腊亚里士多德提出，其本意是指对可能被错误适用的法律的纠正和补充。④ 菲尔普斯认为："所谓司法衡平，是指有能力的法官，依据其受有训练的良心请求救济。"⑤ 王泽鉴指出："衡平之作为一个法律原则，具有二层含义：一为衡平的机能在于缓和严格的法律；二为衡平系就个案通观相关情事，个别化地实现个案正义。"⑥ 沈宗灵教授揭示在西方法中衡平一词主要有三种相互联系的意义：第一，它的基本含义是公正、公平、公道、正义；第二，指相对严格遵守法律的一种例外，即在特定情况下，机械地遵守某一法律规定反而导致不合理、不公正的结果，因而就必须使用另一种合理的、公正的标准；第三，专指英国法律中通过大法官的司法活动发展起来，旨在对普通法不足之处进行补救的一整套原则和规范的总和。⑦ 顾元教授对"衡平司法"所下的定义为："所谓'衡平司法'，实质上就是司法官尽其可能地权衡他所面临的所有社会条件，而作出的能够最大限度达到和谐与均衡的判断的过程。"⑧

---

① 杨一平：《司法正义论》，法律出版社 1999 年版，第 245～246 页。

② 雷海涛：《"司法衡平"——中西共有的法律智慧探析》，载《金卡工程：经济与法》2010 年第 7 期。

③ 王泽鉴：《民法学说与判例研究》（8），中国政法大学出版社 1998 年版，第 14 页。

④ 雷海涛：《"司法衡平"——中西共有的法律智慧探析》，载《金卡工程：经济与法》2010 年第 7 期。

⑤ 转引自顾元：《衡平司法与中国传统法律秩序——兼与英国衡平法相比较》，中国政法大学出版社 2006 年版，第 8 页。

⑥ 王泽鉴：《民法学说与判例研究》（8），中国政法大学出版社 1998 年版，第 25 页。

⑦ 参见沈宗灵：《比较法总论》，北京大学出版社 1987 年版，第 172～173 页。

⑧ 顾元：《衡平司法与中国传统法律秩序——兼与英国衡平法相比较》，中国政法大学出版社 2006 年版，内容提要第 2 页。

从国内法学上的使用来看，"衡平"一词是多义的，有"公平""衡量""调和""矫正"等用法。最高人民法院在有关文件中使用"衡平"一词时，往往与"利益"一词结合为"利益衡平"，取"衡量"之义。[①] 本书所指的衡平主要取其"矫正"及"公平"含义，即以之对过于严格或适用结果将出现极不正义结果的法律达致个案审理结果的"公平"。这实际上也就是沈宗灵教授关于衡平的第二种含义以及王泽鉴关于衡平原则的含义。可依被衡平的法律规定偏离正义的严重程度以及司法对其加以衡平的力度的不同，将司法衡平区分为个案衡平与恶法拒绝两种。本书所称之司法衡平侧重于个案衡平，意指法官针对特殊个案，根据正义（法的精神）的要求矫正过于严酷的法律规定，以保护弱势者的特殊利益。或者定义为：司法机关或法官在遇到个别极其特殊的案件，以致严格适用既定法律规范将导致极其不正义，且又无法依规范目的对该法律规范进行限缩解释时，根据正义或超越法律规定诸如法的总目的等正当理由，对该法律规范进行个案矫正，以实现个别公平的一种法律适用方法。

简而言之，司法衡平是司法机关或法官在奇特个案中以个别正义对过于严酷的法律规定之正当偏离；实质上是超越法律进而排除或者限制某一具体法律规定对奇特个案的适用，以使案件的处理结果符合实质公正（正义）。[②] 其内涵可以简单概括为七点。其一，衡平主体：司法机关，包括审理奇特案件的法官。其二，衡平对象：过于严酷的法律规定，而法律规定是否过于严苛以个案适用的结果会否导致极端不正义为判断。其三，衡平场合：奇特个案。即对审案法官来说，需要衡平的案件是独一无二和前所未有的案型。[③] 其四，衡平依据：个别正义或超越法律规定的诸如法的总目的等正当理由，而个别正义需要结合个案并以人们的理性要求来衡量。其五，衡平手段：对法律规定的背离。也即规避过于严酷的法律规范对奇特个案的适用，或曰对过

---

① 例如，《最高人民法院关于人民法院为企业兼并重组提供司法保障的指导意见》（法发〔2014〕7 号）第 5 点："要按照利益衡平原则，依法妥善处理各种利益冲突。"

② 余文唐：《司法衡平与恶法拒绝》，载北大法宝（法宝引证码 CLIA4103311），2018 年 3 月 19 日。

③ 博登海默指出："法官欲免除适用一般性规范的案件，对该法官来说，可能是一个独特的和前所未有的案件。然而，独特性可能只寓于这样一种事实之中，即某一相似的案件在过去从未在该法院或其管辖范围内的任何其他法院中出现过。如果这种情形似乎永远不会在未来以这种或相似方式再出现，那么在这种意义上讲，这种案件就不是独特的。可归于独特这一术语之第二种——更为确切的——含义中的案件数量，与第一类案件相比，总是会少些，这当然是相对而言的。"参见 ［美］E. 博登海默：《法理学：法律哲学与法律方法》，邓正来译，中国政法大学出版社 2017 年版，第 484～485 页。

于严酷的法律规定进行个案矫正、予以偏离。其六，衡平限度：合理或正当的背离。所谓合理或正当的背离特指背离需基于正义等超越法律的因素，使案件的处理结果符合实质公正（正义）。其七，衡平目的：实现个案正义，让每个司法案件都体现公平正义。

二、司法衡平之法律因由

为何需要司法衡平，首先须从法律本身来寻找司法衡平的必要性：法律不可能尽善尽美，"恶法"不可避免。[①] 其第一个原因在于法律是人定法。社会复杂流变性和人的认识能力及立法技术的有限性，客观地决定着人定法必然存在着这样那样的缺憾，其中就包括有的规定过于"刚硬"。如若毫无例外地"严格依法办事"，则可能导致实质上的不公平或不正义，从而损害某些奇特个案中的个体或群体的正当利益。正如柏拉图所言："法律绝不可能发布一种既约束所有人同时又对每个人都真正最有利的命令。法律在任何时候都不能完全准确地给社会的每个成员作出何谓善德、何谓正确的规定。人类个性的差异，人类事务无休止的变化，使得无论是什么艺术在任何时候都不可能制定出可以绝对适用于所有问题的规则。"[②] 因此，早在古罗马时就有"法之极，恶之极"的法谚，此项谚语的内容包括用衡平缓和严格法和克服权利滥用。西塞罗在论及法律越严苛对无辜者伤害就越大的准则时也表达了这样一种观点，即刚性适用不受衡平法制约的严格不变的法律规则，往往会导致巨大的灾难和重大的不正义现象。[③]

法律本身导致需要司法衡平的第二个原因是法律的普泛性。法律是针对社会上的大多数人而制定的，凝聚的是普遍正义，具有其适用上的普泛性。法律的普泛性一方面对于大多数人具有平等适用的优点，这也是"人治"与"法治"相争的现代结果普遍选择后者的决定性优势之处。然而在另一方面，也正是这种普泛性，法律无法完全做到"具体问题区别对待"，这就需要通过司法衡平来实现个案的正义。亚里士多德对法律与衡平的区别作了经典性的表述："衡平就像勒斯波斯建筑师的铅尺，测量时可以绕着石头弯曲，而严格

---

① 司法衡平中的"恶法"应属"不完善之法"，这是一种与社会变化不相适应的"不完善"；且"不完善"只是相对于奇特个案的适用结果而言为"不正义"，就绝大多数情形来说其仍为良善之法。

② 西方法律思想史资料选编：《柏拉图：政治家篇》，北京大学出版社 1983 年版，第 16 页。

③ 储槐植、魏颖华：《刑法应用观念》，载《法律科学》2009 年 第 3 期。

的法律则像一根不能弯曲的铁尺。"① 而日本学者穗积陈重更指出："公平之观念，在矫正自法规之普泛性所生之弊端。法律者，一般地规定事物者也；故适用于特别之时，往往不免生不正之结果，盖因人事之复杂，自然而生者，不得即以之为法律之缺点，或为立法者之过失。夫适法之行为固正，而公平之行为尤正。故公平者，可谓矫正之法规之普遍性而生之缺点之必要者也。"② 柏拉图甚至还说过："法律的一般性，若不藉着衡平加以调剂，将如一个顽固无知的独裁者。"③

法律本身导致需要司法衡平的第三个原因是法律的强者性。法律是由强者（统治阶级）依其意志制定的，虽然理智的强者在制定法律时可能"照顾"到弱者（被统治者）的利益和要求，但是法律主要体现强者的意志和利益，强者的利益总是法律保护的主体部分。因此，有些法律如果不加衡平地适用于弱者，很可能会给弱者带来灾难性的损害，这种法律对于弱者就是极不正义的。④ 尽管这样的辩解似乎不无道理：法律平等地适用于双方当事人，灾难也就同样地降临于强者和弱者，无所谓单对弱者不公平。但这只是从表面或形式上来看问题。同样的损害对于强者，或许只是极不起眼的小事一桩，所损的只是强者的一点皮毛；而对于弱者，则将是伤筋动骨甚至夺命的灾难。强者与弱者同为人，就应该得到法律的在实质上的同等保护。就应然上讲，法律本来就该顾及于此，在其普泛性之外作出例外规定，以兼顾弱者利益。然而由于其强者性，决定着它不可能完全做到这一点。所以，"如何根据正义的考虑减轻现行法律可能带来的严苛与不公正就成为法律理论与实践所面临的一个问题了。"⑤

三、司法衡平之正义根据

正义是人类社会普遍认为的崇高的价值，是法的追求与归宿，当然也是司法衡平的根据。西方学者对此多有探讨和争论，有着不同的理解和表述。

① 参见［澳］维拉曼特：《法律导引》，张智仁、周伟文译，上海人民出版社 2003 年版，第 149 页。

② ［日］穗积陈重：《法律进化论》，中国政法大学出版社 1997 年版，第 55 页。

③ 转引自王泽鉴：《民法学说与判例研究》（8），中国政法大学出版社 1998 年版，第 24 页。

④ 在英国中世纪，农民不能向王室法院控诉受到他们的领主的压迫或收回土地。正是当时的大法官法院实施衡平才首次改变这种悲惨情景，开始受理这类诉讼。参见［澳］维拉曼特：《法律导引》，张智仁、周伟文译，上海人民出版社 2003 年版，第 152 页。

⑤ ［美］H. W. 埃尔曼：《比较法律文化》，高鸿钧等译，清华大学出版社 2002 年版，第 46 页。

柏拉图认为"各尽其职就是正义"，乌尔比安认为"正义就是给每个人以应有权利的稳定的永恒的意义"，凯尔森认为"正义是一种主观的价值判断"。[1] 亚里士多德将正义进一步区分为分配正义及平均正义：分配正义涉及上下规范关系，至少须有三人存在，其中一人居于上位对其他之人为分配；平均正义涉及平等规范关系，旨在维持二人或多数人间同等基础上的平衡。[2] 美国学者罗尔斯提出正义的两个原则。其一，每个人对于其他人所拥有的与最广泛的基本的自由体系相容的类似自由体制都应有一种平等权利。其二，社会的和经济的不平等应这样安排，使它们：①被合理地期望适合于每一个人的利益；②依存于地位和职务向所有人开放。罗尔斯还指出可表示如下的更一般的正义观："所有社会价值——自由和机会、收入和财富、自尊和基础——都要平等地分配，除非对其中一种价值或所有价值的一种不平等分配合乎每一个人的利益。"[3]

按照辞海的解释，正义作为道德范畴与公正同义，主要指符合一定社会道德规范的行为。尽管 E. 博登海默将正义形容为普洛透斯似的脸（"正义有着一张普洛透斯似的脸，变幻无常，随时可呈不同形状并具有极不相同的面貌。"[4] 因此，"将正义标准客观化，甚至仅仅描述它，也从未真正成功过。"）[5]然而正义还是有其最基本的要素的，即"正义乃是使每个人获得其应得的东西的永恒不变的意志""使每个人获得其应得的东西的人类精神取向"。[6] 这种"意志"或"取向"，"乃是正义概念的一个重要的和普遍有效的组成部分。没有这个要素，正义不可能在社会中兴盛。"[7] 我国学者也提出衡量正义的客观标准："这种正义的观点、行为、思想是否促进社会进步，是否

---

[1] 转引自黄保勐：《"正义"的法律思考》，载 http：//www. law－lib. com/lw/lw _ view. asp？no＝2218。

[2] 参见王泽鉴：《民法学说与判例研究》（8），中国政法大学出版社 1998 年版，第 23 页。

[3] 转引自黄保勐：《"正义"的法律思考》，载 http：//www. law－lib. com/lw/lw _ view. asp？no＝2218。

[4] ［美］E. 博登海默：《法理学：法律哲学与法律方法》，邓正来译，中国政法大学出版社 2017 年版，第 266 页。

[5] ［美］本杰明·N. 卡多佐：《法律的成长——法律科学的悖论》，董炯、彭冰译，中国法制出版社 2002 年版，第 49 页。

[6] ［美］E. 博登海默：《法理学：法律哲学与法律方法》，邓正来译，中国政法大学出版社 2017 年版，第 281 页。

[7] ［美］E. 博登海默：《法理学：法律哲学与法律方法》，邓正来译，中国政法大学出版社 2017 年版，第 282 页。

符合社会发展的规律，是否满足社会中绝大多数人最大利益的需要。正义最低的内容是，正义要求分配社会利益和承担社会义务不是任意的，要遵循一定的规范和标准；正义的普遍性是要求按照一定的标准进行平等（或是量的均等，或是按人的贡献平等或按身份平等）分配社会利益和义务；分配社会利益和义务者要保持一定的中立。"①

至于正义与衡平的关系，先哲论述颇多。亚里士多德认为两者"既非同属一物，亦非类属有别，二者之差异，不在其种类，而在其程度，而衡平的程度较高，因法律具有一般普遍性，不能适应一切情事，衡平在于补法律因其一般普遍性所生的缺点。"② 按照王泽鉴的说法就是："正义具有一般化的性格，显现在抽象的规范，适用于同类案例的多数之人。衡平则是针对个案的特性，斟酌相关情事，而求其妥当。"③ 拉德布鲁赫指出："正义的理念亦要求在一般规范观点下检视个案，而成为具有个别化的正义。""正义女神手持衡器，当其闭上双眼时，一视同仁，普遍适用；当其张开双眼时，则观照个案，均在实现正义。"④ 概言之，正义就一般而言，是一种抽象普通的形式上的正义，它要求在法律面前人人平等、相似案型作相同处理；而在特别情形之下，正义也体现出其具体的实质上的正义。正是这种具体个别的实质上的正义，使衡平与正义归于统一。因此可以说，衡平注重具体的、个别的、实质上的正义，衡平使普通抽象的正义具体个别化，使形式正义在特别情形下转化为实质正义。⑤

四、司法衡平之职能渊源

毋庸说，司法衡平的主体是司法机关或法官。那么司法因何须为衡平之事？司法能否完成衡平之责？司法是否有权对法律予以衡平？这是谈论司法

① 周科：《论法律层面的正义及法律与正义的关系》，载《文艺生活·文艺理论》2009 年第 10 期。
② 转引自王泽鉴：《民法学说与判例研究》（8），中国政法大学出版社 1998 年版，第 24 页。
③ 王泽鉴：《民法学说与判例研究》（8），中国政法大学出版社 1998 年版，第 24 页。
④ 转引自王泽鉴：《民法学说与判例研究》（8），中国政法大学出版社 1998 年版，第 23 页。
⑤ 衡平以正义为根据，而正义就主观上说是包含着美德、良心的。在英国，大法官对案件进行衡平救济，起先在很大程度上取决于他对放在眼前的每一个案件如何适用良心原则：他不受先例的约束，只根据自己的内心想法来决定是否给予衡平救济。而促成这个内心想法的则是道德、良心、善恶观和公平观。质言之，衡平法就是由这些抽象的美德中产生出来。在中古时期，良心和衡平法就像连体双胞胎，满意于不被分开。参见［澳］维拉曼特：《法律导引》，张智仁、周伟文译，上海人民出版社 2003 年版，第 150～151 页。

衡平必须回答的问题。E. 博登海默曾给法官以王侯之美誉："法院是法律帝国的首都，法官是帝国的王侯。"[①] 坊间对法官的溢美之词有如："法官是社会正义的化身，是人民平安、国家稳定的守护神，是维护社会正义的最后一道关口，'自人类社会发展到今天，法官是唯一仅存的介于人与神之间的职业。'"[②] 最高人民法院院长周强指示："要严肃认真地对待每一起案件，靠一个个具体案件的公正审判，提升司法公信力，维护司法权威。"[③] 时任最高人民检察院检察长的曹建明要求让"司法行为、司法过程、司法结果更好得到人民群众的认可和接受"。[④] 习近平总书记强调："司法机关是维护社会公平正义的最后一道防线""促进社会公平正义是政法工作的核心价值追求""坚持以提高司法公信力为根本尺度""努力让人民群众在每一个司法案件中感受到公平正义"。[⑤] 如此，司法衡平在我国理应是司法机关和法官之光荣使命、神圣职责乃至政治任务。[⑥]

司法衡平是个别衡平，要实现的是个案正义。而司法的独特品格之一，就是司法的个案性——个案裁判性和个案正义性。司法的基本职能当然是适用法律，把蕴含在法律之内的正义落实到个案中去，实现法律的普遍正义。然而除此之外，当个别法律规定的严格适用将出现"恶法"后果时，司法作为正义之神必须睁眼关照个案正义，让正义之光普照。司法的个案性这一品

---

① ［美］德沃金：《法律帝国》，李常青译，中国大百科全书出版社 1996 年版，第 361 页。

② 佚名：《法官职业道德 法官是社会正义的化身》，载 http://www.docin.com/p—1648222969.html。单引号里引用的是古罗马法学家乌尔比安语。

③ 周强：《公正司法是中国梦不可或缺的重要内容》，载 http://legal.people.com.cn/ n-0705/c42510—22087421.html。

④ 曹建明：《强化法律监督 保证公正司法 促进司法公信力明显提高》，载《学习时报》2016 年 9 月 8 日。

⑤ 参见黎韵扬编辑：《"平语"近人——习近平谈司法体制改革》，载 http://news.xinhua-net.com/politics/2017—07/14/c_1121317456.htm。

⑥ 法官遭遇严格适用会导致极端不正义的法律规定即"恶法"时，存在两种相互对立的态度。一是僵化司法。即严格按照法律规定作出裁判，不论严格适用的结果是否符合正义。持该观点的人认为，法官的基本职责就是严格地适用法律于手头案件，即使适用的结果不符合正义要求，也是错在立法者或法律而不在于法官。二是能动司法。即根据正义对过于严酷的法律规定予以司法衡平，以实现个案正义。持该观点的人认为，法官最直接的任务就在于解决纠纷，而要恰当解决纠纷就必须对将会导致适用结果极端不正义的法律规定进行衡平矫正、正当偏离。这样两种不同的态度，反映着自然法学派（非实证主义法学派）与分析法学派（实证主义法学派）对"恶法"的观点分歧。自然法学派强调法律一定要符合道德的要求，认为恶法不符合道德的要求，因而恶法非法。分析法学派并不要求法律符合道德，认为恶法是权威性制定且有社会实效，所以恶法亦法。本书倾向于能动司法的立场，因为唯有如此才不辱于法官这一"法律帝国王侯"的光荣称号。

格，既使得法内普遍正义得以落实，也使得个别正义在奇特个案中得以实现。从衡平角度而言就是：正是司法的个案裁判性，才使得法官能够在个案中发现法律规定是否暗藏"恶法"因素；正是司法的个案正义性，才使得"恶法"能够在个案中得以矫正。而就民众方面考察则是：民众的整体（集合）是理性的而个体则具直观性，因而作为个体的民众往往是通过法官、依仗司法的个案裁判来了解评价法律、感受公平正义。① 可见，唯有进行司法衡平，才能在每个而非绝大部分司法案件中体现能够让人民群众感受得到的公平正义，也才能切实提升司法公信力，发挥司法作为维护社会公平正义的最后一道防线的作用。

　　司法遭遇"恶法"时予以衡平的权源，在三权分立尤其是英美法系国家不难理解，因为"分立"包含"制衡"或言两者并存。而"我国的宪政体制是人大对司法的单向监督制，不存在司法对人大立法的制衡问题。"② 照此观点，似乎司法无权对"恶法"予以衡平。然而，这种"单向监督"应理解为司法无权像英美法院那样可以宣告某一立法无效，不应扩及对"恶法"因素的判断和对法律的适用方式。识别"恶法"纯属判断，判断只是认知和技术问题而不涉及权力；而法律适用权则是宪法赋予司法的权力。衡平是个案中规避适用"恶法"，并不宣告"恶法"无效，③ 仍然属于法律适用范畴。"从司法权的不同层面来看，其权源则应该具有多元性：主要源于法律的赋予（制度性权力），但职业的要求（职能性权力）、智识之所然（技艺性权力）也是其权源。"④ 既然要求每个司法案件都要体现并让人民群众感受到公平正义，而公平正义包括普遍正义和个别正义，那么司法衡平应当属于职能性权力，

---

① 时任最高人民法院副院长江必新指出："在广大人民群众看来，司法公正不是抽象的空泛概念，而是身边每一起具体案件的处理。并且，人民群众往往会根据具体个案的处理对司法作出是否公正的评价，而每一起具体个案公正处理构成了司法的整体公正。"参见江必新：《切实让人民群众在每一个司法案件中都感受到公平正义》，载《人民法院报》2013年5月29日。

② 参见蔡定剑：《对"司法审查案"的评价与思考》，载《法制日报》2003年11月20日。

③ 司法衡平实质上就是针对奇特个案、根据正义给"恶法"设定个"例外"，从而在该奇特个案中规避（限制或排除）将产生"恶法"后果的适用。除了像纳粹法律那样的绝对"恶法"，在奇特个案中会产生"恶法"后果的相对"恶法"只具有特定的个案性，在不会产生"恶法"后果的其他案件中仍具有适用性。

④ 余文唐：《论法律冲突的司法判断权》，载余文唐：《法律辨思录》，知识产权出版社2008年版，第63页。

而这一权力是可由工具推导而推出。①

五、司法衡平之中国践例

　　古今中外都存在司法衡平，差别主要体现在其地位分量上。在我国是不乏其例的，例如宋代著名法官胡颖受理的母讼子不供养案件便是。案情大概如下：该案中的原告是寡妇阿蒋，被告是其子钟千已。阿蒋视儿子为生命，但这个儿子极其不孝顺，根本不去挣钱来赡养阿蒋，阿蒋贫困到几乎无法生活下去了。就在这样的情况下钟千已还将阿蒋值钱的东西弄走并久而不还。阿蒋实在没有其他办法才把儿子告至官府。根据案情若比照法律规定，阿蒋之子完全构成不孝罪，应该判刑。但法官胡颖并没有这么做。他了解到阿蒋有病在身，要是有什么三长两短，还得有个依靠。他并没有严格按照律法惩罚钟千已，而是责令其悔改。本案法官没有完全依照既定的法律，而是考虑了实际案情，结合忠孝伦理作出了合理的判决。中国古代司法官审理诉讼案件以及调解民间纠纷时，往往并不十分刻板地适用法律，而是常常自觉地根据案情适时采用变通方法，采用礼、人情、风俗等作为决讼依据，以实现社会的正义和公正。②

　　在我国改革开放之初有这样一个现实案例：某县邮件激增造成积压，邮电局乡邮管理员元某便与他人合股设立邮点收寄包裹，从中收取费用，总收入 7.2 万元，人称其为"邮电大王"。一审法院以邮电系国家专营、个人不得经营为由，以投机倒把罪追究元某的刑事责任。二审法院则认为，元某行为虽违反有关规定，但从发展经济和便利群众的政策角度来讲，其行为不但无社会危害性而且减轻了邮电局的工作压力，有利于经济发展和方便群众生活，是一种有益的社会行为，因而撤销一审判决。③ 该案发生在 1979 年刑法修改之前，当时的刑法规定了投机倒把罪，元某的行为符合投机倒把罪的构成要

---

　　①　法律方法论上有一种推导叫工具推导，即："命令某人造成某种状态的规范一旦被立法者所确立，我们就必须认为，由此规范可以得出如下规范：（1）命令去做一切使该状态出现的必要条件的事情；（2）禁止去做一切使该状态不出现的充分条件的事情。"参见［波］齐姆宾斯基：《法律应用逻辑》，刘圣恩等译，群众出版社 1988 年版，第 327 页。

　　②　参见雷海涛：《"司法衡平"——中西共有的法律智慧探析》，载《金卡工程：经济与法》2010年第 7 期。

　　③　参见解兴权：《通向正义之路——法律推理的方法论研究》，中国政法大学出版社 2000 年版，第 165 页。

件。显而易见，二审判决背离了投机倒把罪的刑法规定。二审撤销一审有罪判决的法理依据是犯罪的本质特征——行为具有严重的社会危害性。而元某的行为非但没有社会危害性，还是一种有益的社会行为。从法律方法论上来看，二审法院的判决实质上是对投机倒把罪的刑法规定予以个案上的司法衡平。

2015 年 3 月 31 日，最高人民法院公布的典型案例"沙港公司诉开天公司执行分配方案异议案"借鉴了美国"深石原则"或称"衡平居次原则"，首次确认出资不实的股东对公司的债权在其出资责任范围内，劣后于公司外部债权人的受偿顺位。该案中的开天公司，与其他债权人均为被执行人茸城公司的普通债权人。对于该案所涉的普通债权受偿问题，按照审判时的司法解释即《最高人民法院关于人民法院执行工作若干问题的规定（试行）》第 96 条规定，各普通债权人的债权应为同一清偿顺位而按比例清偿。① 正如最高人民法院在揭示该案例的典型意义时所指出的："在该类案件的审判实践中，若允许出资不实的问题股东就其对公司的债权与外部债权人处于同等受偿顺位，既会导致对公司外部债权人不公平的结果，也与公司法对于出资不实股东课以的法律责任相悖。"② 鉴于此，需要借鉴"深石原则"对既有规定予以司法衡平。必须指出，最高人民法院在揭示该案典型意义中有"我国法律尚未明确规定"之表述，该表述所指涉的对象是股东债权劣后受偿，而非指债权受偿的顺位。因此，该案例应为最高人民法院新近运用司法衡平的适例。③

六、司法衡平与严格司法

严格司法是由中共十八届四中全会《中共中央关于全面推进依法治国若干重大问题的决定》（以下简称《决定》）首次提出的司法工作要求。在这之

---

① 《最高人民法院关于人民法院执行工作若干问题的规定（试行）》第 96 条规定："被执行人为企业法人，未经清理或清算而撤销、注销或歇业，其财产不足清偿全部债务的，应当参照本规定 90 条至 95 条的规定，对各债权人的债权按比例清偿。"而在该典型案例公布时的《民事诉讼法司法解释》第 516 条规定："当事人不同意移送破产或者被执行人住所地人民法院不受理破产案件的，执行法院就执行变价所得财产，在扣除执行费用及清偿优先受偿的债权后，对于普通债权，按照财产保全和执行中查封、扣押、冻结财产的先后顺序清偿。"

② 载最高人民法院网 http://www.court.gov.cn/fabu－xiangqing－14000.html，发布时间：2015 年 3 月 31 日。

③ 实际上，该案例所参照的"深石原则"（"衡平居次原则"）也是由美国最高法院在 1938 年审理 Taylor 案中确立的。尽管该原则已经被美国破产法所吸纳，然而该原则毕竟是源于司法衡平。

前的惯常提法则是"严格执法、公正司法",更早的还有不分执法与司法的"执法必严"。那么,严格司法是程序性的还是兼有实体性?它与公正司法存在的是什么样的一种关系?同时,为了"努力让人民群众在每一个司法案件中感受到公平正义",严格司法具不具有一定程度上的调适性?诸如此类的一连串疑问均需要法律人进行深刻的思考。

（一）严格司法的完整性

对于严格司法,似乎尚未引起学界的认真讨论,本书所见到的只有最高人民法院院长周强做了专门而深入的论述。周强在其《推进严格司法》一文中对严格司法下了这样的定义:"司法机关严格司法是指严格按照法定程序办案,不折不扣地把党领导人民制定的法律实施到位。"① 在这里,"严格按照法定程序办案"指的是严格司法的程序性,即司法程序严格;"不折不扣地把……法律实施到位"说的是严格司法的实体性,即法律适用严格。质言之,严格司法既包括程序严格,也包括实体严格,是程序和实体两个方面严格的完整概括。

司法程序严格的主要内容有两个方面。一是司法权限上的严格,即司法机关必须在法律规定范围内行使司法权,不得超越司法的法定权限而进行法外行权。具体地说,根据法律规定,不是司法机关主管的事情,司法机关不得随意插手;不属于本司法机关管辖的案件,就不应当对其行使管辖权。这是公权法定原则的要求,而司法权在本质上当属公权之列。二是司法过程上的严格,即司法程序的推进必须严格按照法律规定进行,不得违反法定程序。《决定》中关于"严格依法收集、固定、保存、审查、运用证据"的规定就属于此类的要求。

司法实体严格的总体要求就是"以事实为根据,以法律为准绳",这是司法机关办理案件必须坚持的一项基本原则。具体地说,实体严格包括两个方面的内容。一是在认定事实方面,应当做到事实清楚、证据确实充分。按照《决定》的表述,就是"事实认定符合客观真相"。二是在适用法律方面,应当正确把握案件性质、正确选择法律规定、正确理解法律精神、正确运用法律解决纠纷,实现《决定》提出的"办案结果符合实体公正"。在实体严格的这两方面中,证明事实是前提和基础,正确适用法律是关键,二者不可偏废。

---

① 周强:《推进严格司法》,载《人民法院报》2014 年 11 月 17 日。

（二）严格司法的公正性

对于这一论旨，周强院长是这样阐释的："公正是司法工作的生命线，司法工作的任务和目标就是实现和维护公正，并通过公正的司法活动维护社会公平正义。人民群众评价司法工作合格不合格、效果好不好的标准也是公正。习近平总书记反复要求，要努力让人民群众在每一个司法案件中感受到公平正义。对司法机关而言，要实现司法公正，贯彻落实习近平总书记的要求，最重要的就是严格依法办案，严格遵循法律程序，坚决守住法律底线，在法律规定的范围内行使司法权，用严格司法确保公正司法在每一个具体案件中得到实现。"①

周强院长已经深刻阐释了严格司法之于公正司法的意义和作用，本书在这里只是试着从两个方面对其展开论述。一方面，严格司法程序是公正司法的前提。司法公正包括程序公正与实体公正，程序严格本身就体现程序公正。而从严格程序与实体公正的关系而言，程序与实体既是手段与目的的关系又是前提与结论的关系，也就是程序既服务于实体又约束着实体。现代法治的正义观是制度正义观，制度正义要求实体正义必须在法律制度设置的程序内实施。因此，司法上的实体公正，只有在严格程序的指引和限制下，才能够真正实现。另一方面，严格实体标准是公正司法的基础。严格事实认定是司法实体公正的基础不言而喻，而要实现司法实体公正还必须严格法律适用。现代法治是良法之治，首先要求制定符合客观规律和体现人民意志的良好法律。在此前提之下，严格适用法律是实现司法公正的题中之义。司法者首要的任务就是依据法律处理案件、解决纠纷，实现蕴含在法律之内的正义。正如郑成良教授所指出的那样："司法公正作为正义的一种特殊形态，有着它自己的某些特有的品质。……'法律之内的正义'就是司法公正最为重要的特殊品质。"②

（三）严格司法的调适性

法律内的正义是将价值判断领域的正义概念转换为合法性概念，这里有着一个基本预设，就是现代民主与法治社会的法律制度是一个具备了实质正

① 周强：《推进严格司法》，载《人民法院报》2014年11月17日。
② 郑成良：《法律之内的正义：一个关于司法公正的法律实证主义解读》，法律出版社2002年版，第87页。

义性的制度。然而，由于人类认识客观的能力局限和社会的不断发展，由人创制并力求反映客观规律的法律不可能不存在法律漏洞、不可能不出现滞后于社会的情形，因而也就不可能不存在正义的缺漏问题，甚至存在个别"恶法"。而且，修法是极为慎重之事且周期较长，而纠纷的解决则不可等待。这就需要严格司法有一定程度的调适性，由司法者来熨平法律的皱褶，进行司法衡平。

另一方面，法律作为普遍的规则，其所关注的是占据多数的普通之人，所凝聚的是普遍正义。而个案则是多样、生动和复杂的，不可能都与法律既定的模式完全吻合。要实现习近平总书记和《决定》所要求的"努力让人民群众在每一个司法案件中感受到公平正义"，仅仅以凝聚着普遍正义的法律进行严格司法是难以做到的。虽然大部分案件可以依靠普遍正义来实现公正裁判，但是个案的生动性无疑决定着普遍正义之光不可能普照到每一个案件。

进行司法衡平、关注个案正义并不必然违背严格司法的原则。有原则必有例外，两者从来都是相伴而行、相辅相成的。因此，严格司法的调适性是其自身所必然具有的性质。当然，司法公正作为法律之内的正义，其最为突出的一个特殊品质就是普遍正义优先。因此，对个案正义的关注，必须符合下列三个条件：第一，牺牲个案正义从根本上违背了法律制度的目的；第二，对个案正义的关注能够得到更为抽象的法律原则或者权威的法律理念的支持；第三，个案正义的关注能够提升为一般规则而使之可以运用于今后的类案处理。①

七、司法衡平的操作规则

司法衡平操作规则方面的关键要点在于正义考量，而这种正义考量是需要通过案型评断、正义界定、衡平制约等方面来实现的。

（一）案型评断

其一，需要通过衡平手段规避既定规范适用的案型，应当是"对该法官来说"是独一无二和前所未有的。这就是说，"某一相似的案件在过去从未在该法院或其管辖范围内的任何其他法院中出现过"，是一种异常奇特、极为罕

---

① 参见余广俊：《论法律的普遍性与个案正义》，载《求索》2009 年第 7 期。

见的案型，但这并不意味着将来不再发生与此类似的案件。[①] 其二，这种案型必须是符合所要规避适用的法律规定的规范目的之案型，即如果将该案型以既定法律处理可以实现该法律规范的目的。其三，该案型适用既定法律虽合规范目的，但却不合正义要求，会导致对正义的蛮横否定的严重后果。

（二）正义界定

司法衡平的依据是正义，是要以正义"凌驾"于规范目的之上的。而正义又是一个理念性的东西，从其本身是难以判断的。所以正义需要以人们的理性要求来衡量，这个标准就是绝大多数有理性的人能够接受，不被"绝大多数有理性的人斥责为完全不能接受和完全不合理的结果"，而"仅仅是个人不同意某项实在法规则，在任何情形下都不能构成行使这一权力的充分根据"。[②] 也就是说，法官在进行衡平时所应遵循的不是个人主观的感觉，而应尽可能排除个人认知的影响，依合乎事理民意的观点，检视个别具体的利益状态，斟酌所有重要情事以及特别情事，作出客观的判断。

（三）衡平制约

司法衡平实质上是对既定法律的一种背离，这种背离是必须在一定限度内的，即法官行使司法衡平这种权力不应达到侵损规范性制度的程度。除了上述两个方面外（案型评断和正义界定的要求本身也是对衡平的制约），E. 博登波默认为还有两个方面：（1）"法官必须能够从研究该法规的背景中得出这种结论，即如果立法者在当时能够预见会发生这种情形，他肯定会对该规则创设一种例外。"（2）"法官行使这种衡平裁量权，必须始终受到上诉审的约束。"[③] 而这后一种要求是否意味着终审法院不得进行衡平？本书认为依我国的审级制度和再审制度来说，应该是未必如此。可以将其理解为把衡平错误作为提起上诉或再审的理由之一，实际上可以包括在我国已经规定的"适用法律错误"之内。

---

① 参见［美］E. 博登海默：《法理学：法律哲学与法律方法》，邓正来译，中国政法大学出版社2017 年版，第 484~485 页。

② 参见［美］E. 博登海默：《法理学：法律哲学与法律方法》，邓正来译，中国政法大学出版社2017 年版，第 484 页。

③ ［美］E. 博登海默：《法理学：法律哲学与法律方法》，邓正来译，中国政法大学出版社 2017年版，第 484 页。

八、司法衡平之相关界限

如上所述，本书所称的司法衡平是指司法上根据正义对过于严酷的法律规定在个案上进行矫正或排除其适用。与此相关或相似的概念有如抽象衡平、具体衡平、司法裁量、限制解释、目的性限缩以及恶法拒绝等，它们与司法衡平之间的关系需予以厘清。

（一）司法衡平与抽象衡平、具体衡平

抽象衡平是指立法者基于衡平理念制定某项规定或制度，使衡平理念经由法律规定本身而获实践。而具体衡平指应于个别案件斟酌相关情事，以实践正义（个别正义），此为固有意义上的衡平。具体衡平包括法内衡量，即法院依职权、依情形、依重大事由对个案的相关情事进行斟酌而为妥当合适的裁判。本书所称的司法衡平基本上属于具体衡平，且范围限制更窄——仅限于根据正义要求对既定规范进行限缩性的矫正。

（二）司法衡平与限制解释、目的性限缩

三者均属限缩性矫法之列，即对某一法条的适用范围的限制。它们之间的区别主要在于四个方面。其一，限缩的根据不同：司法衡平的限缩根据是正义（实质正义），而限制解释的根据是"法意"（立法原意），目的性限缩的根据则是规范目的。其二，对法律规范的矫正程度不同：司法衡平的矫正程度最高，是超越法律的矫正；次为目的性限缩，是超越法规文本，但限于规范目的的范围内；矫正程度最低的是限制解释，只是在法规文本含义内限缩，即把文本含义限于其核心区域。其三，与个案联系的紧密度不同：三者都涉及个案，但司法衡平更为强调个案上的运用；后两者除在个案运用外，还可能通过所谓的"抽象性司法解释"而获普适性。其四，三者在功能上也有所不同：司法衡平的功能在于"柔化"刚性法律规范，使个别（实质）正义得以彰显；后两者则重在严守法意或实现规范目的，重在法律的恰当运用。

（三）司法衡平与司法裁量

司法裁量有羁束裁量与自由裁量之分，而自由裁量又有幅度内裁量与无幅度约束的裁量。不论是哪种裁量，都在该法律规定的许可范围内裁量；自

由裁量的根据是案件本身的情形，具有一定的可选择性，并且没有矫法的功能，不属矫法之列。而司法衡平则是超越法律，它虽要斟酌案件的具体情形，但斟酌的标准是适用既定规范是否将导致实质上的不正义，是一种高强度的矫法行为。正如王泽鉴所指出的："此种衡平裁判系属衡量，而非所谓的裁量，并无多数决定可供选择，仅能作为对该个案最属合理妥当的判断。"①

（四）司法衡平与恶法拒绝

"恶法"一词在不同的论著中其含义有别。杨仁寿在其《法学方法论》中所称的"恶法"为"不善之法"，其"不善之程度尚未与正义相悖过甚"且须具"法的目的性"。此种恶法"不过徒具其为恶之外观而已，在实质上仍与其他'善法'无殊"，法官"应运用法律阐析方法加以纾解，使之合于'法的目的性'"，以"切合社会只要求"。② 同时，杨先生认为："苟法律之恶之程度，已恶于'无法'，非运用法律阐释方法所能济事，不过徒具'法律'之形貌而已，应认'恶法非法'。此际，法官不但应拒绝适用，且一般执法人员也应拒绝执行。若犹昧著良知，忽视正义，遽与适用或执行，则适用或执行本身就是一种'非正义'的行为。"③本书称此后一种情形为恶法拒绝，是一种全面而彻底地拒绝，其中的"恶法"（如纳粹"法律"）存在着目的不正义。司法衡平中的"恶法"应属"不完善之法"，这是一种与社会变化不相适应的"不完善"；且"不完善"只是相对于"奇特个案"的适用结果而言为"不正义"，就绝大多数情形来说其仍为良善之法。司法衡平虽也使"拒绝适用"既定之法，但非全面而彻底地拒绝而只是"奇特个案"中对法律的有限偏离，与"恶法拒绝"存在本质上的区别。

恶法拒绝最典型的实践是 1945 年对纳粹战犯的纽伦堡大审判。1945 年11 月 20 日，纽伦堡大审判就在那座钉有"600 号审判室"字样的审判大厅里进行。在公诉人对纳粹战犯的战争罪行进行指控时，这批战犯们无一例外地回答说：自己只是奉"上级命令"而行事。面对他们的种种狡辩，国际法庭的公诉人之一、美国的杰克逊大法官给了他们雷霆万钧的当头一击。他义正词严地对着法庭发表了他那篇义薄云天的演说："有一个不容否认的事实是：纳粹党徒在一个相当大的范围里对人类犯下了前所未有的残酷罪行！谋杀、

① 王泽鉴：《民法学说与判例研究》（8），中国政法大学出版社 1998 年版，第 40 页。
② 参见杨仁寿：《法学方法论》（第二版），中国政法大学出版社 2013 年版，第 10 页。
③ 杨仁寿：《法学方法论》（第二版），中国政法大学出版社 2013 年版，第 10～11 页。

拷打、奴役、种族屠杀这些行为，不是早已被全世界的文明人认定了是一种罪行吗？我们的提议，就是要惩罚这些罪行！"杰克逊法官接着说：德国法西斯党的种族屠杀、践踏公民权利的"法律"与"法令"，是与人类最基本的道德与人性完全相悖的"恶法"。任何一个有良知的人，都不会执行这样的"恶法"；而这样的"恶法"，亦不能成为任何人拿来为自己的犯罪行为作辩护的理由。一句话，"恶法非法"！这批昔日穷凶极恶的法西斯匪徒们开始哑口无言了。[1] 纽伦堡审判宣布"恶法非法"，提示公民有义务不服从"恶法"，这构成了现代法治社会的合理逻辑和正当尺度。[2]

　　司法衡平对"恶法"的矫枉程度，应当视既定法律规范偏离正义的程度尤其是结合特殊个案的特殊程度而决定。结合个案判断，既定法律规范偏离正义程度越高，对其适用范围的限缩程度也越高；反之，限缩程度就越低。最为极端的是像纳粹时期种种歧视种族的法律那样的"绝对恶法"，正义的司法应当是彻底地拒绝适用或者说予以抵抗，也就是进行百分之百的"限缩"。唯有如此，才能不负"法官是'法律帝国的王侯'，是社会正义最后一道防线的'守门人'"的光荣称号和神圣职责。[3] 话又得说回来，鉴于极权国家的司法在国家权力体制中的地位以及法官也"是人而不是神"，这种针对"绝对恶法"的"百分之百限缩"，往往只能是"应然"要求，难有"实为"存在。德国法理学家魏德士称恶法拒绝为"法官对立法的抵抗"。他指出："对于抵抗已经建立的恶法制度而言，司法并不是具有良好防御能力的潜在阵营""在已经建立的集权制度中，法官要抵抗它只有两种选择：要么掩饰其拒绝行为，并在形式上符合（恶法制度）的判决中保留法官自己评价的空间；要么就只能放弃法官的职业""极权主义制度中，法官反抗'成文恶法'很少有成功的机会。通常唯一的办法就是放弃法官的职位"。[4]

---

① 参见余定宇：《恶法非法：纽伦堡大审判》，载《上海法治》2014 年 4 月 16 日。
② 参见明辉：《恶法非法——纽伦堡大审判六十六周年》，载《法治周末》2011 年 11 月 1 日。
③ 引号内的内容引自徐家新：《合格法官的基本要求》，载《人民法院报》2016 年 7 月 27 日。
④ 参见 ［德］伯恩·魏德士：《法理学》，丁小春、吴越译，法律出版社 2013 年版，第 398～399 页。

参考文献

一、国内著作

[1] 王利明.法律解释学［M］.2 版.北京:中国人民大学出版社,2016.

[2] 张志铭.法律解释学[M].北京:中国人民大学出版社,2015.

[3] 梁慧星.民法解释学［M］.4 版.北京:法律出版社,2015.

[4] 郑永流.法律方法阶梯［M］.2 版.北京:北京大学出版社,2012.

[5] 雷磊.类比法律论证——以德国学说为出发点[M].北京:中国政法大学出版社,2011.

[6] 王政勋.刑法解释的语言论研究[M].北京:商务印书馆,2016.

[7] 谢晖.法律哲学:司法方法的体系[M].北京:法律出版社,2017.

[8] 魏治勋.法律解释的原理与方法体系[M].北京:北京大学出版社,2017.

[9] 孙光宁.中国司法的经验与智慧:指导性案例中法律方法的运用实践[M].北京:中国法制出版社,2018.

[10] 汤唯.司法社会学的原理与方法[M].北京:法律出版社,2015.

[11] 梁慧星.裁判的方法［M］.3 版.北京:法律出版社,2017.

[12] 王洪.制定法推理与判例法推理[M].北京:中国政法大学出版社,2016.

[13] 王彬.案例指导与法律方法[M].北京:人民出版社,2018.

[14] 雷磊.法律体系、法律方法与法治[M].北京:中国政法大学出版社,2016.

[15] 彭中礼.法律渊源论[M].北京:方志出版社,2014.

[16] 王林敏.民间习惯的司法识别[M].北京:中国政法大学出版社,2011.

[17] 杨仁寿.法学方法论［M］.2 版.北京:中国政法大学出版社,2013.

二、国外译著

[1] 雅普·哈赫. 法律逻辑研究[M]. 谢耘,译. 北京:中国政法大学出版社,2015.

[2] 恩斯特·A.克莱默. 法律方法论[M]. 周万里,译. 北京:法律出版社,2019.

[3] 弗里德里克·肖尔. 像法律人那样思考:法律推理新论[M]. 雷磊,译. 北京:中国法制出版社,2016.

[4] 安东宁·斯卡利亚. 联邦法院如何解释法律[M]. 蒋惠岭,黄斌,译. 北京:中国法制出版社,2017.

[5] 伯恩·魏德士. 法律学[M]. 丁小春,吴越,译. 北京:法律出版社,2013.

[6] E.博登海默. 法理学:法律哲学与法律方法[M]. 邓正来,译. 北京:中国政法大学出版社,2017.

[7] 卡尔·恩吉施. 法律思维导论[M]. 修订版. 郑永流,译. 北京:法律出版社,2014.

[8] 英格博格·普珀. 法学思维小学堂:法律人的 6 堂思维训练课[M]. 蔡圣伟,译. 北京:北京大学出版社,2011.

[9] 亚历山大·佩策尼克. 法律与理性[M]. 熊明辉,丁利,陈曦,译. 北京:中国政法大学出版社,2015.

三、国内论文

[1] 丁鑫.《棠阴比事》中司法技艺研究[D]. 合肥:安徽大学,2015.

[2] 王安异. 对刑法兜底条款的解释[J]. 环球法律评论,2016,5:25-41.

[3] 刘国. 宪法文义解释的困境与出路探析[J]. 政治与法律,2014,5:57-64.

[4] 纪永胜,朱洪鹏. 刑法中"但书"如何理解[N]. 江苏法制报,2012-12-20(7).

[5] 曲新久. 惩治网络诽谤的三个刑法问题[J]. 人民检察,2013,5:6-11.

[6] 杜永道. "列举"跟"例举"的不同[N]. 人民日报:海外版,2013-7-27(6).

[7] 罗书臻. 最高法就收购玉米被判刑表态:非法经营罪的兜底性条款需有明确规定且与前三项具有相当性和刑事处罚必要性[N]. 人民法院报,2016-12-31(1).

[8] 刘沐阳.论兜底条款的同类解释规则[J].新财经:理论版,2013,12:385.

[9] 王建林,伍玉联. 从条件到验证:"同类规则"在刑法解释中的理解与适用——一个基于类型理论的思考[C]//万鄂湘.建设公平正义社会与刑事法律适用问题研究——全国法院第24届学术讨论会获奖论文集:下册.北京:人民法院出版社,2012:990-1001.

[10] 张明楷.论以危险方法危害公共安全罪——扩大适用的成因与限制适用的规则[J].国家检察官学院学报,2012,4:43-55.

[11] 彭志平."言内语境"在汉语课堂教学中的设置与利用[J].世界汉语教学,2012,1:133-140.

[12] 陈兴良.口袋罪的法教义学分析:以以危险方法危害公共安全罪为例[J].政治与法律,2013,3:2-13.

[13] 刘宪权.操纵证券、期货市场罪"兜底条款"解释规则的建构与应用[J].中外法学,2013,6:1178-1198.

[14] 付立庆.论刑法用语的明确性与概括性——从刑事立法技术的角度切入[J].法律科学,2013,2:93-101.

[15] 李谦.刑法用语相对性在解释论中的践行[J].安徽理工大学学报:社会科学版,2016,4:61-66.

[16] 杨铜铜.体系解释的思维依据[J].法律方法,2017,22(2):167-185.

[17] 魏东,田维.立法原意对刑法解释的意义[J].人民检察,2013,13:17-19.

[18] 陈晨.立法资料在法律解释中的运用[D].济南:山东大学,2012.

[19] 祝婷.比较法解释方法研究[D].济南:山东大学,2012.

[20] 姜世波.比较法方法在司法过程中的适用[J].法律适用,2011,9:86-90.

[21] 冒丽.目的解释方法在行政审判中的运用及限制:舒江荣闯黄灯案引发的法理思考[J].南华大学学报:社会科学版,2014,3:89-93.

[22] 郑莉芳.论刑法目的解释的规则与应用[J].刑法解释(2),北京:法律出版社,2016:76-96.

[23] 徐凤武.论主观目的解释的司法适用及其限制[D].南京:南京师范大学,2014.

[24] 时延安.刑法规范目的的发现与厘清——基于权力与权利平衡的视角[J].刑法解释(2),北京:法律出版社,2016:65-75.

[25] 江必新.应重视司法审判的效益价值[J].人民政坛,2016,11:72-75.

[26] 袁春湘.社会学解释方法在案件裁判中的运用[J].法律适用,2011,11:

58 - 62.

[27] 杨知文. 社会学解释方法的司法运用及其限度[J]. 法商研究,2017,3:48 - 57.

[28] 尹建国. 行政法中不确定法律概念的价值补充——以对"社会效果"的考量和运用为中心[J]. 法学杂志,2010,11:135 - 137.

[29] 尹建国. 不确定法律概念具体化的说明理由[J]. 中外法学,2010,5:754 - 769.

[30] 王贵松. 行政法上不确定法律概念具体化的具体化[J]. 政治与法律,2016,1:144 - 152.

[31] 张平.《反不正当竞争法》的一般条款及其适用——搜索引擎爬虫协议引发的思考[J]. 法律适用,2013,3:46 - 51.

[32] 黄泽敏. 案件事实的归属论证[J]. 法学研究,2017,5:74 - 92.

[33] 陈文华."民意"进入司法判决的基本依据——基于法哲学、法理学和司法解释视角[J]. 中南大学学报:社会科学版,2013,5:112 - 116.

[34] 姜福东. 扩张解释与限缩解释的反思[J]. 浙江社会科学,2010,7:50 - 56.

[35] 杜宇. 基于类型思维的刑法解释的实践功能[J]. 中外法学,2016,5:1234 - 1261.

[36] 王雷. 见义勇为行为中受益人补偿义务的体系效应[J]. 华东政法大学学报,2014,4:82 - 91.

[37] 余涛. 类推的性质与司法实践活动中的类比推理[J]. 法律方法,2013,1:309 - 320.

[38] 王俊. 简析类推适用制度方法及分类[J]. 职工法律天地,2014,11:145.

[39] 纵博. 论刑事诉讼法漏洞填补中的类推[J]. 法学论坛,2011,1:133 - 138.

[40] 王利明. 我国案例指导制度若干问题研究[J]. 法学,2012,1:71 - 80.

[41] 胡云腾,罗东川,王艳彬,刘少阳.《关于案例指导工作的规定》的理解与适用[J]. 人民司法:应用,2011,3:33 - 37.

[42] 雷磊. 指导性案例法源地位再反思[J]. 中国法学,2015,1:272 - 290.

[43] 章程. 论指导性案例的法源地位与参照方式[J]. 交大法学,2018,3:5 - 16.

[44] 胡云腾. 指导性案例如何适用[N]. 人民法院报,2018 - 8 - 1(5).

[45] 谢晖."应当参照"否议[J]. 现代法学,2014,2:54 - 66.

[46] 刘峥. 指导性案例的适用效力[N]. 人民法院报,2017 - 7 - 19(2).

[47] 冯文生. 审判案例指导中的"参照"问题研究[J]. 清华法学,2011,

3：90 - 106.

[48] 郭锋,吴光侠,李兵.《〈关于案例指导工作的规定〉实施细则》的理解与适用[J].人民司法：应用,2015,17：30 - 36.

[49] 胡云腾. 一个大法官与案例的 38 年情缘[J]. 民主与法制,2017,20：13 - 17.

[50] 孙海波.破解类比推理难题：成因、类别和方法[J].甘肃政法学院学报,2013,6：104 - 115.

[51] 王林敏. 论习惯和习惯法的概念界分[J]. 湖南警察学院学报,2011,4：96 - 101.

[52] 高其才. 当代中国法律对习惯的认可[J]. 政法论丛,2014,1：23 - 29.

[53] 吴敬华,李卫杰.习惯成为法律的第三条路径——评王林敏《民间习惯的司法识别》[J].山东警察学院学报,2013,3：3 - 3.

[54] 肖明明.民法总则中"习惯"的体系性解释与适用[N].人民法院报,2017 - 12 - 13(7).

[55] 刘作翔.传统的延续：习惯在现代中国法制中的地位和作用[J].法学研究,2011,1：50 - 57.

[56] 王利明.论习惯作为民法渊源[J].法学杂志,2016,11：1 - 12.

[57] 李红.合同法适用中的交易习惯冲突研究[D]. 南京：南京师范大学,2012.

[58] 雷海涛."司法衡平"——中西共有的法律智慧探析[J].金卡工程,2010,14：62 - 63.

[59] 余定宇.恶法非法：纽伦堡大审判[J].法律与生活,2010,16：50 - 51.

[60] 曹建明.强化法律监督 保证公正司法 促进司法公信力明显提高[N].学习时报,2016 - 9 - 8(1).

[61] 江必新.切实让人民群众在每一个司法案件中都感受到公平正义[N].人民法院报,2013 - 5 - 29(5).

[62] 周强.推进严格司法[N].人民法院报,2014 - 11 - 17(1).

[63] 徐家新.合格法官的基本要求[N].人民法院报,2016 - 7 - 27(2).

[64] 余文唐.法律但书：以"意思转折"为判断规则[N].检察日报,2017 - 6 - 1(3).

[65] 余文唐.法律文本的标点、但书及同类规则[J].法律适用,2017,17：56 - 64.

[66] 王刚.法外空间及其范围——侧重刑法的考察[J].中外法学,2015,6：1544 - 1572.

后　记

　　依法治国的法治背景映衬着我国法官在业务上奋发图强、力争上进的喜人景象——或升本、考研、读博，或撰论文、写专著，但也反托出个别法官之素质危机——或条文主义、僵化司法，或法政不分、依权审判……个中原因固然复杂，有观念的也有体制的，而很突出的一个问题是职业技能或司法技艺上的素养阙如。而诸如法律思维、法律推理、法学方法或法律解释之类的国内外论著，对于有意在此方面更上一层楼的法官确实帮助很大。

　　然而不可讳言，多数论著注重高深学术，偏离司法实践；有些比较贴近司法的，却往往止于以概念和案例对方法种类的介绍，在法官最为需要的法律方法之具体运用步骤（操作）方面轻描淡写甚至未能涉及。过于形而上的"阳春白雪"，对于当前超负荷承担案件审判工作的中基层法院第一线法官来说，的确是没有时间与精力去钻研的；即使偶尔去翻翻，也是满头雾水，不得要领。而纯粹形而下的"下里巴人"，虽然通俗易懂，却因理论滋养不足而难资其用。于是，也就有形而上与形而下适当结合的期盼。

　　作为中基层法院法官的一员，我对于上述情形是深有感触和体会的。能否为法官同仁尤其是中基层法院的法官写一本更为适合其使用的司法实用方法专著呢？同仁们的期盼，或许还受曾经主要任务是搞审判调研与法官培训的法官使命感所促使，我抱着"试试看"的心态动笔写作了。增强法律方法运用的实践操作性，是本书写作与改稿过程中始终注重并且致力实现的首要目标，同时也少不了在具体法律方法的原理或法理等理论方面有所探索创新。但愿目标能够达致，辛苦没有白付。

　　一方面，我大量搜集中外有关法律方法论的专著，时刻关注此方面的最新研究成果，充分利用业余时间认真研读，及时整理辨思之所得。另一方面，我注重理论与实践的互动，积极主动与一线法官以及专家学者讨论交流。尤其是在审委会讨论案件中，注重把法律方法运用到疑难复杂案件的解决上。

在研习法律方法论和写作本书的过程中，我得到许多领导、同事和亲友的鼓励、指教和督促，使我能够知难而进、不致半途而退。

在本书付梓之际，我要感谢我所任职法院历届领导让我长期从事法官培训和审判调研工作，使得我能够专心钻研包括法律方法论在内的法学理论；感谢国家法官学院原副院长蒋惠岭，莆田中院的李有才、张延灿两位老院长，厦门大学的齐树洁教授、福州大学的关今华教授以及林炳荣、方蔚文、蔡福华、潘玉森、王天华等朋友的关心、鼓励和支持。

最后，还要感谢我的家人尤其是爱人和爱孙。爱人许碧琴包揽所有家务无怨无悔，是她让我专心事业、静心写作。我已有直系孙辈一男一女，大孙男余昱君八岁，小孙女余依依六岁。孙子与孙女茁壮天真、绕膝怡心，给了我进取不息的巨大精神动力。

2020年7月